全国高等院校物流管理与工程专业"十三五"精品系列规划教材

现代物流基础

主　编　姚建凤　耿　伟
副主编　张洪营
参　编　唐少艺

中国商业出版社

图书在版编目(CIP)数据

现代物流基础/姚建凤,耿伟主编.—北京:中国商业出版社,2017.9
 ISBN 978-7-5044-9827-4

Ⅰ.①现… Ⅱ.①姚… ②耿… Ⅲ.①物流-高等职业教育-教材 Ⅳ.①F25

中国版本图书馆 CIP 数据核字(2017)第 078911 号

责任编辑:蔡 凯

中国商业出版社出版发行
010-63180647　www.c-cbook.com
(100053　北京广安门内报国寺1号)
新华书店经销
北京市书林印刷有限公司印刷
＊　＊　＊　＊
787×1092 毫米　1/16　17 印张　260 千字
2017 年 9 月第 1 版　2017 年 9 月第 1 次印刷

定价:39.80 元
＊　＊　＊　＊
(如有印装质量问题可更换)

前言

为了更好地适应高等职业教育的发展，适应现代物流领域的新变化与新动态，适应迅猛发展的物流行业对物流从业人员专业水平的高要求，我们在广泛吸收已有的物流管理基础教材编写特色的基础上，结合我国物流发展的现状和高职教改的需求编写了本书。

本书的编写体现了以下几个特征：

1. 体现高职高专特色。理论以"必需、够用"为度，突出应用性，加强理论联系实际的效果。本教材选取了八个项目，每个项目再分解成几个任务，通过理论学习以及实践操作，重点培养学生基础性的物流业务运营能力。

2. 在教材结构、体例和编写风格上，按照培养应用型人才的要求进行了改革，贴近高职生的实际，更具有通俗性、趣味性。

3. "现代物流基础"作为专业基础课，在内容上进行了科学的分析与取舍，注重与后续专业课教材内容的有机结合。

4. 在参考资料的引用上，参考使用了最新的信息资料，更加紧密地展现了物流管理及物流技术发展的实际状况。

本书的编写由无锡商业职业技术学院的老师承担并完成，具体分工如下：

主编：姚建凤（副教授，硕士），编写项目一、项目二和项目七；耿伟（讲师，硕士），编写项目六。

副主编：张洪营（讲师，硕士），编写项目四、项目五。

参编：唐少艺（讲师，硕士），编写项目三；初蓓（副教授，硕士），编写项目八。

姚建凤、耿伟负责全书的总纂与修改。本书在编写过程中参考了大量书籍和资料，并得到了很多工商企业和物流企业及专业物流人士的支持及帮助，在此谨向有关作者以及提供资料的公司和人员表示感谢。

由于时间紧、任务重，书中难免会有疏漏及不足之处，敬请同行专家和广大读者批评指正。

编者
2017 年 9 月

目　录

项目一　初识物流管理 ……………………………………………………………… (1)
　　任务一　物流与物流管理认知 …………………………………………………… (2)
　　任务二　物流行业与物流职业认知 ……………………………………………… (12)

项目二　企业物流与第三方物流 …………………………………………………… (26)
　　任务一　企业物流认知 …………………………………………………………… (28)
　　任务二　企业物流运作 …………………………………………………………… (32)
　　任务三　第三方物流 ……………………………………………………………… (48)

项目三　运输管理 …………………………………………………………………… (66)
　　任务一　运输认知 ………………………………………………………………… (67)
　　任务二　运输业务组织与实施 …………………………………………………… (77)
　　任务三　运费计算 ………………………………………………………………… (104)

项目四　仓储管理 …………………………………………………………………… (118)
　　任务一　仓储认知 ………………………………………………………………… (120)
　　任务二　仓储业务组织与实施 …………………………………………………… (124)
　　任务三　仓储管理与库存控制 …………………………………………………… (149)

项目五　配送管理 …………………………………………………………………… (157)
　　任务一　配送认知 ………………………………………………………………… (159)
　　任务二　配送业务组织与实施 …………………………………………………… (166)
　　任务三　配送中心运作 …………………………………………………………… (171)

项目六　物流辅助作业 ……………………………………………………………… (184)
　　任务一　装卸搬运 ………………………………………………………………… (186)
　　任务二　包装 ……………………………………………………………………… (195)

任务三　流通加工 …………………………………………………………（205）

项目七　物流信息管理 ………………………………………………………（216）
　　任务一　物流信息认知 ……………………………………………………（218）
　　任务二　物流信息技术 ……………………………………………………（225）

项目八　物流综合管理 ………………………………………………………（239）
　　任务一　物流成本管理 ……………………………………………………（240）
　　任务二　物流质量管理 ……………………………………………………（251）

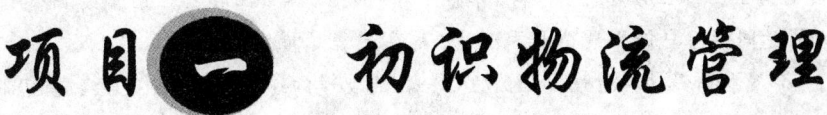

项目一 初识物流管理

知识目标：
- 知道物流的发展以及物流概念的产生情况；
- 理解物流的概念与功能；
- 知道并熟悉物流的分类；
- 掌握现代物流管理的特征与原则；
- 理解物流与商流的关系；
- 掌握我国物流业的总体发展现状及发展趋势。

技能目标：
- 能够运用物流学说的观点来分析物流现象；
- 能够结合实际进行物流行业分析；
- 能够运用相关的理论进行物流职业规划。

案例导读

近些年来，电子商务网站一直处于激烈的竞争态势，那么竞争的关键又在哪里呢？频繁的价格战早已让消费者对产品低价趋于麻木，电商竞争的首要之处在于提升服务水平。在物流配送方面，需要电商企业建立自己的物流体系吗？需要有自己庞大的物流网络吗？其实这方面也是目前电商企业正在考虑的问题。消费者的购物体验往往表现在两个方面，一方面是网站，在最短的时间为用户提供最精准的产品，购买流程尽量做到不繁琐、易操作；另一方面就是物流配送了，而这恰恰是消费者最关心的方面，物流配送的速度、质量以及服务态度都将影响到用户对电商网站的评价。

电商在物流方面的竞争无非也就是体现在速度和服务质量上面，有雄厚实力的电商企业可以并有必要建立自己的物流配送体系，一个专业培训的配送人员应将物流配送和服务做到消费者心里，这才是硬道理，才是让消费者驻足和二次消费的实力之所在。在发展初期的小电商企业，完全可以跟具有庞大物流网络的第三方物流公司合作，针对企业的个性需求与第三方物流公司协商，以达成一个具备快而好的物流配送服务网络。

物流配送目前阶段仍是电商企业首要考虑的提升点，其不必强调当日达和次日达，因为企业的承诺是需要付出代价的。相比之下，比同行业竞争对手配送稍快和配送服务质量保证上面来的效果会更好，毕竟企业做得是长远而不是短期的金钱收益。建议电商企业接下来加大在物流配送方面的投入，现在电商平台上的价格和页面乃至购物的体验都已大同小异，电商企业的竞争目前应提升到物流配送的服务质量上面，将产品和服务做到消费者的期望范围。

（资料来源：江苏物流网）

任务一　物流与物流管理认知

【任务要求】

说到物流，现在可是人们生活中的大红人，尤其是在人们喜欢网购的情况下，物流可是起到了很大的作用，每家物流公司都是每天忙得不可开交，尤其是前段时间的"双十一"大潮更是让很多物流公司都爆了仓。物流对于我们生活的意义已经不是运送货物那么简单了，那么究竟什么是物流？物流对社会的经济作用又是什么？

通过完成本次任务，应达到以下要求：

要求1：了解什么是物流以及物流的发展历程。

要求2：探讨物流在国民经济中的地位，理清物流的作用主要表现在哪些方面。

要求3：分析现代物流发展中的热点问题。

一、物流概念的产生及其发展

1. 物流概念的产生

物流活动和人类的历史一样久远,物流随着商品的出现而产生,当社会出现了商品交换时,便有了原始的物流。在人类社会早期,生产力水平极其低下,生产出来的产品有限,主要用于自己消费,因此,在这种自给自足的自然经济状态下,因为没有交换,也无需考虑物品的运输、储存等问题,也就没有对物流的需求。在资本主义发展初期,由于机器化大生产的出现,极大地提高了劳动生产率,生产的产品种类及数量开始增多,简单的物物交换开始出现,物流也就产生了。但物流的产生不代表物流概念的形成,虽然劳动生产率提高了,但从整个社会来看,总的产品数量仍然有限,人们不必担心产品卖不出去,所以,人们的注意力都放在了怎样改进生产技术、扩大生产规模上,而不关心分销运输成本与效益,因而也就不会产生物流的概念。

直到20世纪初,随着生产力水平的提高,社会总产品数量达到了饱和的程度,产品供大于求,市场竞争激烈,想再提高生产技术有一定难度。因此,更多的企业将精力转移到了如何把产品顺利地销售出去上,物流的概念开始萌芽,此时的物流指的是销售过程中的物流。

1915年阿奇·萧(Arch. W. Shaw)在《市场流通中的若干问题》一书中首次提到了物流一词,有的人把它译成"实物分销",也有的翻译成"物流",这就是最早的物流概念。

第二次世界大战期间,美国部队的后勤组织运用了一套科学方法,成功地将各种战略物资及时准确地送往全球各地,为美军实施全球化战略提供了保障,这套方法在军事上称为logistics,意为"后勤"。战后,这套后勤补给的方法经过发展,运用在了企业的采购、生产与销售的业务流程上,并取得了巨大经济效益,物流的概念最终确立。此时的物流不仅仅指的是销售物流,还包括了从原材料采购、在制品移动、产成品销售全过程的物资流通活动。

我国是在20世纪80年代引进物流概念的,在很长一段时间其都没有引起足够重视,近几年才引起理论界和社会各方面的关注。

2. 物流的概念

《中华人民共和国国家标准物流术语》GB/T18354-2006中给物流下的定义是:物流是物品从供应地到接收地的实体流动过程。根据实际需要,将运输、储存、装卸、搬运、包装、流通加工、配送、信息处理等基本功能实施有机结合。

在理解物流的定义时要注意以下几点:

1)物流的核心是物品的"实体流动"

所谓物品是生产、办公、生活领域常用的一个概念,在生产领域中,一般指不参加生产过程,不进入产品实体,而仅在管理、行政、后勤、教育等领域使用的与生产相关的或

有时完全无关的物质实体;在办公、生活领域泛指与办公、生活消费有关的所有物件。包括:

(1)物资。我国专指生产资料,有时也泛指全部物质资料。物资中包含了相当一部分不能发生物理性位移的生产资料,如建筑设施、土地等。另外,各种生活资料也不能包含在作为生产资料理解的物资中。

(2)物料。它是我国生产领域中的一个专门概念。生产企业一般将最终产品之外的、在生产领域流动的一切生产资料称为物料,如燃料、材料、零部件、半成品以及边角余料、废料等。

(3)货物。它是交通运输和仓储领域中的一个专门概念。由运输部门承运的一切商品、物资,库存的一切物品都称为货物,物流中的"物"就是指的货物。

2)物流中的"流"泛指物质的一切运动形态

物流中的"流"有移动、运动、流动的含义,既包括空间位移又包括时间的延续。"流"通常被人们理解为流通,我国有不少人是以"物资流通"来理解物流的,这就产生了概念性错误。

(1)流和流通的联系。流通过程中物的物理性位移常常伴随交换而发生,这种物的物理性位移最终可实现流通不可缺少的物的转移过程,物流中"流"的一个重点领域是流通领域,同时还包括生产领域。

(2)生产方的产品流和流通的区别主要有两点:一是涵盖的领域不同,流不仅涵盖流通领域,也涵盖生产、生活等领域,凡是有物发生物理性位移的领域都是流的领域。二是流通并不以其整体作为流的一部分,而是以其实物物理性运动的局部构成流的一部分。

3. 物流的发展

1)国外物流的发展

国外物流的发展,大体可分为四个阶段:

(1)第一阶段:萌芽阶段(20世纪初至50年代)。

(2)第二阶段:快速发展阶段(20世纪60~70年代)。

(3)第三阶段:合理化阶段(20世纪70~80年代)。

(4)第四阶段:现代物流阶段(20世纪90年代至今)。

2)我国物流的发展

(1)第一阶段:初期发展阶段(1949年至1965年)在生产和流通部门建立了为数不多的储运公司和功能单一的仓库;运输业处于恢复与初步发展时期;搬运和仓储环节比较落后。

(2)第二阶段:停滞阶段(1966年至1977年)1966年开始的"文革",使物流理论的研究和物流实践基本上处于停滞状态。

（3）第三阶段：较快发展阶段（1978年至1990年）人们在观念上逐步改变了孤立地对待包装、装卸、运输、保管、信息情报等机能，开始以系统的观点对它们的作用进行研究。

（4）第四阶段：高速发展阶段（1991年以后）我国经济界开始把发展物流业提到重要议事日程，加快了物流系统的建设，促使其向标准化、国际化方向发展。

二、物流与商流

如果说流通中有物流的话，那么和物流同时存在的还有商流。而且通常来说，先有商流后才有物流。

1. 商流

商品所有权转移的活动称为商流。商流活动一般称为交易。商品通过交易活动由供给方转让给需求方，这种转让是按照价值规律进行的。商流的研究内容是商品交换的全过程，具体包括市场调查与预测、货源组织、订货、采购调拨、销售等。

2. 物流

物流是指实物从供给方向需求方的转移，这种转移既要通过运输或搬运来解决空间位置的变化，又要通过储存保管来调节双方在时间节奏方面的差别。物流克服了供给方和需求方在空间与时间方面的距离，创造了空间价值和时间价值，在社会经济活动中心中起着不可或缺的作用。

3. 物流与商流的关系

1）商流与物流的统一

商流是物流的前提。商品交换活动如果没有产品所有权的转移，即买卖活动的发生，那么实物的空间位移则无从谈起，实物运动方向与商品交易方向具有一致性。

物流是商流的保证。商品发生所有权的转移，购买者仅拥有了商品的所有权，而并没有真正地占有商品，此时流通还没有真正完成，卖主必须要将商品经过包装、装卸、运输到指定地点交给买主，流通才算完成。

因此，物流是产生商流的物质基础，商流是物流的先导。二者相辅相成，密切配合，缺一不可。

2）商流与物流的分离

尽管商流和物流的关系非常密切，但在经济活动中经常会出现分离，其主要表现在以下几个方面：

（1）只有商流，没有物流，如房屋等不动产的买卖。

（2）只有物流，没有商流，如产品的试销。

（3）商流在前，物流在后，如商品的预购、预订。

（4）物流在前，商流在后，如赊销和分期付款。

（5）随期货市场形成而形成的商物分离。

（6）电子商务条件下的商流与物流的分离。

在电子工具和网络通信技术的支持下，商流、信息流、资金流都可通过轻点鼠标来完成，但具体的运输、储存、装卸、配送等活动不可能通过网络传输的方式来完成，物流是现实的活动。

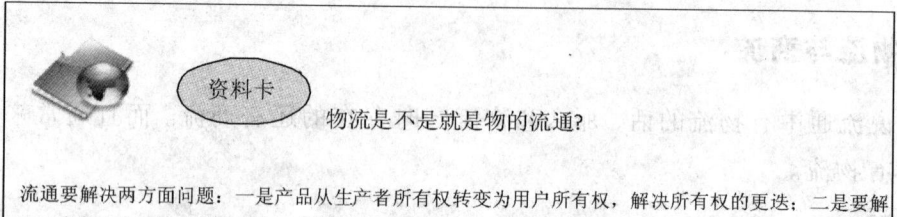

资料卡 物流是不是就是物的流通？

流通要解决两方面问题：一是产品从生产者所有权转变为用户所有权，解决所有权的更迭；二是要解决对象物从产地转移到使用地以实现其使用价值，也就是实现物的转移过程。前者称为商流，后者称为物流，也就是说流通包括物流和商流两方面的内容，物流是流通的一个方面。

三、物流的功能

现代物流的功能是指物流活动应该具备的基本能力，以及通过对物流活动的有效组合达到物流的最终经济目的。它一般由包装、装卸搬运、运输、储存保管、配送、流通加工以及与上述功能相关的物流信息等构成。见图1-1。

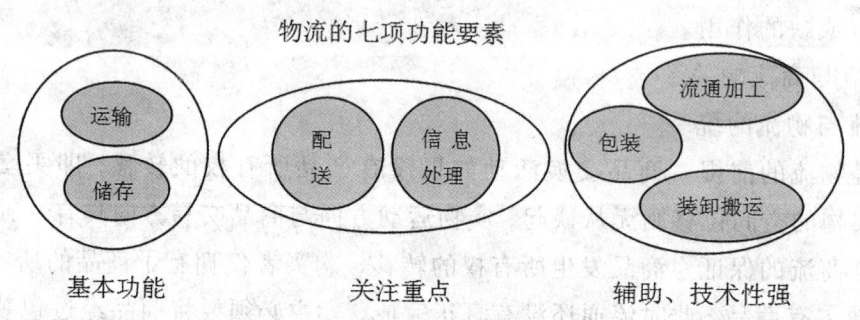

图1-1 物流七项功能要素的关系

1. 运输

在物流过程中的运输，主要是指物流企业或受货主委托的运输企业为了完成物流业务所进行的运输组织和运输管理工作。如生产过程中的原材料运输、半成品、成品的运输，包装物的运输；流通过程中的物资运输、商品运输、粮食运输及其他货物的运输；在回收物流过程中，各种回收物品的分类、捆装和运输；在废弃物流过程中，各种废弃物包括垃圾的分类和运输，等等。无论是哪一种物流，一般都离不开运输作业。可以说，运输工作是它的中心业务活动。而无论哪一种运输，都追求一个目标，即最大限度地实现运输的合理化。

2. 储存

这里所说的储存,主要是指生产储存和流通储存。如工厂为了维持连续生产而进行的原材料储存、零部件储存;商业、物资企业为了保证供应、避免脱销所进行的商品储存和物资储存;在回收物流过程中,为了分类、加工和运送而进行的储存;在废弃物流过程中,为了进行分类和等待处理的临时储存等等。这些储存业务活动,除了保证社会生产与供应外,也要实现储存的合理化。当然,要做到储存合理化还需采取一些措施,如国外有的工厂实现"零库存",即按计划供应,随用随送,准时不误,避免积压原材料及资金。

3．配送

配送是物流业一种新的服务形式,它的业务活动面很广。有物资供应部门给工厂的配送,也有商业部门给消费者的配送,还有工矿企业内部的供应部门给各个车间配送原材料、零部件等。配送业务强调的是及时性与服务性。

4．包装

包装也是物流的重要职能之一。包装不仅是为了商品销售,而且,在物流的各个环节,如运输、储存、装卸、搬运当中都需要包装。特别是在进行运输与装卸作业时,必须要强调包装加固,以避免商品的破损。我国每年由于物品包装不善而造成的损失是相当惊人的。

5．装卸搬运

装卸搬运是物流业务中经常性的活动。无论是生产物流、销售物流还是其他物流,也无论是运输、储存或其他物流作业活动,都离不开物品的装卸搬运。所以说,装卸搬运在整个物流业务活动中也是一项很重要的职能。在装卸搬运作业中,采用的是自动化、机械化、半机械化及手工操作等方式。

6．流通加工

流通加工是指产品已经离开生产领域进入流通领域,但还未进入消费的过程中,为了销售与方便顾客而进行的加工。它是生产过程在流通领域内的继续,也是物流职能的一个重要发展。无论是生产资料还是生活资料,都有一些物资和商品必须要在商业或物资部门进行加工以后才会进行销售及运输。

7．信息管理

物流信息是连接物流各个环节业务活动的链条,也是开展、完成物流事务的重要手段。在物流工作中,每天都有大量的物流信息发生,如订货、发货、配送、结算等,这些信息都需要及时进行处理,才能顺利地完成物流任务。信息的积压或处理失当,都会给物流业务活动带来不利的影响。因此,如何收受、整理并及时处理物流信息,也是物流的重要功能之一。

物流信息管理通常包括以下内容:

(1)市场信息收集与需求分析。

(2)订单处理。

(3)物流动态信息传递。

(4)物流作业信息处理与控制。

(5)客户关系管理。

(6)物流经营管理决策支持。

四、物流的观念与学说

(1)商物分流理论。系物流科学赖以存在的先决条件。所谓商物分流,是指流通中的两个组成部分,即商业流通和实物流通各自按照自己的规律与渠道独立运作。

(2)黑大陆学说著名管理学权威P·E·德鲁克曾经讲过:"流通是经济领域里的黑暗大陆"。德鲁克所说的流通系泛指—在流通领域中,物流活动的模糊性尤其突出,流通领域中人们更是认识不清,所以"黑大陆"的说法主要是针对物流而言的。

(3)物流冰山说:是日本早稻田大学西泽修教授提出来的,他在专门研究物流成本时发现,现行的财务会计制度与会计核算方法都不可能掌握物流费用的实际情况,因而人们对物流费用的了解是一片空白,甚至有很大的虚假性。他把这种情况比做"物流冰山",其特点是大部分沉在水面以下的是我们看不到的黑色区域,而我们看到的只不过是物流的一部分。

(4)第三利润源:"第三个利润源"的说法主要出自日本。从历史发展来看,人类历史上曾经有过两个大量提供利润的领域:第一个是资源领域,第二个是人力领域。在前两个利润源潜力越来越小、利润开拓越来越困难的情况下,物流领域的潜力被人们所重视,按时间序列被排为"第三个利润源"。

(5)效益背反说:是物流领域中很经常、很普遍的现象,是这一领域中内部矛盾的反映及表现。例如包装问题,在包装方面每少花一分钱,这一分钱就必然会转到收益上来—包装越省,利润则越高。但是,一旦商品进入流通之后,如果简省的包装降低了产品的防护效果,就会造成储存、装卸、运输功能要素的工作劣化与效益大减,反而会造成大量损失。

(6)成本中心说:是物流在整个企业战略中,只对企业营销活动的成本发生影响,系企业成本的重要产生点。因而,解决物流的问题,并不主要是为要搞合理化、现代化,也不主要在于支持保障其他活动,而主要是通过物流管理及物流的其他一系列活动降低成本。所以,成本中心既是指主要成本产生点,又是指降低成本的关注点。物流是"降低成本的宝库"等说法正是这种认识的形象表述。

(7)利润中心说:物流可以为企业提供大量直接及间接的利润,是形成企业经营利润的主要活动。非但如此,对于国民经济而言,物流也是国民经济中创利的主要活动。

(8)服务中心说:代表了美国和欧洲等一些国家学者对物流的论点。这种认识认为,物流活动最大的作用并不在于为企业节约了消耗，降低了成本或增加了利润，而在于提高了企业对用户的服务水平，进而提高了企业的竞争能力。因此，他们在使用描述物流的词汇上选择了"后勤"一词，特别强调了其服务保障的职能。通过物流的服务保障，企业以其整体的能力来压缩成本、增加利润。

（9）战略说：是当前非常盛行的说法。实际上，学术界和产业界越来越多的人已逐渐认识到，物流更具有战略性，是企业发展的战略而不是一项具体操作性任务。应该说，这种看法是把物流放到了很高的位置上。企业战略是什么呢？是生存与发展。物流会影响企业总体的生存与发展，而不只是在某个环节搞得合理一些，省几个钱而已。

五、物流的作用

1. 物流本身的价值

物流本身并不创造商品的价值，但物流克服了供给方和需求方在空间与时间上的距离，创造了空间价值及时间价值。如大米、小麦等粮食作物是季节性生产，并且分散于农村各地，但是对于城市消费者而言，大米、小麦只有经过收获加工、输送到市场，它的使用价值通过运输克服了空间距离才得以实现，这就是物流的空间价值。作为季节性生产、常年消费或常年生产、季节性消费的商品必须要经过储存，供人们使用以实现其使用价值，这种使用价值是通过储存保管克服了时间差后才得以实现的，这就是物流的时间价值。

2. 物流的正面作用

（1）保值。任何产品从生产出来到最终消费，都必须经过一段时间、一段距离，在这段时间及距离过程中，都要经过运输、保管、包装、装卸、搬运等多环节、多次数的物流活动。在这一过程中，产品可能会淋湿受潮、遭受水浸、生锈、破损、丢失、发霉等，物流的作用就在于防止上述现象的发生，保证产品从生产者到消费者移动过程中的质量与数量，起到产品的保值作用。

（2）保证。生产和再生产的任何生产过程都是从获得必要的生产资料开始的，生产资料物流的畅通与否将直接影响到生产能否顺利进行，而流通领域的物流是否畅通，将直接影响到产品能否销售出去、资金能否回笼、再生产能否顺利进行。

（3）节约。搞好物流，能够节约自然资源、人力资源及能源，为企业节约生产费用。比如说，集装箱运输，可以简化商品包装，节省大量包装用纸与木材；实现机械化装卸作业和仓库保管自动化，能够节省大量作业人员，大幅度降低人员开支。

（4）增强企业竞争力，提高服务水平。在物资短缺时代，企业可依靠扩大产量降低制造成本来获取利润。而在物资丰富的时代，企业又可以通过扩大销售来获取利润。可是在当今的新经济时代，上述利润源都已基本上达到了极限，目前剩下的一块"未开垦的处女地"就是物流成本的降低，即功能、质量、款式和售后服务以外的成本降价，也就是我们所说的降低物流成本。

（5）保护环境。环境问题是当今时代的主题，是构建和谐社会的重要保证之一，物流活动的开展，会带来废气污染、噪声污染，不合理的物流还会带来资源的浪费。科学实施物流管理是保护环境的重要手段，如在城市外围建设物流中心、流通中心，大型货车不管是白天还是晚上就都不用进城了，只需利用小吨位货车进行配送，这样可以大大减轻噪声污染与废气排放。

3. 物流的负面作用

物流在给经济和社会生活带来正面影响的同时，也带来了负面影响，主要表现在废气排放、噪音污染、白色污染等方面。

六、物流管理与物流合理化

（一）物流管理的概念

"管理"是指为实现一定的目标对管理对象实施一定的管理职能，如计划、组织、指挥、协调及控制、考核等的活动。

物流管理就是以最低的物流成本达到用户满意的服务水平，对物流活动进行的计划、组织、指挥、协调和控制，包括对物流活动的诸多环节（运输、包装、储存、装卸、流通加工）的管理，对物流系统诸要素（人、财、物、设备、方法、信息）的管理，对物流活动中具体职能的管理。

（二）现代物流管理的特征

1. 现代物流管理以实现顾客满意为第一目标

现代物流是基于企业经营战略基础上从顾客服务目标的设定开始，进而追求顾客服务的差别化战略。在现代物流中，顾客服务的设定要优先于其他各项活动，并且为了使物流顾客服务能够有效地开展，在物流体系的基本建设上，要求物流中心、信息系统、作业系统和组织构成等条件的具备与完善。

2. 现代物流管理以企业整体最优为目的

现代物流所追求的费用省、效益高，是针对物流系统最优而言的。

3. 现代物流管理注重整个流通渠道的商品运动

现代物流的管理范围包括从供应商、制造商、分销商到消费者的供应链之间的物资流及相关的信息流、资金流的管理。

4. 现代物流管理既重视效率更重视效果

原来的物流以提高效率、降低成本为重点，而现代物流则不仅重视效率方面的因素，更强调的是整个流通过程中的物流效果。也就是说，从成果的角度来看，有些活动虽然使成本上升了，但如果它有利于整个企业战略的实现，那么这种物流活动仍然是可取的。

5. 现代物流管理是对商品运动的过程管理

现代物流是将从供应商开始到最终顾客整个流通阶段所发生的商品运动作为一个整体来看待的，因此，其对管理活动本身提出了相当高的要求。现代经营不仅要求物流活动能够实现经济效率化和顾客服务化，而且还必须及时了解与反映市场的需求，并将之反映到供应链的各个环节，以保证生产经营决策的正确与再生产的顺利进行。所以说，缩短物流时间，不仅决定了流通全过程的商品成本和顾客满意度，同时通过有效的商品运动还能为生产提供全面、准确的市场信息。

6. 现代物流管理重视以信息为中心

现代物流活动不是单个生产、销售部门或企业的事，而是包括供应商、制造商、批发商、零售商等所有关联企业在内的整个统一体的共同活动，因而现代物流通过这种供应链强化了企业之间的关系。伴随着这种经营方式的改变，在经营管理要素上，信息已成为物流管理的核心，没有高度发达的信息网络及信息技术的支持，如条形码、EDI（Electronic Data Interchange，电子数据交换）、GIS（Geographical Information System，地理信息系统）、GPS（Global Positioning System，全球定位系统）等，实需型经营（根据市场的实际需求生产）是无法实现的。

(三) 物流管理的原则

1. 服务性原则

物流业属于服务业，物流管理必须要以用户为中心。随着商品经济的纵深发展，用户对物流活动更重视高效率、低消耗的效果。所以说现代物流业必须要满足用户多样化的需求。

2. 通用性原则

随着现代物流业全球性的发展，不仅要求设施与设备的通用，而且要求包括商务单证、手续规则的通用等，这些也是现代物流业发展所应研究解决的问题。

3. 合理化原则

在物流的作业环节中，存在着相互制约的问题，即"背反现象"。物流管理应遵循合理化的原则，进行周密的考察，衡量各方面的利害关系、影响程度等，确定矛盾双方各自应该具有的水平，得到较折中的处理方法，使综合效益最大化。

任务二　物流行业与物流职业认知

【任务要求】

> 随着物流技术与物流地位的不断提高,物流作为一门独立的学科取得了日新月异的发展。在社会经济的各个领域中物流活动无处不在,具有普遍性、客观性的显著特点。但是,在不同的领域和活动中,物流的表现形式存在着诸多差异性。构建有效的物流系统,提高物流管理水平,就必须首先搞清物流的各个类型,了解不同类型物流的特点,为今后更好地从事物流管理打下坚实基础。
>
> 通过完成本次任务,应达到以下要求:
> 要求1:研究为什么要从不同的角度对物流进行分类,分类的目的是什么?
> 要求2:分析自己的职业目标,分析选择本职业的原因。
> 要求3:了解现代物流业的职业岗位有哪些,在能力上有什么要求?

一、物流的分类

1. 按照物流的实用价值分类

1) 宏观物流

宏观物流是指社会再生产总体的物流活动,从社会再生产总体的角度认识与研究物流活动。主要研究的内容是物流总体构成、物流与社会的关系、物流在社会中的地位、物流与经济发展的关系、社会物流系统与国际物流系统的建立和运作。社会物流、国民经济物流、国际物流都属于宏观物流。

2) 微观物流

消费者、生产企业所从事的实际的、具体的物流活动属于微观物流。包括企业物流、生产物流、供应物流、销售物流、回收物流、废弃物物流及生活物流等。

2. 按照物流系统性质分类

1) 社会物流

社会物流指超出一家一户的以社会为目的的物流。

2) 企业物流

企业物流是指企业内部的物品实体流动,是从企业角度研究与之有关的物流活动。企业物流又可分为以下具体的物流活动:

(1) 供应物流。供应物流是指企业为了保证生产而不断组织原材料、零部件、燃料、辅助材料供应的物流活动。供应物流对企业生产的正常、高效运行起着重大作用。

（2）生产物流。生产物流是指企业生产过程中的物流活动。生产物流伴随着整个生产工艺过程，从原材料、零部件、燃料、辅助材料进入生产线开始，直到生产工艺过程的终结。

（3）销售物流。销售物流是企业为保证本身的经济效益，不断伴随销售活动，将产品所有权转给用户的物流活动。销售物流具有极强的服务性，应尽力满足买方的需求。

（4）回收物流。回收物流是指企业在生产、供应、销售的活动中产生各种边角余料和废料，这些东西可以回收并再生利用，形成回收物流，如酒瓶、报纸的回收。

（5）废弃物物流。废弃物物流是指企业排放的无用物或完全丧失了实用价值的物品，经过处理后，返回自然界，形成废弃物流。

3．按物流的活动范围分类

1）国际物流

不同国家（地区）之间的物流称为国际物流。国际物流是国际间贸易的一个必然组成部分，各国之间的相互贸易最终通过国际物流来实现。

相关链接

我国的国际物流发展

我国对外贸易的增长促进了国际间商品和服务交易量的扩大，客观上需要更多、更优质、更高效的国际物流服务。跨国公司及其分支机构围绕一体化经营战略对其全球供应链和网络重新调整布局，使得中国成为重要的采购加工中心，从而推动了国内物流与国际物流的对接融合式发展。目前，我国的外贸依存度已达70%，中国对外贸易的快速增长和外向型经济的纵深化发展，对国际物流产生了持续稳定的需求，这为我国的现代物流业走向国际市场创造了广阔的发展前景。

2）国内物流

生产和消费等所有物流据点都在一个国家境内进行时所形成的物流就是国内物流。国内物流也包含其他各种形式的物流，即国内宏观物流、国内微观物流；国内社会物流、国内企业物流等。

3）地区物流

所谓地区物流，有不同的划分原则。首先，按行政区域划分，如西南地区、华东地区、东北地区等；其次，按经济圈划分，如苏（州）（无）锡常（州）经济区、黑龙江边境贸易区；再次，按地理位置划分的地区，如长江三角洲地区、珠江三角洲地区、河套地区等。

4）城市物流

城市物流是指为城市服务的物流，它服务于城市经济发展的需要，城市物流通常具有如下特点：属于中观物流领域；城市物流流动的物质资料，有生产资料、生活资料、废弃物；城市物流的流量比企业物流大；城市物流有三种形式：货物通过的形式，货物的集散，干线运输的物流。

5）农村物流

农村物流是指农村内部、农村与城市之间的物流活动。由于目前我国农村的交通设施相对落后，很大程度上加大了物流的运输成本，降低了物流的服务水平。

4. 按照物流服务对象分类

1）一般物流

一般物流是指服务对象具有普遍性，物流运作具有共同性和一般化特点的物流活动。它的研究着眼点在于物流的一般规律，带有普遍的适用性。

2）特殊物流

具有自身特点的物流活动和物流方式。从形式上看，危险品物流、燃料物流、大件物品物流等都属于特殊物流。

5. 按照物流的服务功能分类

1）综合性物流

综合性物流是指提供综合性的服务功能，即同时提供仓储、运输、配送等功能的物流。如中国远洋物流有限公司、中海物流有限公司等都属于综合性物流公司。

2）专业性物流

相对于综合性物流而言，专业性物流是指只提供某种专业性的物流服务功能的物流。例如中国物资储运总公司，主要提供仓储服务功能；黑龙江华宇物流集团有限公司，主要提供运输服务。

6. 其他物流

除了上述分类外，还有所谓绿色物流、军事物流、第三方物流、定制物流、虚拟物流等。

二、世界知名物流企业

一家成功的物流企业，必须要具备较大的运营规模，建立有效的地区覆盖，具有强大的指挥和控制中心，兼备高水准的综合技术、财务资源与经营策略。近两年来，不同领域、不同性质、不同规模的企业纷纷争相搞起了物流。但是否所有这些企业都能尽快成功转型到物流企业，并获得丰厚收益呢？我们来考察一下世界知名物流企业的有关业务结构、运作模式及盈利状况，以期对我国的物流企业有所启示。

1. UPS

业务概况：UPS 是全球最大的速递机构、全球最大的包裹递送公司，同时也是世界上一家主要的专业运输和物流服务提供商。每个工作日，该公司都会为 180 万个客户运送邮包，收件人的数目高达 600 万。该公司的主要业务除了美国国内外还遍及其他 200 多个国家和地区。该公司已经建立起规模庞大、可信度高的全球运输基础设施，开发出全面、富有竞争力并且有担保的服务组合,并不断利用先进技术支持这些服务。该公司提供物流服务,其中包括一体化的供应链管理。

业务分布:UPS 的业务收入按照地区和运输方式来划分呈现出了不同的分布特点。从地区来看,美国国内的业务占总收入的 89%,欧洲及亚洲业务占 11%。从运输方式来看,国内陆上运输占 54%,国内空运占 19%,国内延迟运输占 10%,对外运输占 9%,非包裹业务占 4%。

2001 年 1 月 10 日,UPS 以发行价值 4.33 亿美元新股方式收购了 Fritz 集团公司旗下的加利福尼亚物流公司,并将该公司并入到 UPS 不断拓展的物流业务之中,使其成为了更大规模的运输集团。2000 年 11 月 28 日,UPS 公司将其每周的环球飞行从 3 次增加到了 5 次,以应付日渐增多的跨国运输业务需要。

2. FedEX

业务概况:FedEX 公司的前身为 FDX 公司,是一家环球运输、物流、电子商务和供应链管理服务供应商。该公司通过各子公司的独立网络,向客户提供一体化的业务解决方案。其子公司包括 FedEX Express(经营速递业务)、FedEX Ground(经营包装与地面送货服务)、FedEX Custom Critical(经营高速运输投递服务)、FedEX Global(经营综合性的物流、技术和运输服务)以及 Viking Freight(美国西部的小型运输公司)。

业务分布:从地区来看,美国业务占总收入的 76%,国际业务占 24%。从运输方式来看,空运业务占总收入的 83%,公路占 11%,其他占 6%。

2001 年 1 月 11 日,根据一项能够产生 63 亿美元收益的合约,FedEX 会将在各机场间为美国邮政服务系统运送特急件和快递信件。在未来的 18 个月,FedEX 支付 1.26 亿至 1.32 亿美元给邮局,作为在 10000 家邮局内设立收件箱的费用并保留在其余 38000 家邮局设立收件箱的权利。上述举措使该公司获得了约 9 亿美元的新增收入。

3. 德国邮政世界网(Deutsche Post World Net)

业务概况:德国邮政是德国的国家邮政局,是欧洲地区领先的物流公司,其目标是成为世界第一。近期其更换了品牌(改名为 Dertsche Post World Net,简称 DPWN)。一方面为挂牌买卖做准备,另一方面也是意识到了其业务的全球化特点以及电子商务日益重要的影响。DPWN 划分为四个自主运营的部门,即邮政、物流、速递和金融服务。

邮政部门由邮政、市场直销和出版物发放业务组成,建有最高水准的作业网络,由遍及德国的 83 家标准化分拣中心组成,并越来越重视高成长的市场直销业务。速递部门通过 Euro Express Germany 和 Euro Express Europe 的全球邮政和国际邮政业务部门提供覆盖欧洲的快递业务;通过与 DHL(德国邮政世界网拥有其 25% 的股权)的合作提供全球服务。

业务构成及分布:从净收入来看,DPWN 的四大业务邮政、快递、物流和金融分别占 49%、21%、18% 和 12%。特别是对于物流业务在地域上的分布来说(从净收入来看),

德国、法国、意大利和欧洲其他国家分别占 23%、17%、8% 和 23%，斯堪的纳维亚、美洲、远东澳洲分别占 12%、11% 和 6%。

4. Maersk/A. P. Moeller

Maersk Sealand 是世界上最大的航运公司，拥有 250 艘船舶，其中包括集装箱船舶、散货船舶、供给和特殊用途船舶、油轮等，该集团还拥有大量的装卸码头，并提供物流服务。Moeller 的附属公司同时还在挪威、委内瑞拉及其他国家进行石油和天然气的钻探业务。另外，该集团还从事船舶和联运集装箱的制造，药品生产，并经营一家国内航空公司 Maersk Air 及提供信息服务。另外，该公司还拥有丹麦第二大连锁超级市场。

5. Nippon Express（日通）

日本运通的业务主要分为汽车运输、空运、仓库及其他，分别占 44%、16%、5% 及 25%。从地域上看，其经营收入有 93% 来自于日本。其客户主要分布在电子、化学、汽车、零售和科技行业。

6. Ryder

业务概况：Ryder 系统公司在全球范围内提供一系列的技术领先的物流、供应链和运输管理服务。该公司提供的产品范围包括全面服务租赁、商业租赁、机动车的维修以及一体化服务。此外，还提供全面性的供应链方案、前沿的物流管理服务和电子商务解决方案，从输入原材料供应到产品的配送，致力于支援客户的整条供应链。

业务分布：从地区来看，美国业务占总收入的 82%，国际业务占 18%。从业务板块来看，运输服务占 57%，物流占 32%，其他占 11%。

2000 年 11 月 20 日，Ryder 系统公司与丰田（美洲）公司及其日本母公司丰田集团共同组建了一家名为 TTR 物流公司的合资企业。新的实体由 Ryder 公司和丰田公司持有相同的股份，主要集中负责与丰田以及其他在北美地区的日本汽车公司相关的运输及物流业务机会。

7. TNT Post Group

业务概况：TPG 在全球超过 200 个国家和地区提供邮递、速递及物流服务，并拥有 Postkantoren（经营荷兰各邮局的机构）50% 的股权。TPG 利用 TNT 品牌提供速递发送及物流服务（TNT 的物流业务主要集中于汽车、高科技以及泛欧洲领域），其物流领域现有 137 间仓库，共占地 155 万平方米。

业务划分及分布：按业务类型来看，TPG 的三大业务邮递、速递和物流（净收入）分别占 42%、41% 及 17%。而从地域表现来看（净收入），欧洲占 85%，澳洲、北美、亚洲及其他地区分别占 6%、4%、2%、3%。如果从运营利润来看，邮递、速递和物流分别占 76%、15% 和 9%。

2000 年 10 月，TPG 与上海汽车实业共同建立了第三方物流合资公司。这家价值 3000 万美元的合资企业为 TPG 打开了中国汽车物流市场的大门。

项目一 初识物流管理

8. Expeditors

业务概况：该公司注册地为美国，是一家提供全球物流服务的公司，向客户提供了一个无缝的国际性网络，以支持商品的运输及策略性安置。公司的服务内容包括空运、海运（拼货服务）和货代业务。在美国的每个办事处以及许多海外办事处都提供报关服务，另外还提供包括配送管理、拼货、货物保险、订单管理以及客户为中心的物流信息服务。

业务分布：从业务类型来看，主要集中在空运、海运和货代方面，按照收入划分分别占63%、25%和12%。而从地区分布来看，主要集中在远东，占56%，在美国、欧洲和中东、南美、澳大利亚的收入分别占25%、15%、2%、1%。

9. Panalpina

业务概况：Panalpina是世界上最大的货运和物流集团之一，在65个国家地区拥有312个分支机构。Panalpina的核心业务是综合运输业务，所提供的服务是一体化、适合客户的解决方案。通过一体化货运服务，将自身定位于标准化运输解决方案及传统托运公司之间。除了处理传统货运以外，该集团还擅长于向跨国公司提供物流服务，尤其是汽车、电子、电信、石油及能源、化学制品等领域的公司。

业务划分及分布：从总利润来看，Panalpina的四大业务即空运、海运、物流和其他分别占44.9%、31.3%、20.3%及3.5%。而从地域上分为欧洲/非洲占52.7%，美洲占33.9%，亚太占13.4%。

2000年12月，其开创了一个以客户为中心的"电子商务"平台，该平台旨在连接其货运和物流作业的所有运营阶段。这种"电子网络"提供了一个"综合系统"，该系统既连接Panalpina公司内部设备，又连接着为客户提供的外部电子平台。

10. Exel

业务概况：2000年7月26日，Ocean Group与NFC公司合并后更名为"Exel"。Exel分为五大业务部门：（消费品/零售/医疗）欧洲部、（消费品/零售/医疗）美洲部、开发和自动化部、技术和全球管理部以及亚太部。该公司的全球网点达到了1300个，拥有50000多名员工。目前该公司的三家主要运营子公司为Exel（旧的NFC）、Msas全球物流公司和Cory Environmental。Msas是世界上规模最大的货代之一，在全球范围内提供多式联运、地区配送、库存控制、增值物流、信息技术和供应链解决方案等各项服务。Cory Environmental是英国规模最大的废品处理公司之一。Exel在地面运输供应链服务方面拥有很强的市场地位，其所提供的服务包括仓储和配送、运输管理服务、以客户为中心的服务、JIT服务和全球售后市场物流服务。

业务分布：从业务种类来看，Exel主要集中在配送、运输管理和环境服务三个方面，按照净收入划分分别占58%、39%和3%，如果按照运营利润划分分别占62%、28%、10%。从地理分布来看，其业务主要集中在英国与爱尔兰，同时遍及美洲、欧洲大陆和非洲以及亚太地区，按照净收入划分分别占39%、30%、21%和10%。如果按照运营利润划分，则分别占54%、27%、10%和9%。

总结世界10大知名物流企业，我们发现呈现出如下4个特点：

(1) 美国物流企业占据主导地位。世界前10大物流企业中美国占有5家，其中包括两家最大的公司UPS和FedEX，同时这5家的收益之和占前10大企业收益的2/3，可见美国物流企业在世界上的地位举足轻重。从某种意义上来说，物流市场的发达程度与经济发达程度成正比。

(2) 在10大成功物流企业中，以空运、快递、陆运等业务为主要背景的公司居多。如UPS的陆运和空运业务分别占54%和19%，FedEX的空运和公路运输业务分别占83%和11%，日本运通的汽运和空运业务分别占44%和16%，TNT的邮递和速递业务分别占42%和41%，Panalpina的空运和海运业务分别占45%和31%。

(3) 业务的地区性集中化程度高(即本土化程度高)。如UPS的美国国内业务占其整个业务的89%，FedEX的美国国内业务占76%，DPWN的欧洲业务占其总业务的70%以上，TNT在欧洲的业务占其总业务的85%，日本运通的本土化率达到了93%。

(4) 10大物流企业中的绝大部分是资产密集型企业，大多拥有物流设施和网络。

因此，从业务结构来看，在进军现代物流行业的诸路大军中，具备快递、空运等快运业务背景的综合企业将拥有巨大潜力。

我们发现在10大成功物流企业中，以空运、快递、陆运等业务为主要背景的公司居多，而且规模大、盈利能力强，表明时间敏感性强的运输服务在物流行业的成长空间大，有前途。还有，尽管非资产型物流公司的盈利较快，但在世界物流前10强中仍以资产型物流公司居多，特别是既拥有大量的物流设施、网络，又具有强大的全程物流设计能力的混合型公司的发展空间最大。

近年来，各大型物流公司为了拓展业务、增加盈利，纷纷采取了以下手段：通过整合或并购，进军多种运输业务，以提高利润。

纵观世界物流10强企业，都是能够提供运输方面的多项服务，并且在与物流相关的一些行业或者新领域里联合或者兼并，借以巩固或者占领新的市场，从而达到增加利润、赢得客户的目的。FedEX开拓中国市场，目前服务已遍及中国的190个城市，有航班服务于北京、上海及深圳机场，还将在上海建设中国最大的快件处理中心。

总之，世界物流前10强在业务结构、运作模式、赢利模式上具有诸多优势，值得我们去认真研究、分析，值得我们中国的物流企业或正在向物流转型升级的企业借鉴。特别是这些著名物流企业的成功之处，比如拥有较大的营运规模，建立有效的地区覆盖，具备指挥能力强、控制能力强的管理层,具备高水准的综合技术、财务资源和经营策略等等,非常值得我国大型物流企业(或向大型物流企业进军的企业)学习。

三、现代物流业的职业构成

(一)从物流业务所涉及的环节来看

现代物流业的人才需求大体可以分为两大类,一是通用性物流人才,二是专业性物流人才。通用性物流人才与行业无关,而专业性物流人才则与行业紧密相关。这类人才需对所处的行业有非常深刻的了解,如汽车物流人才必须要对汽车行业有全面的了解。

1. 通用性物流人才

(1)高级物流管理人员。高级物流管理人才要求从业人员知识面广,有较强的战略判断与把握能力,能够敏锐地发现市场的变化,对物流的各个环节进行宏观调控。在此层面上的人才,对于物流企业的管理有着深刻的认识及理解,能够有效管理并运作提供完整服务的物流企业,应该能够适应各种类型的物流企业。同时,他们在物流业务的市场开发过程中往往也是高级的销售人员。

(2)物流服务营销人员。物流服务营销人员要求对物流企业内部的业务比较熟悉、对客户所在的行业也有很好的了解,同时还要了解专业的物流知识,具备销售方面的技能与技巧,通过建立正确的心态和信心,以适合面对不同客户的心态与态度为企业争取更多的目标客户。

(3)物流方案设计人员。物流方案设计人员要求对客户所在的行业具备深层次了解,如行业的供应链状况、生产周期、生产特点等,能根据客户的需求进行方案的整体设计,为客户量身定制适合的解决方案。物流方案设计人员更需要具备较强的组织管理能力,在整合客户资源的前提下有效地贯彻企业的经营理念,充分利用设备、技术和人力等行业内部资源来满足外部客户的需求。

(4)供应链管理人员。供应链管理人员要求具备对物流项目进行管理的能力,了解客户所在行业的特点和需求,有丰富的项目管理知识、经验与技能,有整合物流大系统的理念,并协调配合相关部门,使整个物流的供应链合理化、科学化。

(5)物流信息技术人员。物流信息技术人员要求了解物流业务的信息化需求,具备一定的销售和展示技巧(参与销售),具备将客户的服务需求转换为系统功能的技术能力,能够解决供应链管理中各种信息系统方面的突发性问题。

(6)物流操作管理人员。物流操作管理人员要求对物流知识有一定了解,必须熟悉自身所从事的物流环节的运营,使本环节的物流工作进行得更有效、更合理,主要是对具体的物流作业(如货物的上架、分拣、堆垛、包装、配送等)进行管理。

(7)物流操作工人。物流操作工人要求具备标准化流程下的操作能力、吃苦耐劳精神和企业文化意识。按照标准流程完成每个操作过程,关键是要有一定的操作经验与技能。

2. 专业性物流人才

专业的物流人才与行业紧密相关,这类人才需对所处的行业有非常深刻的了解,可以通过IT行业、家电行业、石油化工行业和零售业几个方面进行分析。

(二)从物流业务所涉及的功能模块看

现代物流业的人才需求主要分为三大模块:仓储管理、运输管理和配送管理,每个管理模块又包含了一系列的基础管理岗位,如表1-1所示。

表1-1　　　　　　　现代物流业的人才需求模块和主要基础岗位

人才需求模块	基础管理岗位	业务内容
运输管理	公路运输管理	货运管理、车辆管理、调度配载管理等
	铁路运输管理	货运管理、车辆管理、调度配载管理等
	水路运输管理	货运管理、堆场管理、装卸管理等
	航空运输管理	备货、交接、装运、清理等
仓储管理	入库管理	入库准备、验收、装卸搬运、归档等
	在库管理	盘点、养护、安全等
	出库管理	备货、交接、装运、清理等
配送管理	采购管理	计划管理、供应商管理等
	作业管理	分拣、补货、流通加工、装配等
	信息管理	订单管理、合同管理等

二、物流管理人才应具备的能力和要求

现代物流是现代流通的重要支撑,是实现传统商业向现代流通转变的关键之所在。实行现代物流是行业进一步加快自身发展,提升企业核心竞争力,从容应对国际挑战的必然选择,而实行现代物流的一个重要条件就是必须拥有一大批具有良好道德品质修养,善于运用现代信息手段,精通物流业务,懂得物流运作规律的现代物流管理人才。

(一)具有良好的思想政治素质和职业道德

人员思想政治素质的高低决定着事业的发展和进步,对于企业的物流管理人员来说,思想政治素质具有十分重要的意义,其关乎稳定队伍、凝聚人心、步调统一。作为企业的物流管理人员,必须牢固树立"国家利益至上、消费者利益至上"的行业共同价值观,要把"讲责任、讲诚信、讲效率、讲奉献",潜心做事、低调做人,宽容开放、勇于创新,甘于奉献、自强不息,报效国家、回报社会等作为自己的行为规范。在日益复杂的工作中提高是非辨别能力,摆脱低俗趣味的东西,抵制各种诱惑与私心杂念,把高度的事业心

和责任感、顽强的工作作风、严格的组织纪律性和集体主义观念融入到日常工作中,从思想上、政治上跟党和国家的政策方针保持一致,适应新形势的要求,沿着正确的指导性方针完成好本职工作。

(二)具有扎实的物流专业素质

现代物流是一门非常专业的学科,行业实行现代物流并不仅仅是配送、保管那么简单。过硬的业务能力是物流管理人员必备的素质,行业物流管理人员应熟悉掌握以下知识。

1. 行业知识

作为物流管理人员,应该熟悉行业动态,了解行业信息,掌握行业物流发展的方向,熟悉行业品牌以及常识等。

2. 仓储运输知识

仓库、物流中心或配送中心,不仅仅从事的是保管存放、进出库、堆码摆放等简单活动,它还包括库存管理、信息化控制、打码、包装、维修等一系列环节,需要承担起进一步优化配送流程,有效利用配送仓储设施,库存合理控制以及其他增值服务等职能。

3. 财务成本管理知识

物流管理人员不仅要了解配送、库存管理以及后勤保障等各环节发生的种类和数量等情况,还需进一步对现代物流各环节进行成本核算分析。通过细致的核算成本分析,进一步降低损耗,减轻配送成本,增强经济效益,提高行业核心竞争力,建设节约型企业。

4. 安全管理知识

从物流中心配送到每一个零售户,物流存在着路线长、范围广、高度集中等因素,因此安全风险也会成倍增加。一旦发生安全事故,会影响到企业的各个方面,造成一系列问题,给企业带来不可估量的损失。因此,作为物流管理人员,必须要掌握一定的车辆管理、火灾防范、安全保卫等方面知识。

5. 法律知识及其他

现代物流已不单单是企业内部的行为,而是涉及到多个企业(如与邮政合作)之间的经济行为,物流管理人员必须要具备一定的法律知识,了解国家有关物流行业的法律法规,并在实际中灵活加以运用,如《中华人民共和国经济法》、《中华人民共和国合同法》、《中华人民共和国公司法》等法律法规。

(三)具有良好的团队精神

现代物流的物理特性表现为一种网状的结构,在这个网中存在着多条线,每条线上又存在着多个作业点,任何一个作业点出现问题,且没有得到及时妥善的解决,就有可能造成网络的瘫痪。所以,物流管理人员应具备一种强烈的团队合作精神,在作业过程

中,不仅能够做好本职工作,同时还要积极与电访、营销、专卖以及财务等各部门配合,使上下游协调一致。如果没有这种团队协作精神及沟通能力,就不可能将整个线上的作业点有机地结合到一起,就无法实现行业物流目标系统化和业务操作无缝化的目的,就不可能有效完成繁杂程度较高的物流服务。

（四）具有组织管理和协调能力

现代企业的竞争表现为对于人才的竞争,具体表现为企业经营管理理念的竞争。一个成功的企业不仅要有高素质的专业人才,也要有良好的经营管理理念和执行管理理念的能力。物流的灵魂在于系统化方案设计、系统化资源整合及系统化组织管理,包括客户资源、信息资源和能力资源的整合及管理。在目前物流行业没有形成统一标准的情况下,物流从业人员更需要具备较强的组织管理能力,在整合客户资源的前提下有效地贯彻企业的经营理念,充分利用设备、技术和人力等企业内部资源来满足外部客户的需求。

物流管理人员在工作过程中,需要实时与工业企业沟通协商、与上下游环节协调合作,需要运用不同的工具进行各种信息的传递及反馈。因此,物流从业人员不但要有相当丰富的知识面,同时还应具备相当强的沟通、协调能力与技巧。

（五）具有熟练的信息化应用水平

在现代物流中,信息起着非常关键的作用,商品的流动要准确、快速地满足消费者的需求离不开信息的流动,资金的及时回笼也离不开相关信息的反馈。通过信息在物流系统中快速、准确和实时的流动,可使企业迅速对市场做出反应。现代物流企业核心竞争力的提高在很大程度上要取决于对信息技术的广泛重视,并被广泛应用于订单处理、仓库管理、货物跟踪等各个环节。作为一名合格的物流管理人员,必须要熟悉现代信息技术在物流作业中的应用状况,能够综合使用这一技术提高劳动效率,并且能够在使用的过程中提出建设性、可操作性的建议。

（六）具有异常突发事故的处理能力

能够较好执行作业指令并完成常规作业,只能说明员工具备了基本的业务操作能力,异常突发事故的处理能力才是衡量物流管理人员综合素质的重要指标之一。在市场瞬息万变的情况下,市场对物流服务的需求呈现出一定的波动性,物流企业作为供需双方的服务提供者,对信息的采集又有相对的滞后性,同时物流作业环节多、缺乏行业标准,异常突发事故时有发生。要在可利用资源有限的情况下,既能保证常规作业,又能从容面对突发事件的处理和突如其来的附加任务,就需要从业人员具备较强的处理异常事故的能力,具备随时准备应急作业的意识以及对资源、时间的合理分配和充分使用的能力。

项目一 初识物流管理

相关链接

物流人员应具备的能力

①对于现代综合物流的新的理念和运作模式有突破传统的认识,由此能进一步发展对物流的认识,提出新的物流运作的模式。

②对于物流的各个环节的业务具有同等的认知。未来从事物流业的人才往往现在从事的是物流业中的某一个环节的业务,例如航运、仓储、公路运输、铁路运输、货物包装、信息管理等等。但是,一个物流业务人员应该将其知识延伸到物流的其他领域,逐步建立起物流系统的概念,能够统筹考虑整个物流运作的安排。

③对于计算机网络技术有较深刻的理解,并能在业务中对物流信息管理的计算机网络系统提出需求。

④对于物流各个环节的物流实现的有关技术有一定的知识,能够合理使用和调配这些设施和设备。

物流的专门人才除了要具有上述的专业知识和技术以外,还需要有以下一些能力:

①由于物流业务落后,物流人才需要具有前瞻性,即不受现有的机构、制度和一些做法的约束。特别是物流管理人员必须要具有能够创造合理化的物流条件,并具有组织年轻人为物流合理化而奋斗的魄力。

②物流业务是一项新事物,应具备开拓未知领域先驱者的气概。

③因为物流较多地受其他因素的制约,所以必须要具有向这些制约因素挑战的精神。

④为构筑最好的物流系统,应具有系统思考(总体思考)的能力。

⑤为使物流适应已经或将要变化的环境,包括物流领导在内的全体人员必须要有从战略高度考虑问题的素养。

⑥鉴于信息技术在物流中的核心地位,从事物流管理的人员应具备构筑信息系统的能力。

⑦物流工作人员主要是和"物"打交道,很容易见物不见人。但处理"物"的是人,应该具有尊重人的精神。

课后练习题

一、**单项选择题**(从下列每题给出的四个选项中,选择一个符合题目要求的选项)

1. "第三利润"是通过(　　)获得利润的。

   A. 资源领域　　　　B. 资本领域　　　　C. 人力领域　　　　D. 流通领域

2. 对象物所有权转移的活动称为(　　)。

   A. 物流　　　　　　B. 商流　　　　　　C. 资金流　　　　　D. 信息流

3. 商流活动可以创造物资的(　　)。

   A. 空间效用　　　　B. 所有权效用　　　C. 时间效用　　　　D. 形质效用

4. 物流业是一种( )行业。
   A. 生产性　　　　B. 生活性　　　　C. 服务性　　　　D. 消费性
5. 物流管理以( )为第一目标。
   A. 顾客满意　　　B. 企业整体最优　C. 物流渠道畅通　D. 利润最大

二、多项选择题(从下列每题给出的五个选项中,选择两个或两个以上符合题目要求的选项)

1. 物流合理化的目标是( )。
   A. 距离短　　　　B. 时间少　　　　C. 质量高
   D. 整合好　　　　E. 安全、准确、环保
2. 企业物流包括( )。
   A. 供应物流　　　B. 生产物流　　　C. 销售物流
   D. 回收物流　　　E. 废弃物流
3. 物流管理应遵循( )原则。
   A. 服务性　　　　B. 通用性　　　　C. 合理性
   D. 经济性　　　　E. 效益性
4. 下列属于物流系统特征的是( )。
   A. 复杂性　　　　B. 动态性　　　　C. 跨度大
   D. 稳定性强　　　E. 处于最高层次
5. 物流的两大基本功能是( )。
   A. 包装　　　　　B. 运输　　　　　C. 储存
   D. 流通加工　　　E. 配送

三、判断题(判断下列各题的表述是否正确,正确的打"√",错误的打"×")

1. 服务水平越高,物流成本肯定越高。因此,要提高物流服务水准将不可能降低物流成本。( )
2. 商流是产生物流的物质基础。( )
3. 物流的本质是保障。( )
4. Logistics 取代 PD,成为物流科学的代名词,这是物流科学走向成熟的标志。( )
5. 商流和物流的关系非常密切,两者都具有相同的活动内容与规律。( )

四、简答题(结合所学知识,回答下列问题。)

1. 什么是物流?物流是不是等同于流通?
2. 物流和商流的关系是什么?
3. 物流的七大功能是什么?
4. 现代物流有哪些特征?
5. 简述物流的分类方法。

案例分析

案例分析题（结合所学知识，分析案例材料，讨论并回答问题）

海尔集团的发展已在全国乃至全球产生了巨大影响，其以80%以上的增长率高速度地向世界500强的目标挺进着。这些业绩的取得是对市场链流程的再造与创新，而物流则是在企业流程再造过程中最为关键的因素。这就说明海尔物流对海尔集团的高速发展功不可没。

（1）海尔物流的组织创新提出了三个战略转移：一是企业内部组织要适应外部组织变化，从原本直线职能式的管理转移到市场链的管理；二是从国内市场向国外市场转移；三是要有一套网上销售策略，实现制造业向服务业的转移。

（2）实施统一采购，以达到在全集团最低总成本下提供准时化（JIT，Just In Time）采购。达到利用整合后的集团优势，大宗物料实现了大采购，利用数量与品牌优势取得了国内同业内的最优价格。

（3）采用了统一配送，在企业内部库存实施JIT配送管理。主要是为企业内部各个产品事业部的生产线进行零部件管理并为离开生产线的成品进行保管与配送管理。配送管理突出两点：一是减少库存；二是保证24小时的快速反应，保证生产线的正常运转。

讨论：海尔在物流方面有哪些成功的经验？

技能训练

运用互联网，查找我国目前的十大物流企业，并结合其实际业务分析它们的业务经营范围及具体的业务内容。

项目二 企业物流与第三方物流

知识目标：

- 了解企业物流的概念及发展；
- 掌握企业物流的内涵、特征、类型；
- 了解第三方物流的概念及发展；
- 掌握第三方物流的特点、模式。

技能目标：

- 能够结合实际分析企业物流合理化的措施；
- 能够结合实际分析第三方物流企业成功的因素；
- 能够运用相关理论进行企业物流与第三方物流模式的选择。

项目二 企业物流与第三方物流

案例导读

百利威物流：打造电商第三方仓储物流航母

百利威物流成立于1997年，目前有40万平方米的仓储面积，在国内排名第七，在华北地区排名第一，另外还有筹建和在建的项目20万平方米。当当、乐淘、京东、凡客、好乐买、库巴等均与他们有过合作。国内知名的电商企业均与百利威物流有过合作，百利威26号仓库，因当当、京东、乐淘在这里起步而被媒体称为中国电子商务的"福地"。这么多年和顶级电商企业"打交道"的经验，让百利威提前感受到了市场的变化并主动适应市场需求而变化。

中国电子商务飞速发展是一个不可逆转的趋势。为了适应电子商务市场的发展，以百利威为代表的传统仓储物流企业迅速向电子商务物流转变。据霍总介绍，百利威的市场优势主要建立在两个基础之上。第一，因为百利威企业已发展16年，仓储面积、基础设施、配套设施、仓储管理经验等都有了一个很好的基础，这些优势保证了能为客户提供基本的优质仓储物流服务，同时，这也形成了一个无形的壁垒，因为这些基础优势不是一些新进入的物流企业短时间内能够具备的。第二，在物流行业原始经验积累的基础上，百利威向电子商务物流转变，致力于为中国电子商务企业提供电子商务物流解决方案。与传统仓库不同，百利威物流近几年新建和在建的仓库，均按照电子商务的要求配置。内部结构、办公环境、单位坪效、物流周转、订单处理、配套快递服务等等均紧跟或超越国际电子商务水平，为电商企业提供低成本高效率的仓储物流服务，更好地解决电商企业的物流问题。"物流的事交给我们，电商企业可全心地投入开拓市场，这是我们的理想状态。"霍总如是说。

据介绍，百利威目前已在北京，正在沈阳、武汉、廊坊、马鞍山等地建立现代物流仓储基地。百利威在提供卓越的传统仓储服务基础上，利用仓储资源、行业经验、品牌效应，采用先进的技术手段及管理经验，整合各类资源，打造适合快速成长的电商物流市场的专业、集成、高效的标准化仓配一体化运营服务体系和面向大规模、高成长、高利润企业的专业仓储物流网络。百利威网络以北京为中心，将逐步扩展到沈阳、武汉、成都、上海、广州等枢纽城市，进而形成覆盖全国重点区域的网络化布局，成为行业领先的电商物流提供商和现代仓储物流整体解决方案专家。

（资料来源：2015年07月17日 突袭网新闻）

现代物流基础

任务一　企业物流认知

【任务要求】

从超市的货架上随手取下一瓶洗发水,你能想到这瓶洗发水从原材料的采购到上流水线生产,一直到拿到手中为止,中间究竟经过了多少物流环节吗?假如一瓶洗发水的价格为100元,有可能它的生产成本却只有几元钱,为什么会出现这种情况?

通过完成本次任务,应达到以下要求:

要求1:明确什么是企业物流,了解企业物流与社会物流的关系。

要求2:了解企业物流合理化的基本原则。

要求3:分析企业物流的发展趋势。

一、企业物流概念与内涵

企业物流(Enterprise Logistics)在《物流术语》(GB/T18354-2006)中的定义是:生产和流通企业在经营活动中所发生的物流活动。企业内部物流主要是企业内部的生产经营工作与生活中所发生的加工、检验、搬运、储存、包装、装卸、配送等物流活动。

企业物流是企业一体化管理的重要组成部分。它是指以客户满意度为目标及驱动力,在企业内和它的供应、营销渠道上,对货物、服务和相关的信息从货源地到目的地进行有效的流通与储存,以满足客户要求的过程,并对这个过程进行计划、协调、执行与控制。

二、企业物流类型

按照企业性质的不同有以下不同种类的企业物流:

1. 工业生产企业物流

工业生产企业的种类非常多,物流活动也有差异。工业生产企业物流是对应生产经营活动的物流,这种物流有四个子系统,即供应物流子系统、生产物流子系统、销售物流子系统及废弃物物流子系统。

(1)供应物流突出的类型。这种物流系统,供应物流突出而其他物流较为简单,在组织各种类型工业企业物流时,供应物流组织和操作难度较大。例如,采取外协方式生产的机械、汽车制造等工业企业便属于这种物流系统。

(2)生产物流突出的类型。这种物流系统,生产物流突出而供应、销售物流较为简单。典型的例子是生产冶金产品的工业企业,供应的是大宗矿石,销售的是大宗冶金品,而从原料转化为产品的生产过程及伴随的物流过程都很复杂,有些化工企业(化肥企业)也具有这样的特点。

(3)销售物流突出的类型。例如很多小商品、小五金等,大宗原材料进货,加工也不复杂,但销售却要遍及全国或很大的地域范围,是属于销售物流突出的工业企业物流类型。此外,如水泥、玻璃、化工危险品等,虽然生产物流也较为复杂,但其销售时物流的难度更大,问题更为严重,有时会出现大事故或花费大代价,因而也包含在了销售物流突出的类型中。

(4)废弃物物流突出的类型。有一些工业企业几乎没有废弃物的问题,但也有废弃物物流十分突出的企业,如制糖、选煤、造纸、印染等工业企业,废弃物物流组织得如何几乎决定了企业能否生存。

2.农业生产企业物流

农业生产企业中农产品加工企业的性质及所对应的物流与工业企业是相同的。农业种植企业的物流是农业生产企业物流的代表,这种类型企业的四个物流系统的特殊性是:

(1)供应物流。以组织农业生产资料(化肥、种子、农药、农业机具)的物流为主要内容;除了物流对象不同外,这种物流和工业企业供应物流类似,没有太大的特殊性。

(2)生产物流。种植业的生产物流与工业企业生产物流区别极大,其主要区别是:种植业生产对象在种植时是不发生生产过程位移的,而工业企业生产对象则要不断位移,因此,农业种植业生产物流的对象不需要反复搬运、装放、暂存,而进行上述物流活动的是劳动手段,如肥、水、药等。

种植业一个周期的生产物流活动,停滞时间长而运动时间短,其最大的区别点在于,工业企业生产物流几乎是不停滞的。

生产物流周期长短不同,一般工业企业生产物流周期较短,而种植业生产物流周期长且有季节性。

(3)销售物流。以组织农业产品(粮食、棉花等)的物流为主要内容。其销售物流的一个很大特点是,在诸功能要素中,储存功能的需求较高,储存量较大,且储存时间长,"蓄水池"功能要求较高。

(4)废弃物物流。种植生产的废弃物物流也是具有不同于一般工业企业废弃物流的特殊性,主要表现在以重量计上。废弃物物流的重量要远高于销售物流。

三、企业物流特征

企业物流是指主要发生在企业内部的物流,与社会物流、区域物流、国际物流等有着明显的区别。其特征主要表现在:

(1) 企业物流的连续性。企业物流把企业生产经营过程中的各项作业活动、各个作业区域有机地联系在一起，构成了一个完整的、连续不断的整体。企业生产经营活动不断，企业物流不停。

(2) 物料流转是企业物流的关键。企业物流的目的是保证生产经营过程的顺利、高效进行。物料流转是实现这一目的的关键。物料流转方式的变革和进步，直接决定了生产效率的提高及成本的降低。目前，大多数企业的生产供货次序是：下一道工序生产过程需要的零部件由前一道工序供给。需要什么、需要多少、何时需要等都由下一道工序所决定，以减少下一道工序半成品与配件的积压。

(3) 企业物流成本的二律背反性。例如，追求保管的合理性，必违背运输的合理性；追求包装费用的节约，必违背运输、保管过程中的保护与方便功能等。这是企业物流活动中客观存在的。企业物流管理就是要根据企业物流成本的二律背反性，通过物流合理化活动，使物流总成本趋于最小化。

(4) 物流一体化。物流一体化是指从整体上对物流运作的各个环节进行设计，以取得整体上的最优。物流一体化应该包括从信息采集到订单、采购、加工、储存到配送、结算、分析的一条龙运作，每个环节都缺一不可。

物流一体化是现代物流的最基本特征。如果物流的各个环节自成一套，就不可能提高效率和保证完整无误。不了解客户需求，不了解自己的能力，不知道当前的现状，没有运作的连续性，这样的物流体系是不可能搞好的。

(5) 物流、信息流、资金流和商流的协调运作。物流运作环节众多，涉及到企业的方方面面，不协调好就会出现各部门的脱节。小则影响企业物流活动的效率，进而影响企业的经济效益；大则可能让物流运作失败，让企业蒙受巨大损失。要搞好四流合一的协调运作，就必须应用现代化工具，运用科学的管理和调度，让企业在高效稳定中运行发展。

(6) 现代物流的全球化、规模化、网络化、信息化。全球化是指20世纪80年代以来，从市场需求变化趋势看，市场范围在空间上不断延伸，原来分割的国家地区或区域市场正逐渐演变成一个统一的全球市场。走规模化的道路是现代物流的一个共识，只有在规模达到一定程度后，利润才会滚滚而来。

四、企业物流合理化

企业物流合理化围绕着以尽可能低的成本满足顾客需求的目标，贯穿于企业的生产及活动的全过程，通过各种措施降低物流费用。企业物流合理化主要包括：

1. 合理布局生产设施

企业生产系统和服务系统的各类设施的空间布置规划及设计是物流合理化的前提。企业内生产设施的相对位置是确定企业物流（尤其是生产物流）路线的基础，并且一旦确定形成，那么物流路线就很难修正。因此，在设计、规划生产物流时应考虑：

（1）集团级物流分析，确定集团内各个公司的相关位置。

（2）公司级物流分析，确定公司内各个工厂的相关位置。

（3）工厂级物流分析，确定工厂内各个部门，包括供应仓库、生产车间、辅助车间和其他相关位置。

（4）车间级物流分析，确定车间内各个生产区域或生产线的相关位置。

（5）生产线或生产区域级的物流分析，确定生产线或生产区域内相关设备的位置。

（6）从生产流程和生产特点出发确定装卸搬运机械的选型、设置位置、台数等。

生产设施的合理布局要求企业物流应遵循"连续（不中断、停留）、直接（不迂回、倒流）、迅速（时间短）"的原则，追求物流的"时间、空间"的最优化。

2．推广应用先进的物流技术

物流技术和生产技术不同，生产技术是为社会生产各种产品，为社会提供有形物资的技术；物流技术是对有形物资进行输送、储存等，为社会提供无形服务的技术。推广应用先进物流技术包括围绕物流服务的物流硬技术和物流软技术。物流硬技术在物流发展初期是起主导作用的技术，它是指组织实物运动所设计的各种机械设备、运输工具、仓库建筑、站场设施以及服务于物流的电子计算机、通信网络等；物流软技术是指为了组成高效率的物流系统而使用的应用技术，即各种物流设备、设施、人才等最合理的调配使用。物流软技术能够在不改变物流硬技术即装备的情况下，充分地发挥现有设备能力，获得较高的经济效益。

3．提高物流效率

在物流活动中提高物流效率的手段除了采用先进的物流设备和物流技术外，还可以运用其他许多方法及手段。如提高物资装卸搬运的灵活性，可以在衔接物流其他环节作业时，使装卸搬运作业更方便、更容易且时间短、效率高，因为在平时的物流作业中存在着大量的无效作业，如物资在流通过程中常常要经过多次的装卸作业，其中有些是没有物流效果的装卸作业，以及在运输过程中存在的物流迂回、重复等大量不合理的运输等。无效作业的减少与排除会减少物流生产的浪费，提高物流作业的有效性。

4．加强物流管理

物流管理是指根据物质资料实体流动的规律，应用管理的基本原理和科学方法，对物流进行计划、组织、协调和控制，使各项物流活动实现最佳的协调及配合，以降低物流成本，提高物流效率和效益。物流管理的本质要求是求实效，体现在"管"上，是指要使物流活动受到一定的约束及限制；体现在"理"上，是指要使物流活动符合物资实体运动规律。因此，物流管理要通过一定的组织体系、手段和方法，使物流活动与客观规律相适应，从而求得实效。

5．建立健全物流信息系统

为了有效地对物流系统进行管理与控制，就必须建立完善的信息系统。信息系统水平是物流现代化的标志。物流信息几乎覆盖了企业的全部生产过程，合理控制生产计划、控制生产物流节奏、压缩库存、降低成本、合理调度运输和搬运设备，使企业内物流顺畅等，都依赖于及时、准确的物流信息。在企业外部，原材料供应市场和产品销售市场的信息也是组织企业物流活动的依据。因此，必须要从基本数据的收集、整理、加工做起，建立完善的物流信息系统，以利于物流管理层进行分析，使企业领导者的决策具备科学依据。

 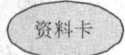

什么是企业物流链？

企业物流系统由若干子系统组成，这些子系统虽然有各自的特殊性，但是和所有的系统结构一样，低层次的系统在大系统中都有一个共同的、总体的目标。所以，这些子系统之间着存在内在、有机的联系。在企业中，这种联系的紧密程度要远远高于社会的物流系统。

在企业物流系统的若干子系统之间，按照物流科学规律，也必然存在着"效益背反"问题。正是因为如此，企业物流系统的这些子系统必须要服务于企业的总目标而形成一个顺畅的链条，这就是企业物流链。企业物流管理的主要任务，就是使这个链条贯通顺畅，并取得优化。

任务二　企业物流运作

【任务要求】

企业物流可理解为围绕企业经营的物流活动，是具体的、微观物流活动的典型领域。实践表明，只有目标明确的企业才能得到迅速的发展。同理，也只有目标明确的企业物流作业才能高效运转起来。企业物流作业的目标包括如下几个方面，分别为快速响应、最低库存、集中运输、最小变异、质量以及生命周期支持等。传统的物流作业要达到以上物流作业的目标比较困难，而市场的激烈竞争又对物流作业的全新目标几乎都要求同时满足，因此就要求企业必须对物流作业的各个环节进行高效整合。那么如何对企业物流的诸多环节进行高效整合呢？

通过完成本次任务，达到以下要求：

要求1：明确什么是供应物流，了解供应物流的模式。

要求2：明确什么是生产物流，了解生产物流的重点。

要求3：明确什么是销售物流，了解销售物流的内容。

要求4：明确什么是回收物流和废弃物物流，了解回收物流和废弃物物流的特点。

一、供应物流

(一)供应物流概念

企业为保证本身生产的节奏,不断组织原材料、零部件、燃料、辅助材料供应的物流活动。这种物流活动对企业生产的正常、高效进行起着重大作用。企业供应物流不仅是一个保证供应的目标,而且还是在以最低成本、以最少消耗、以最大保证来组织供应的限定条件下,因此,就带来了很大的难度。

供应物流(SupplyLogistics)在《物流术语》(GB/T18354-2006)中的定义是:提供原材料、零部件或其他物料时所发生的物流活动。生产企业、流通企业或消费者购入原材料零部件或商品的物流过程,就是物品在供需双方的实体流动。对于生产企业而言,是指生产活动所需要的原材料、备品备件等物资的采购、供应活动所产生的物流对于流通企业而言,是指交易活动中从买方角度出发的交易行为所产生的物流。

(二)供应物流的过程

供应物流过程因不同企业、不同供应环节和不同的供应链而有所区别,这个区别就使企业的供应物流出现了许多不同种类的模式。但是,尽管不同的模式在某些环节具有非常复杂的特点,但是供应物流的基本流程是相同的,其过程有以下几个环节。

1. 取得资源

取得资源是完成以后所有供应活动的前提条件。取得什么样的资源,这是核心生产过程提出来的,同时也要按照供应物流可以承受的技术条件和成本条件辅助这一决策。

2. 组织到厂物流

所取得的资源必须经过物流才能达到企业。这个物流过程是企业外部的物流过程,在物流过程中,往往要反复运用装卸、搬运、储存、运输等物流活动才能使取得的资源到达企业的门口。

3. 组织厂内物流

如果企业外物流到达企业的"门",便以"门"作为企业内外的划分界限,例如以企业的仓库为外部物流终点,便以仓库作为划分企业内、外物流的界限。这种从"门"和仓库开始继续到达车间或生产线的物流过程,称作供应物流的企业内物流。传统的企业供应物流,都是以企业仓库为调节企业内外物流的一个结点。因此企业的供应仓库在工业化时代是一个非常重要的设施。

(三)供应物流的模式

企业的供应物流有三种组织方式:第一种是委托社会销售企业代理供应物流方式;第二种是委托第三方物流企业代理供应物流方式;第三种是企业自供物流方式。另外,前三种方式都有低层次的、高层次的不同管理模式,其中供应链方式、零库存供应方式、准时供应方式都值得我们关注。

1. 委托社会销售企业代理供应物流方式

企业作为用户,在买方市场条件下,利用买方的主导权力,向销售方提出对本企业进行供应服务的要求,作为向销售方进行采购订货的前提条件。实际上,销售方在实现了自己生产的和经营的产品销售的同时,也实现了对用户的供应服务,以此占领市场。这种供应服务是销售方企业发展的一个战略手段。以充分利用市场经济造就的买方市场优势,对销售方即物流的执行方进行选择和提出要求,有利于实现企业理想的供应物流设计。这种方式存在的主要问题,是销售方的物流水平可能有所欠缺,因为销售方毕竟不是专业的物流企业,有时候很难满足企业供应物流高水平化、现代化的要求。

2. 委托第三方物流企业代理供应物流方式

第二种方式是在企业完成了采购程序之后,由销售方和本企业之外的第三方去从事物流活动。当然,这第三方从事的物流活动,应当是专业性的,而且有非常好的服务水平。这个第三方所从事的供应物流,主要向买方提供了服务,同时也向销售方提供服务,在客观上协助销售方扩大了市场。由第三方去从事企业供应物流的最大好处是,能够承接这一项业务的物流企业,必定是专业物流企业,有高水平、低成本、高服务从事专业物流的条件、组织和传统。不同的专业物流公司,瞄准物流对象的不同,有自己特有的形成核心竞争能力的机器装备、设施和人才,这就使企业有广泛选择的余地,进行供应物流的优化。在网络经济时代,很多企业要构筑广域的或者全球的供应链,这就要求物流企业有更强的能力和更高的水平,这是一般生产企业不可能做到的,从这个意义来讲,必须要依靠从事物流的第三方来做这一项工作。

3. 企业自供物流方式

第三种由企业自己组织所采购的物品的本身供应的物流活动,这在卖方市场的市场环境状况下,是经常采用的供应物流方式。

企业在组织供应的某些种类物品方面,可能有一些例如设备、装备、设施和人才方面的优势,这样,由企业组织自己的供应物流也未尝不可,在新经济时代这种方式也不能完全否定。关键还在于技术经济效果的综合评价。但是,在网络经济时代,如果不考虑企业核心竞争能力,不致力发展这个竞争能力,而仍然抱着"肥水不流外人田"的旧观念、也不是不可能取得一些眼前利益,但是这必将以损失战略的发展为代价,是不可取的。

(四)供应物流的服务

供应物流领域新的服务方式主要有下列两种。

1. 准时供应方式

在买方市场环境下,供应物流活动的主导者是买方。购买者(用户)有极强的主动性,必须以最优的服务才能够被用户所接受。从用户企业一方来看,准时供应方式是一种比较理想的方式。

准时供应方式是按照用户的要求,在计划的时间内或者在用户随时提出的时间内,实现用户所要求的供应。准时供应方式大多是双方事先约定供应的时间,互相确认时间计划,因而有利于双方作好供应物流和接货的组织准备工作。采用准时供应方式,可以派生出零库存方式、即时供应方式等多种新的服务方式。

2. 即时供应方式

即时供应方式是准时供应方式的一个特例,是完全不依靠计划时间而按照用户偶尔提出的时间要求,进行准时供应方式。这种方式一般作为应急的方式采用。

在网络经济时代,由于电子商务的广泛开展,在电子商务运行中,最基本消费者所提出的服务要求,大多缺乏计划性,而又有严格的时间要求,所以,在新经济环境下,这种供应方式有被广泛采用的趋势。

需要说明的是,这种供应方式由于很难实现计划和共同配送,所以,一般成本较高。

二、生产物流

(一) 生产物流的概念

企业的生产物流活动是指在生产工艺中的物流活动。这种物流活动是与整个生产工艺过程伴生的,实际上已经构成了生产工艺过程的一部分。过去人们在研究生产活动时,主要关注一个又一个的生产加工过程,而忽视了将每一个生产加工过程串在一起的、并且又和每一个生产加工过程同时出现的物流活动。例如,不断离开上一工序,进入下一工序,便会不断发生搬上搬下、向前运动、暂时停止等物流活动。实际上,一个生产周期,物流活动所用的时间远多于实际加工的时间。所以,企业生产物流研究的潜力、时间节约的潜力、劳动节约的潜力是非常大的。

生产物流(ProductionLogistics)在《物流术语》(GB/T18354－2006)中的定义是:企业生产过程发生的涉及原材料、在制品、半成品、产成品等所进行的物流活动。

由此可见,企业生产物流是指伴随企业内部生产过程的物流活动,即按照工厂布局、产品生产过程和工艺流程的要求,实现原材料、配件、半成品等物品在工厂内部供应库与车间、车间与车间、工序与工序、车间与成品库之间流转的物流活动。

(二) 生产物流的特征

企业生产过程实际上是由每个生产加工过程连接起来所形成的物流活动过程。因此,一个合理的生产物流过程必须体现以下特征,才能保证生产过程始终处于最佳状态。

(1) 连续性。即物品处于不断的流动状态,包括空间上的连续性和时间上的连续性。空间上的连续性要求生产过程各个环节在空间布置上合理紧凑,避免迂回往返,尽可能使物品流动的路程最短;时间上的连续性要求物品在生产过程的各个环节始终处于运动中,避免和减少停顿或等待。生产物流的连续性是提高生产效率、节约空间的要求。

(2)平行性。即物品在生产过程中实行平行交叉流动。也就是与最终产品有关的各种在制品同时在数道工序上加工流动,并且将已经完工的在制品转到下一道工序继续加工。这样,可以减少等待,并缩短生产周期。

(3)比例性。即生产过程的各个工艺阶段之间、各工序之间在生产能力上保持一定的比例关系,以适应产品制造的要求。如产品构造所决定的各部件、零件的比例;由此所产生的生产人员比例、设备比例、生产面积比例、生产速率比例等等。比例就是协调,比例是实现连续性的基础,比例是相对的、动态的。

(4)均衡性。即产品从投放物品到完工都能按预定的节拍、批次,有节奏地进行,能够在相等的时间间隔完成预定的、大体相等的工作量或递增的工作量。生产过程的均衡性有利于人力、物力的合理预算和使用,使人力、物力处于良好的状态。

(5)准时性。即生产的各个阶段、各工序都按后续阶段和工序的预定需要进行生产,及时提供后续阶段或工序所需要的零部件品种和数量。准时性的实现,避免了等待或积压。它是连续性、平行性、比例性和均衡性的保证。

(6)适应性。即加工制造的可变性、可调节性,要对市场需求作出快速反应。当企业产品改型换代或品种发生变化时,生产过程应具备在较短的时间内由一种产品迅速转移为另一种产品的生产能力,以适应市场多样化、个性化的要求(也称柔性生产)。与生产过程相适应,物流过程同时应具备相应的应变能力,生产物流的柔性要求物品供应和流动是灵活的。

(三)生产物流的类型

1. 从专业化程度分类

从生产专业化程度来看,根据产品在工作地生产的重复程度,可以把生产物流分为单件生产的物流、大量生产的物流、成批生产的物流三种类型。单件生产的物流属于项目型,重复度低;大量生产和成批生产的物流属于连续或离散型,重复度高。大量生产与成批生产物流之间的区别在于:大量生产是单一品种,成批生产品种不单一。

2. 从物品流向角度分类

从物品流向的角度来看,根据物品在生产工艺过程中的特点,可以把生产物流分为项目型生产物流、离散型生产物流、连续型生产物流三种类型。项目型生产物流的特点是生产过程中物品的流动性不强;物品一旦进入工作地,要么被凝固在工作地形成最终产品,要么在工作地滞留很长时间后才形成最终产品流出来,如铁路、机场、厂房或飞机、轮船、机械设备等。因此,管理的重点是根据项目生命周期每个阶段所需物品的质量、数量、时间和费用等进行严格的计划和控制。离散型生产物流的特点是产品由若干的零部件组装而成,但各个零部件的加工过程又是独立的,各个生产环节之间要有一定的在制品储备，如各种加工装配式的生产。

（四）生产物流的主要及相关领域

1. 工厂布置

工厂布置是指工厂范围内，各生产手段的位置确定，各生产手段之间的衔接和以何种方式实现这些生产手段。具体来讲，就是机械装备、仓库、厂房等生产手段和实现生产手段的建筑设施的位置确定。这是生产物流的前提条件，应当是生产物流活动的一个环节。在确定工厂布置时，单考虑工艺是不够的，必须要考虑整个物流过程。

2. 工艺流程

工艺流程是技术加工过程、化学反应过程与物流过程的统一体。在以往的工艺过程中，如果认真分析物料的运动，会发现有许多不合理的运动。例如，厂内起始仓库搬运路线不合理，搬运装卸次数过多；仓库对各车间的相对位置不合理；在工艺过程中物料过长的运动、迂回运动、相向运动等。这些问题都反映了工艺过程缺乏物流考虑。

3. 装卸搬运

生产物流中，装卸搬运是其中一种发生最广泛、发生频度最高的物流活动，这种物流活动会决定整个生产方式和生产水平。例如，用传送带式工艺取代"岛式"工艺，省却了反复的装卸搬运，变成了一种新的生产和管理的模式，是现代生产方式的一次革命。又如，"科学管理"理论的一个重要组成部分——作业研究，是研究工人搬装作业的时间、方法和定额，实际上是对生产物流的研究。

在整个生产过程中，搬运装卸耗费巨大，所以是在生产领域中物流主要功能要素的主要体现，是生产领域中物流可挖掘的主要"利润源"。

4. 生产物流的物流结点

生产物流结点，主要以仓库形式存在，虽然都名为仓库，但生产物流中各仓库的功能、作用乃至设计、技术都是有区别的。一般说来，生产物流中的仓库有两种不同类型：

（1）储存型仓库。一般来讲，在生产物流中，这种仓库是希望尽量减少的。在生产物流中，这不是主体。

（2）衔接型仓库。衔接型仓库是生产企业中各种类型中间仓库的统称，有时就干脆称中间仓库。中间仓库完全在企业的可控范围之内，因此，可以采用种种方法缩减这种仓库，至完全取消这种仓库，解决这一问题需要管理方法与调整技术并用。从技术方面来讲，是调整半成品生产与成品生产的速率，在这一方面，现在采用的看板方式和物料需求计划方式（MRP方式）都有可能解决这一问题，以达到生产物流的优化。

三、销售物流

（一）销售物流的概念

企业的产品只有通过销售才能实现其价值，从而创造利润，实现企业价值。销售物流是指企业在销售过程中,将产品的所有权转给用户的物流活动,是产品从生产地到用户的时间及空间的转移,是以实现企业销售利润为目的的,销售物流是包装、运输、储存等环节的统一。《物流术语》(GB/T18354-2006)中将销售物流(Distribution Logistics)的定义为:企业在出售商品过程中所发生的物流活动。

销售物流是生产企业赖以生存及发展的条件,又是企业本身必须从事的重要活动,它是连接生产企业与消费者的桥梁。对于生产企业来讲,物流是企业的第三个利润源,因此,搞好销售物流的管理是企业降低成本的重要手段。企业一方面依靠销售物流将产品不断运至消费者和用户;另一方面,通过降低销售过程中的物流成本,间接或直接增加企业的利润。

(二)销售物流模式

销售物流有三种主要的模式:生产者企业自己组织销售物流,第三方物流企业组织销售物流,用户自己提货的形式。

1. 生产企业自己组织销售物流

这是在买方市场环境下主要销售物流的模式之一,也是我国当前绝大部分企业采用的物流形式。生产企业自己组织销售物流,实际上把销售物流作为企业生产的一个延伸或者是看成了生产的继续。生产企业销售物流成了生产者企业经营的一个环节。而且,这个经营环节是和用户直接联系、直接面向用户提供服务的一个环节。在企业从"以生产为中心"转向以"市场为中心"的情况下,这个环节逐渐变成了企业的核心竞争环节,已经逐渐不再是生产过程的继续,而是企业经营的中心,生产过程变成了这个环节的支撑力量。生产企业自己组织销售物流的好处在于,可以将自己的生产经营及用户直接联系起来,信息反馈速度快、准确程度高,信息对于生产经营的指导作用与目的性强。企业往往把销售物流环节看成是开拓市场、进行市场竞争中的一个环节,尤其是在买方市场的前提下,格外看重这个环节。

2. 第三方物流企业组织销售物流

由专门的物流服务企业组织企业的销售物流,实际上是生产企业将销售物流外包,将销售物流社会化。

由第三方物流企业承担生产企业的销售物流,其最大的优点在于,第三方物流企业是社会化的物流企业,它向很多生产企业提供物流服务,因此可以将企业的销售物流和企业的供应物流一体化,可以将很多企业的物流需求一体化,采取统一解决的方案。这样可以做到:第一是专业化,第二是规模化。这两者可以从技术方面和组织方面强化成本的降低与服务水平的提高。在网络经济时代,这种模式是一个发展趋势。

3. 用户自己提货的形式

这种形式实际上是将生产企业的销售物流转嫁给用户,变成了用户自己组织供应物流的形式。对销售方来讲,已经没有了销售物流的职能。这是在计划经济时期广泛采用的模式,将来除非是十分特殊的情况下,这种模式已不再具有生命力。

(三)销售物流的主要环节

1. 产品包装

销售包装的目的是向消费者展示、吸引顾客、方便零售。运输包装的目的是保护商品,便于运输、装卸搬运及储存。

2. 产品储存

储存是满足客户对商品可得性的前提。通过仓储规划、库存管理与控制、仓储机械化等,提高仓储物流工作效率、降低库存水平、提高客户服务水平。帮助客户管理库存,有利于稳定客源、便于与客户的长期合作。

3. 货物运输与配送

运输是解决货物在空间位置上的位移。配送是在局部范围内对多个用户实行单一品种或多品种的按时按量送货。通过配送,客户可以得到更高水平的服务,企业可以降低物流成本,减少城市的环境污染。要考虑制定配送方案,提高客户服务水平的方法与措施。

4. 装卸搬运 装卸是物品在局部范围内以人力或机械装入运输设备或卸下。搬运是对物品进行水平移动为主的物流作业,其主要考虑:提高机械化水平、减少无效作业、集装单元化、提高机动性能、利用重力和减少附加重量、各环节均衡与协调、系统效率最大化。

5. 流通加工

根据需要进行分割、计量、分拣、刷标志、拴标签、组装等作业的过程。其主要考虑:流通加工方式、成本和效益、与配送的结合运用、废物再生利用等。

6. 订单及信息处理

客户在考虑批量折扣、订货费用与存货成本的基础上,合理地频繁订货;企业若能为客户提供方便、经济的订货方式,就能引来更多的客户。

7. 销售物流网络规划与设计

销售物流网络,是以配送中心为核心,连接从生产厂出发,经批发中心、配送中心、中转仓库等,一直到客户的各个物流网点的网络系统。其主要考虑:市场结构、需求分布、市场环境等因素。

四、回收物流与废弃物物流

(一)回收物流的概念

自20世纪60年代以来,随着人类工业化进程的加快,环境问题日益加剧并逐步受到各国政府的重视,许多环保法律、法规陆续出台。随着人们环保意识的增强及环保法规约束力度的加大，企业被迫承担起更多回收产品的责任。而当前企业所面临的极其严酷的3C（Customer，Competition，Change）环境，也迫使企业为提高顾客满意度、获得竞争优势而不得不承担起环境保护方面的社会责任。

人们一提到物流往往想到的是产品如何从供应商手中送达最终用户手中的正向物流（或称动脉物流）。但一个完整的供应链不仅应该包括"正向"的动脉物流，还应该包括反向（或逆向）的回收物流即 Reverse Logistics。这里的"回收物流"一词其对应的英文名称也是"Reverse Logistics"，它不仅包括狭义的回收物流（returned logistics），而且也包括废弃物物流（wastematerial logistics）。我国2007年5月1日起正式实施的《物流术语》（GB/T18354——2006）中的"回收物流"就是狭义的回收物流，它不包括废弃物物流，具体表述如下："回收物流（returned logostics）指不合格物品的返修、退货以及周转使用的包装容器从需方返回到供方所形成的物品实体流动。"比如，回收用于运输的托盘和集装箱、接受客户的退货、收集容器、原材料边角料、零部件加工中的缺陷在制品等的销售方面物品实体的反向流动过程。

综上所述，回收物流有广义和狭义之分。狭义的回收物流（returned logistics）是指对一些由于环境问题或产品已过时的原因而产品、零部件或物料回收的过程。它是将废弃物中有再利用价值的部分加以分拣、加工、分解，使其成为有用的资源重新进入生产和消费领域。广义的回收物流（reverse logistic）除了包含狭义的回收物流的定义之外，还包括废弃物物流的内容，其最终目标是减少资源的使用，并通过减少使用资源达到废弃物减少的目标，同时使正向以及回收的物流更有效率。逆向物流流程具体见示意图2-1。

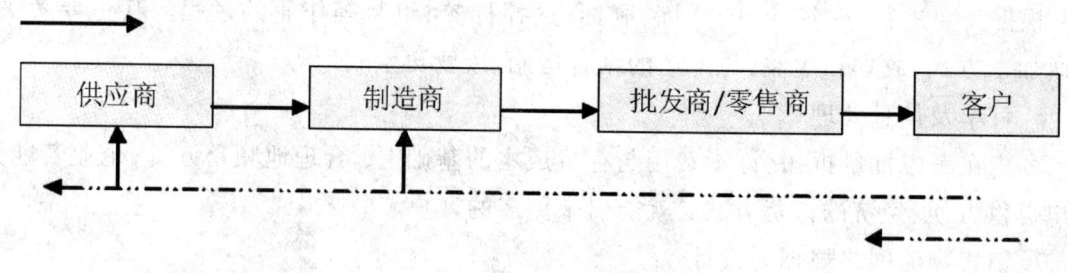

图2-1 逆向物流流程

（二）回收物流的分类

要对回收物流进行深入细致的研究与探讨就必须首先对其进行分类，而由于分类的依据和标准不同，结果也自然会不同。

1. 按照回收物品的渠道来分

按照回收物品的特点可分为退货逆向物流和回收逆向物流两部分。逆向物流包括退货逆向物流和回收逆向物流两部分。退货逆向物流是指下游顾客将不符合订单要求的产品退回给上游供应商,其流程与常规产品流向正好相反。回收逆向物流是指将最终顾客所持有的废旧物品回收到供应链上的各节点企业,它包括五种物资流:直接再售产品流(回收—检验—配送),再加工产品流(回收—检验—再加工),再加工零部件流(回收—检验—分拆—再加工),报废产品流(回收—检验—处理),报废零部件流(回收—检验—分拆—处理)。具体见示意图2-2。

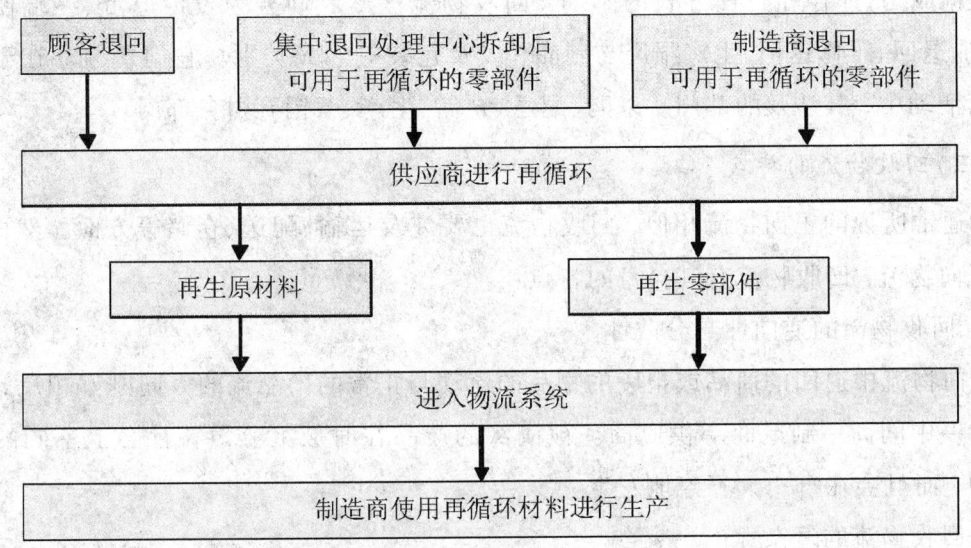

图2-2 供应商的逆向物流流程

回收逆向物流主要包括以下几个环节:

(1)回收。回收是将顾客所持有的产品通过有偿或无偿的方式返回给销售方。销售方可能是供应链上的任何一个节点,如来自顾客的产品可能返回到上游的供应商、制造商,也可能是下游的配送商、零售商。

(2)检验与处理决策。该环节是对回收品的功能进行测试分析,并根据产品结构特点以及产品和各零部件的性能确定可行的处理方案,包括直接再销售、再加工后销售、分拆后零部件再利用及产品或零部件报废处理等。然后,对各方案进行成本效益分析,确定最优的处理方案。

(3)分拆。按产品结构的特点将产品分拆成零部件。

(4)再加工。对回收产品或分拆后的零部件进行加工,以恢复其价值。

(5)报废处理。对那些没有经济价值或严重危害环境的回收品或零部件,通过机械处理、地下掩埋或焚烧等方式进行销毁。西方国家对环保的要求越来越高,而后两种方式会对环境带来一些不利影响,如占用土地、污染空气等。因此,目前西方国家主要采取的是机械处理方式。

2. 按照回收物流材料的物理属性分

按照回收物流材料的物理属性可分为钢铁和有色金属制品回收物流、橡胶制品回收物流、木制品回收物流、玻璃制品回收物流等。

3. 按成因、途径和处置方式及其产业形态来分

根据成因、途径和处置方式的不同，回收物流被学者们分为投诉退货、终端使用退回、商业退回、维修退回、生产报废与副品，以及包装等六大类别。它们普遍存在于企业的经营活动中，其涉及的部门从采购、配送、仓储、生产、营销到财务部门。

（三）回收物流的特点

与通常所说的正向物流相似，回收物流也要涉及运输、配送、仓储等方面。然而，不同于正向物流，回收物流有其自身的特点：

1. 回收物流的逆向性与分散性

逆向物流中退回的商品或报废的物品的流动与正常的商品流的方向刚好相反，即从消费者→中间商→制造商→供应商。被淘汰的产品在时域上分散在社会上不同的消费者手中，而且会在每一天不停地发生。

2. 回收物流的复杂性

被淘汰的产品在种类上数量很多，同时又有品牌、型号等的区别，以及折旧程度的不同。在对回收产品进行专业处理之前一定要进行分拣。

3. 价值的递减性

对于退回或召回的商品而言，由于在逆向流动过程中产生一系列的运输、仓储、处理等费用都会冲减其价值，因此，这类产品的价值具有递减性。

4. 不确定性

表现在回收物流产生的地点、时间和数量是不确定的。其主要表现如下：

（1）回收物流具有极大的不确定性。回收物流具有投资风险大、结构复杂、地点分散无序、回收物品不可能集中一次向接受点转移等方面，总而言之，具有极大的不确定性。由于是从供应链的下游向上游传递实物和信息，所以很难预测何时何地、有多少状况的商品进入到回收流通的渠道。一些制造企业全部或部分使用回收物流回收利用的零部件或者原材料来生产新产品，这必然要求对回收物流供给的可得性做出准确及时的追踪及预测，这样才可以做出完整连续的生产计划来。

（2）回收物流的处理系统与方式复杂多样。回收物流的处理系统与方式复杂多样，不同处理手段对恢复资源价值的贡献差异显著。对回收物流特点的重视与否，形成了企业回收物流管理能力以及水准高低的分水岭。由于投资于回收物流的资产对回收产品

的交易有较高的依赖性,其资产专用性比较大,因而回收物流不宜采用市场交易机制,而应采取企业或网络模式。

(3)回收物流技术具有一定的特殊性。尽管回收物流仍然是由运输、储存、装卸搬运、包装、流通加工和物流信息管理等环节组成的,但是回收物流技术也具有自身的特点:多采用小型化、专用化的装运设备;除危险品等特殊物品外一般只要求简易、低成本的储存、包装;常需要多样化的流通加工,包括分拣、分解和分类,压块与捆扎,切断与破碎三大类。

5. 处理费用高

回收流通的商品通常价值较低,而相对的运输、仓储和处理的费用高昂,这主要是因为这些商品通常缺少规范的包装,又具有不确定性,难以充分利用运输和仓储的规模效益;另一个重要原因在于许多商品需要人工的检测、判断及处理,极大地增加了人工的费用,同时效率也很低下。由于回收物流往往会给企业带来高昂的处理费用,其中以运输和存储费用为最多。但是,许多回收物品如垃圾长期随意堆放不但占用许多存储空间,还可能带来二次污染。因而,及时有效地对这些回收物品进行配送,才能减少其处理费用。

(四)回收物流的功能与原则

1. 回收物流中的通道功能

如上所述,回收物流与正向物流有着很大不同,但回收物流系统中仍然是由运输、储存、装卸搬运、包装、流通加工和物流信息管理等物流功能要素构成的,不过具体而言,回收物流过程中上述物流功能要素反映的侧重点不同。

由于回收物流的类型不同,回收物流的具体流程也会有所不同。一般而言,回收物流系统的目标要通过以下这些共同物流功能来实现。

(1)收集。在收集阶段,用过的物品从废物中分离出来,进入回收通道。回收品的收集如果能做到分类进行,将会大大提高回收物流系统的效率。但这需要公众的广泛参与才能做到。因而,回收物流的发展还需要很长的一段时间。

(2)分拣。分拣过程可能相当费时费力。因此,它可能是整个再利用、循环或再加工过程中物流网络能否成功与是否有效的制约瓶颈。如果分拣及时,改进是可能的,如在收集期间就用标准容器,像瓶子。但是,如果分拣工作滞后或过于粗糙,就可能使其后的回收加工流程无法正常进行,甚至导致整个回收物流系统的效益荡然无存。比如废纸,它本身可以重新回收利用,而如果和剩饭剩汤等物堆放在一起则无法回收利用。北京每年产生废纸110万吨,实际回收利用仅为10万吨,利用率不足10%。而我国的废旧轮胎的回收利用率则不到一半。这都与分拣工作不到位有着很大关系,因为分拣是回收物流中最重要的流通加工功能。

(3) 运输。运输是最昂贵的物流活动，通常可以占到物流总费用的50%以上。但是物流的回收每一步都离不开运输，运输同样是回收物流的重要成本因素，而且从最终用户到制造商的回收通道中第一阶段的运输成本尤其昂贵，因为回收物品往往量小而点多。当运输整个用旧的产品时，虽然只有部分部件能够再用，但运输成本却不会因此而降低。如果产品被分解或者预处理，运输成本则可能有实质性的下降。

(4) 测试。在拆卸前或拆卸期间，要测试所回收部件的质量，按测试结果来决定是否修理与再用，所以对回收部件早期的检测可节省不必要的运输及加工处理费用。对于回收物料的危险性和可用性在回收物流流程过程中应给予特别的关注，如战争中造成的化学废弃物的处理如果运输不当就会带来极大危害。2003年8月4日黑龙江省齐齐哈尔发生的日军遗留芥子气泄露事件，最初就是由于民工对其危险性不知情而在运输过程中不慎打破容器而引发并扩散的。

(5) 拆卸。拆卸常常会在加工阶段进行，要满足操作管理中的即时性原则。如果没有对部件的需求，就没必要去拆卸。另一方面，尽管早期拆卸可降低运输成本，但是拆卸测试设备的有效性、价格，以及装配和测试所要求的知识，决定拆卸的地点及如何完成拆卸等都需要对回收物流系统中的各类人员进行必要的培训。因而我们说，要提高回收物流系统的效率，对于回收物流人员的技术性要求应该是相当高的。

(6) 修复。一个新产品的再造要涉及清洗、修理、替代和装配等步骤的再加工的情况下，将产品的特性保留下来。而再生是把废旧物分解成可以在完全不同的产品中再使用的原材料。修复战略的目的是，以最小的成本恢复产品最大的经济价值，同时满足技术、生态与法律的限制。

2. 回收物流合理化遵循的原则

(1) 供应链思想。回收物流是一个社会性的工作，需要社会各类企业间的相互合作才能达到合理性的最大化，这种合作就体现为一种供应链的思想。

(2) 社会大循环的思想。回收物流循环的思想不是指某一个企业的内部循环，而应是种社会大循环，包括制造企业、销售企业、运输企业、回收企业等，各个企业都有自己的分工，使物流在整个社会中形成一个大的循环，这样才是真正意义上回收物流的合理化。

(3) 符合中国国情。考虑到中国的国民环保意识还没有达到发达国家的水平，就应该采取适合中国国情的方法。

(4) 法律规范的意识。对企业废旧品处理的方法必须要施以严格的法律规范，改变其非正规处理更能盈利的思想。

对于废旧品回收物流虽然已经有了比较多的研究，但尚需经过不断的探索才能找到适合中国的方法和途径，希望国家能尽快从各方面对逆向回收物流进行规范与管理。

(五)废弃物物流含义

人类社会所需要的各种物资都来自于自然界,无论是未经加工的农产品、矿产品,还是已经加工的服装、各种精美食品、各种塑料、金属物品,它们都来自于与我们的生活密切相关的大自然。在人类社会中,物资流向的主渠道就是从生产经过流通,再到消费。但我们也知道,无论是生产领域、流通领域还是消费领域,都产生了我们所谓的废弃物。这些废弃物虽然暂时没有了再利用价值,但如果不妥善处理就会造成环境污染,就地堆放还会占用生产用地以至于妨碍生产,这类物资的处理过程我们称之为废弃物物流。《物流术语》(GB/T18354-2006)中将废弃物物流(Waste material logistics)定义为:将经济活动中失去原有使用价值的物品,根据实际需要进行收集、分类、加工、包装、搬运、储存等,并分送到专门处理场所的物流活动。可以这么说,废弃物物流的作用不在于创造多少经济价值,而在于创造社会效益,即从环境保护出发,将废弃物焚化、进行化学处理或运到特定地点堆放、掩埋。

(六)废弃物物流分类与特点

1. 根据废弃物的状态不同分类

我们可将其分为固体废弃物、液体废弃物和气体废弃物,由此,相应的就有固体废弃物物流、液体废弃物物流及气体废弃物物流。

1)固体废弃物物流

固体废弃物在学术界一般是指在社会生产、流通和消费等一系列活动中所产生的相对于占有者来说一般不具有原有使用价值而被丢弃的以固态和泥状赋存的物质。由于固体废弃物的危害性,我们不得不花费很大的人力、物力来处理它。同时,废弃物是无主的,因此,处理废弃物的责任就理所当然地落在了政府身上。政府部门需要投入大量的人力、物力来建设各种废弃物处理设施。当然,因为固体废弃物具有固定的形状和重量,处理时就有一定的方便之处了。我们可以比较方便地将固体废弃物进行粗略的包装,并将其进行装卸、运输。这种废弃物物流一般采用垃圾处理设备处理,主要可将其运至指定地点焚烧、掩埋或堆放。与其他状态的废弃物物流相比,其就有了方便、容易、高效等特点。

2)液体废弃物物流

液体废弃物也被称为废液,其形态是各种成分液体混合物。液体废弃物主要来自于生产部门和消费部门,即工业废水及生活废水。随着我国经济的不断发展,液体废弃物的排放也呈持续增加趋势。

3)气体废弃物物流

气体废弃物俗称废气,主要是工业企业,尤其是化工类工业企业的排放物,其次就是生活和交通中所产生的废气。废气中的硫氧化物、氮氧化物、碳氧化物、碳氢化合物、臭氧等都是大气污染物。随着现代工业、农业和交通运输业的不断发展,向大气中排放污染物质的数量越来越多,种类也越来越复杂。这种人为因素有时会造成大气成分的急剧变化,如果在大气的正常组成之外出现了通常没有或含量很少的有毒有害物质,当它们的数量、浓度以及在大气中的停留时间足以影响人体健康和动植物的生存、生长,甚至对气象气候产生危害时,我们就可认为,大气被污染了。如1952年发生在英国伦敦的烟雾事件,这次烟雾使大约4000人丧生,造成了极其恶劣的影响,这就是大气污染的一次典型事件。在我国,尤其是北方地区,一到冬天,大气质量就急剧下降,常常导致能见度极低、面对面见不着人,其主要原因之一就是居民取暖所产生的烟雾,在工业城市尤其严重。

2. 按废弃物的来源分类

根据废弃物的来源不同,我们可以将其分为产业废弃物、流通废弃物和消费废弃物,同样,为了处理不同来源的废弃物,也就有了产业废弃物物流、流通废弃物物流和消费废弃物物流。

1)产业废弃物物流

产业废弃物也被称为产业垃圾,它通常是指那些在生产行业中被再生利用之后再也没有使用价值的最终废弃物,当然,不能再被使用是限定在现有技术条件之下的。产业废弃物来源于不同行业,如第一产业最终废弃物基本上为农田杂屑,大多不再收集,而由生产者自行处理,自然也就很少有物流问题了,主要问题在于农业中喷洒的残余农药,若不进行处理,很可能会威胁到人体健康并污染环境;第二产业的最终废弃物则因行业不同而各异,其物流方式也大不相同,多数采取向外界排放或堆积场堆放,或是焚烧、掩埋等,而对含有放射性物质或有毒物质的工业废物还要采取特殊的处理方法;第三产业的废弃物主要是生活垃圾和基本建设产生的垃圾,这类废弃物种类多、数量大,物流难度大,大多采用就近掩埋的办法处理。像建筑垃圾一般属于无毒无害物质,尽管数量庞大,但它不会造成严重的环境污染,就是会占用地方,影响市容市貌。

2)流通废弃物物流

流通废弃物就是在流通过程中产生的相对于现在来说没有使用价值了的废弃物,大多数时候表现为废气。流通业也被称为是流动污染源,因为流通废弃物几乎都是在运动时产生的。现代经济的发展,人们生活水平的提高,再加上汽车制造工业的不断发展,而流通废弃物已经成为污染的二大来源。世界各国都把控制流通中产生的废气作为保护环境的一大措施,尤其是汽车排放的尾气,现在各国都在大力推行环保能源,以减少污染来源。由于流通废弃物是在流动中产生的,因此只能在生成废气的一刹那进行净化处理,否则以现在的技术水平就只能望"气"兴叹了。所以,流通废弃物物流在现实中很少,仅有极少数的运用。

3)消费废弃物物流

消费废弃物即我们通常所说的生活垃圾,这是我们身边最为常见的废弃物了。在城市中,人们的生活区数量繁多,且到处都有,这就导致生活垃圾排放点极为分散,需要采用专用的小型装运设备来进行储存及运输。并且由于消费废弃物中所蕴含的物质种类繁多,有些还具有危险性,因此装运设备应该特制成能够防止散漏的半密封的形状,以保证安全。

消费废弃物不像产业废弃物那样经过了再利用,它是直接由消费者抛弃的。消费者认为不能再使用的物品,对企业来说未必就没有用,而很可能是企业进行生产的某种原材料。因此,消费废弃物在进行物流处理过程中应该首先区分该废弃物能否回收、能否进行循环利用,然后再根据不同物质的特性决定如何处理。

可以说,消费废弃物的物流处理相对来说是比较繁琐的,不仅因为需要区分有用无用,而且还因为它的状态——它包括了各种状态,固体、液体、气体,三者均有,这就导致了消费废弃物物流的繁杂性。

3. 按废弃物的性质分类

根据废弃物的性质不同,我们又可以将其分为危险性废弃物和非危险废弃物,由此相应的物流处理方式也不同,也就有了危险性废弃物物流与非危险性废弃物物流之分。

1)危险性废弃物物流

危险性废弃物,即它的数量或浓度达到一定程度时会对环境和人体健康产生危害的废弃物质及其混合物,它有两个最主要特点,一是危险性,这是我们应该着重注意的;二是废弃性。实验室中的危险性物质是很危险的,但它不属于危险性废弃物的范畴。

2)非危险性废弃物物流

相对于危险性废弃物来说,非危险性废弃物就很好理解了,它就是单纯的废弃物,并不会对人类或是我们生活的环境造成危害或是存在潜在的危险性。但要全面考虑清楚该类物质是否无害,这也是一项复杂的工作,因为受知识水平的局限,我们往往只考虑某几方面的危险,而可能遗漏一些,这样很可能会遗留后患。因此,我们应该充分利用先进的计算机技术,利用其巨大的存储额和快速的运算能力来进行废弃物质的危险性分析。只有在确定了该物质确实无危险性后,我们才能顺利地进行以下的流程处理。

由于该类废弃物并没有危害性,而且又缺乏经济效益,因此对该类物质只需进行简单的物流处理,如对农业生产过程中产生的农田杂屑几乎可以不进行处理,而对纸制类物品就需要进行回收再利用了。

任务三 第三方物流

【任务要求】

> 第三方物流公司能为企业节约物流成本，提高物流效率，这已被越来越多的企业所认识。据悉，美国波士顿东北大学供应链管理系统调查，去年《财富500强》中的企业有六成半都使用了第三方物流服务。在欧洲，很多仓储和运输业务也都是由第三方物流来完成的。冠生园集团是国内唯一一家拥有"冠生园"、"大白兔"两个驰名商标的老字号食品集团。近几年，为集团生产了大白兔奶糖、蜂制品系列、和酒、冷冻微波食品、面制品等产品，市场需求逐步增加，集团生产的食品总计达到了2000多个品种，其中糖果销售近4亿元。市场需求增大了，但运输配送却跟不上。冠生园集团作为在上海市拥有3000多家网点并经营市外运输的大型生产企业，物流管理工作是十分重要的一项。他们通过使用第三方物流，克服了自己搞运输配送带来的弊端，加快了产品流通速度，增强了企业的效益，使冠生园集团产品更多更快地进入千家万户。那么，什么是第三方物流，冠生园集团是如何通过第三方物流提升企业核心竞争力的？
>
> 通过完成本次任务，可以达到以下要求：
>
> 要求1：了解第三方物流的概念和特征，认识第三方物流的优势。
>
> 要求2：熟悉国内外第三方物流发展状况，探索第三方物流企业成功的因素。

一、第三方物流的概念与特征

（一）第三方物流的概念

"第三方物流"（Third - party Logistics，3PL或TPL）作为一种新型的物流形态，自20世纪90年代中后期以来，受到我国产业界和理论界的高度关注。"第三方物流"蕴涵的物流业外包思想和一体化物流服务理念已经被越来越多的货主企业和物流企业所接受、按照第三方物流模式开展物流管理和提供物流服务的企业不断增加，第三方物流已成为现代物流的重要标志。

第三方物流是20世纪80年代中期以来在欧美发达国家率先提出来的。在美国的有关专业著作中，将第三方物流供应者定义为：通过合同的方式确定回报，承担货主企业全部或部分物流活动的企业。所提供的服务形态可以分为与运营相关的服务，与管理相关的服务以及二者兼而有之的服务三种类型。无论哪种形态都必须高于过去的公共运输业者和契约运输业者所提供的服务。

有些专著中还将第三方物流定义为：是指生产经营企业为集中精力搞好主业，把原来属于自己处理的物流活动，以合同的方式委托给专业的物流服务企业，同时通过信息系统与物流企业保持密切联系，以达到对物流全程管理及控制的一种物流运作与管理方式。因此，第三方物流又叫契约物流。在《中华人民共和国国家标准物流术语》中，将第三方物流定义为："供方与需方以外的物流企业提供物流服务的业务模式。"提供第三方物流服务的企业，其前身一般是从事运输、仓储等物流活动及相关活动的企业。

(二)第三方物流的特征

第三方物流作为物流的新兴领域，它与传统物流相比具有以下几个特征

1. 第三方物流是合同导向的一系列服务

第三方物流是契约式的物流服务，对于现代第三方物流来讲完全根据双方共同指定的合同条款的要求来提供规定的物流服务，而不是客户的临时需求。承包合同规定了服务内容、服务时间、服务价格等，规定了承包和被承包双方的责任与义务。现代第三方物流提供的服务，也不严格限于物流方面，可以根据客户需要，包含一些商流、信息流方面的服务，但物流还是其核心竞争能力，其最终职能是保证客户物流体系的高效运作及不断优化的供应链管理。

2. 第三方物流与客户之间是战略合作伙伴关系

第三方物流是由于企业致力于发展核心竞争能力、避免非核心业务分散精力和资源寻求战略合作伙伴关系而产生的。第三方物流企业扮演了这种战略合作伙伴的角色。因此，现代第三方物流不像公共物流服务，客户是不固定的、临时的，甚至是一次性的，而是通过签订较长时期的物流服务合同建立的稳定联盟。依靠现代电子信息技术的支撑，现代第三方物流企业与客户企业之间充分共享信息，这就要求双方相互信任、合作双赢，以达到比单独从事物流活动取得更好的效果。因此，现代第三方物流企业与客户企业之间是战略合作伙伴关系。

3. 第三方物流是个性化的物流服务

现代第三方物流企业一般是站在货主的立场上，以货主企业的物流合理化为目标来设计物流系统的运营。因此，第三方物流必须熟悉货主企业以及与其生产经营活动相适应的物流活动发展规律。例如，食品业著名的第三方物流服务商夏辉集团，主要面向全球麦当劳食品连锁集团提供物流服务。因为各行各业与各企业物流服务需求方的业务流程行各不相同，要求第三方物流服务应按照客户业务流程来定制，从而体现出物流服务的个性化特征。因此，第三方物流服务市场需求是复杂的，第三方物流的核心能力就是专业化、个性化。第三方物流服务商立足于市场必须要向顾客提供一系列个性化的物流服务。第三方物流是物流社会化的产物，代表着专业化与一体化的物流服务，是物流服务的一种高级形态，是现代物流业务的模式。

 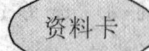

据统计，1997-2000年，世界500强企业对第三方物流的需求由40%增加到了65%。在欧洲的物流服务市场，2002年约有28%由第三方物流完成。其中，德国99%的运输业务和50%以上的仓储业务交给了第三方物流。通过第三方，德国物流成本可以下降到商即零售店将从开门到关门、从清扫店堂到补货上架等原先由商店营业员负责的一系列工作全部交给第三方物流商来完成。美国从1990年出现第三方物流后，2000年的市场规模约600亿美元，前20名第三方物流服务企业净收入已达到93.4亿美元，被称为玫瑰色的新产业。日本在近20年内，物流业每增长2.6%经济总量就会增加1%。日本自1996年开始出现第三方物流公司，而且有众多公司已成为或表示要成为第三方服务提供者。

4. 第三方物流是以现代信息技术为基础的物流服务

现代第三方物流的一个最大特点是依托信息化网络技术，现代信息技术的发展是现代第三方物流出现和发展的必要条件。第三方物流在现代信息技术支持下可以使物流数据更快捷、准确地传递，提高了仓库管理、装卸搬运、采购订货、配送发运、订单处理等物流作业的自动化水平，使进货、储存、流通加工、包装、运输实现了一体化。同时，接受第三方物流服务的企业可以更方便地使用信息技术与第三方物流企业进行交流及协调，保证了物流的高效运行。

目前，用于支撑第三方物流的信息技术主要有：实现信息快速交换的EDI技术、实现信息快速输入的条码技术和电子标签技术，以及实现网上交易的电子商务技术等。

二、第三方物流产生的背景和优势

（一）第三方物流产生的背景

目前，第三方物流在全球范围内发展迅速，方兴未艾，它是经济发展和社会需求的产物。当企业自己对物流管理不具有核心竞争力优势时，特别是当自营物流面临种种问题时，自然会对自己的这一部分活动采取"对外委托"的方式，即将一部分或全部物流活动委托给外部专业物流企业来完成，这类专门从事外包物流业务的企业即为第三方物流企业。

第三方物流根据合同条款规定的要求，提供多功能甚至是全方位的物流服务。一般来说，第三方物流公司能提供物流方案设计、仓库管理、运输管理、订单处理、产品回收、搬运装卸、物流信息系统、产品安装、运送、报关、运输谈判等近30种物流服务。与传统的以运输合同为基础的运输公司相比，第三方物流企业在服务功能、客户关系、涉及范围、竞争优势、核心能力以及买方价值等方面发生了巨大变化。对于有些行业来说,第三方物流供应商是代替制造商直接与客户建立联系的门户。在逐渐激烈的竞争环境下,力量比较强大的买方往往要求第三方物流供应商不仅提供包括运输、仓储等基本的物流服务,还希望能够获得信息整合、客户服务等附加服务,并且实现成本及效率在整条供应链上的平衡,这就要求第三方物流供应商从整条供应链的观点来寻求自身的发展,用供应链的思想提升自己的服务水平,以最小的成本为客户服务,并且强调提供高附加值的服务。

1. 企业对于第三方物流的需求

第三方物流的兴起首先是源于企业对于物流外包的需求,企业的物流外包有两大原因

(1) 为了降低运作成本。企业从事物流活动需要投入大量的资金和构建物流设施及购买物流设备,这对于缺乏资金的企业,特别是中小企业来说是一种沉重的负担。企业单靠自己的力量降低物流费用存在很大的困难,而且大量的物流投资带有事实上的风险。企业的物流手段有限,无法承担诸如集装箱运输、铁路运输及国际间运输等活动。因此,从社会再生产的角度看,多数企业对物流的外部化有着高度需求。

(2) 为了增强自己的核心竞争能力。企业要把资源集中在企业的核心竞争能力上,才能获得最大的效益。那些不属于企业核心竞争能力的功能应被移向外部,可以用虚拟化管理的方式获得可以利用的资源,达到最大的投资回报。尽管从20世纪70-90年代,企业在提高物流效率方面已经取得了巨大进展,但要实现新的改善,企业不得不寻求其他途径,包括物流外包这样的方式。

2. 第三方物流是社会分工细化和管理理念发展的产物

第三方物流是社会分工细化发展的结果。在社会进一步分工和市场竞争加剧的形势下,当各企业纷纷将企业的资金、人力、物力集中到核心业务上,以期增强核心竞争力时,这种社会环境也催生了社会化分工协作带来的另一个现象,那就是专业化分工重组的结果导致许多非核心业务分离出来,形成了许多具有专业职能的新行业,其中也包括物流业。将物流业务委托给第三方物流公司去做,不仅可以降低物流成本,也可以完善物流活动的服务功能,提高客户的满意度。

第三方物流提供商可通过提供个性化的物流服务来实现顾客的价值。第三方物流需求方的业务流程通常各不相同,物流、信息流也是随价值流动而流动的,价格、技术、质量能使第三方物流提供商具有竞争力,但不足以把其产品和服务与竞争者相区别。为了吸引顾客,就必须要实现服务导向,通过提供个性化的服务,增加产品的附加值,因而这就要求第三方物流服务商按照客户的流程来制订服务方案,提高顾客价值的实现。

第三方物流的产生也是新型管理理念发展的结果。从20世纪70年代以来,信息技术特别是计算机技术和网络技术的快速发展推动着管理技术与思想的更新,产生了供应

链、虚拟企业等一系列强调外部协调及合作的新型管理理念,既增加了物流活动的复杂性,又对物流活动提出了快速反应、有效客户管理、零库存等更高要求。作为第三方物流,它是适应市场竞争的产物,是整个管理的集成化、系统化过程中乃至企业联盟中的重要部分。

知识链接

当今企业管理者面对的是一个变幻莫测的竞争环境。这种环境的形成原因包括技术的飞速发展、市场的全球化以及其他一些发展趋势。传统的以泰罗制、福特制为标志的企业模式已很难适应新的市场环境;企业同时还要保持较低成本及较短的交付周期,这对旧的组织形式提出了挑战。在这种情况下,一种新的企业运作模式—虚拟企业(Virtual Enterprise)脱颖而出。虚拟经营是指一个企业或多个企业以资源为核心,为实行特定的企业战略目标,依靠信息,通过一种网络式的联盟,实现资源的最佳组合和企业的快速发展。虚拟企业由于仅保留企业中最关键的功能与职能部门,而将其他的功能和职能部门虚设或省略,借助灵活的运营机制可以降低市场风险,充分利用资源。

物流作为联系客户和消费者的重要环节,其质量与水平直接影响到了企业与客户的关系和企业的市场地位,社会迫切需要专门的企业提供高水平的专业化物流服务。第三方物流就是在这种条件下产生的,并因其适应现代市场经济环境而得到了迅速推广,如今在发达国家已成为物流模式的主流。发达国家的物流业发展证明,独立的第三方物流要占社会物流的50%,物流产业才能形成。所以,第三方物流的发展程度反映并体现着一个国家物流业发展的整体水平。

3. 第三方物流是物流领域竞争激化的产物

随着经济自由化和贸易全球化的发展,物流领域的政策不断放宽,如在市场准入方面放松管制,允许单个企业同时涉足海陆空运输代理领域,取消对物流领域供需调整的行政干预等,同时也导致了物流企业自身竞争的激化,物流企业不断拓展服务内涵和外延,从而导致了第三方物流的出现。物流对企业在市场上能否取胜的决定作用变得越来越明显。世界经济在纵向上对工业、供应商、顾客、贸易和物流公司进行了重新分工,介入生产与销售环节的物流公司的出现,将是物流业发展的必然趋势。

(二) 第三方物流的优势

1. 有利于企业集中做好主业

任何企业的资源都是有限的,不可能在所有业务上都面面俱到,因此企业必须充分利用现有资源,集中于核心业务,将不擅长或条件不足的业务弱化或外包。把企业的非核心业务外包给第三方物流公司,可以使企业集中精力致力于主业,从而利于发展核心技术与开发新产品,进而提高企业的竞争力。有的企业甚至只有产品研发和市场经营两个功能,通过外包的形式获得物流与制造资源,如耐克公司,物流外包使得生产经营企业可以专注于提高自身核心能力,又有利于带动包括第三方物流在内的物流行业的整体发展。

2. 有利于企业减少库存

企业不能承担多种原料和产品库存的无限增长,尤其是高价值的配件要及时送往装配点才能保证库存最小。在保证生产经营正常进行的前提下实现零库存,是所有企业的理想目标,第三方物流企业借助于精心策划的物流计划和适时运送手段及强大的信息系统,既可实现以信息换库存,即通过上下游各个结点信息的及时、快速、准确交换,实现精益生产和JIT交货,减少无效库存数量,缩短库存时间,又能加快存货流动速度,从而最大限度地盘活库存,以改善企业的现金流,实现成本优势。

3. 有利于企业减少投资和加速资本周转

企业自营物流,往往要进行物流设施设备的投资,如投资建设仓库、购买车辆、构建信息系统等,这样的投资往往是巨大的。其对于资金缺乏的企业尤其是中小企业是个沉重的负担。而采用第三方物流,企业可以减少在此领域的巨额投资,使得固定成本转化为可变成本——企业仅需向第三方物流企业支付服务费用,而不需要自己内部维持物流基础设施来满足物流需求。这样,企业可以把在物流设施上的投资相应地转嫁到第三方物流企业,从而加快了资金周转。

4. 有利于企业降低物流成本

第三方物流企业是提供物流服务的专业机构,拥有高素质的专业物流管理人员和技术人员,能充分利用专业化物流设施、设备及先进的物流信息系统,发挥专业化物流运作的管理经验,提高各环节能力的利用率,最大限度地取得整体最优的效益,从而为客户降低物流成本。

5. 有利于提高物流效率

第三方物流企业在物流业务方面具有专业化的优势,能为客户提供高水平的运作技能。这种技能包括将客户业务与整个物流系统综合起来进行分析、设计的能力,采用专门设备、专门工具进行运输、储存,先进的装卸能力及自动识别能力、自动分拣技术等。这些专业化的技术能力将大大提高物流管理效率,这是一般的非第三方物流企业所难以达到的。同时,第三方物流企业面向整个物流市场,能够比较及时、全面地了解掌握物流市场的信息。它们一般都建立了基于Internet的计算机信息网络系统,因此信息收集快、处理速度快,给物流作业以及用户查询提供了方便条件,大大提高了工作效率及用户服务水平。

三、国外第三方物流的发展状况

第三方物流的发展已有20多年历史,在发达国家已经成为一种重要的物流模式。国外第三方物流的蓬勃发展有一些相似之处:第三方物流设施的现代化程度高,第三方物流业社会化、组织化程度高,对社会存量资源整合的较好等。各国在第三方物流业的发展方面,也形成了各自的特点。

(一)美国第三方物流发展概况

美国在经济发展中不强调政府的管制作用,而要求企业按照市场化运作模式发展。第三方物流业的兴起就是市场化运作的核心体现。执行第三方物流的企业利用本公司或其他公司的物流资源,提供的物流服务除仓储和运输配送外,还有物料管理、JIT、运费协商、国际多式联运等。它们的经营职能包括作业、管理、工程技术等。物流活动的领域有供应、制造、销售、回收等,这几方面的要素相组合,构成了各种第三方物流产品。

目前,美国使用第三方物流企业的比例约为57%,而且其需求仍在不断增长。整个美国第三方物流的收入以年均15%～20%的比例递增着。美国第三方物流的迅速发展,主要得益于完善的制度。政府对物流产业采取不干预的态度,主要由工商企业用户与物流服务商签订合作合同。用户将货物集运、库存管理、条码标签、分拣挑选、订单执行等业务,包括售后退货、修理更换、货物回收销毁、网络额订单执行以及电脑装配等销售渠道完全交付给物流合作方,为物流产业的发展提供了巨大空间。

资料卡

在美国,使用第三方物流的工商企业占57%,在日本为80%,欧盟为76%。从全球的情况来看,第三方物流的市场份额逐年扩大,据美国美智顾问公司的分析,1996年全球第三方物流服务市场份额为1340亿美元,占当年全球物流总支出的3.9%;1998年为1740亿美元,占当年全球物流总支出的5%;2000年为2070亿美元,占当年全球物流总支出的5.5%;2002年底约为2810亿美元,占当年全球物流总支出的7%。据测算,从1996~2002年末,全球物流市场的平均增长率为4%,而全球第三方物流平均的年均增长率为13%,是前者的3倍多。这一情况说明了社会生产专业化分工客观要求的必然趋势,反映了经济市场化的进程在加快,同时更说明了第三方物流的巨大生命力。

美国第三方物流企业数量多、规模大。据2003年10月美国东北大学和埃森哲咨询公司对美国财富500强制造企业使用第三方物流服务情况的调查结果,2003年这些大型制造企业对第三方物流使用的比率达到81%,在使用第三方物流的企业中有58%的企业使用多家第三方物流的服务。根据1996年的调查,英国有76%的企业在使用第三方物流服务,在没有使用第三方物流企业中有24%正在考虑是否使用第三方物流服务。

调查中已采用第三方物流服务的企业中有77%的使用年限在3年以上,60%的使用者使用年限在5年以上。从这些数据来看,欧美的第三方物流市场经过十几年的发展,先后都已经达到了一定的成熟度。

(二)欧洲第三方物流发展概况

推动欧洲第三方物流发展的根本原因是减少成本、改善服务。欧洲劳动力成本较高,工会会费数额较大和税负较重,还有法规及经营限制。欧洲的物流经营成本达到了美国的2倍。在欧洲开设分支机构的公司选择第三方物流管理和经营物流设施,不仅能够降低分销成本,而且能够提供专业化的服务。物流需求的膨胀导致欧洲物流服务供应商的剧增,第三方物流为欧洲带来了范围广泛的创新服务。

四、我国第三方物流发展概况

(一)我国第三方物流在发展过程中呈现的特点

1. 从第三方物流企业形成途径来看

传统的储运企业转型而来的第三方物流企业占主导地位。目前,按形成途径划分,我国主要有4类第三方物流企业,它们在国内第三方物流市场中各自拥有一定的份额,并且具有各自的特点。

第一类就是从传统仓储、运输企业经过改造转型而来的占主导地位,占据较大市场份额。中远国际货运公司、中国对外贸易运输(集团)总公司(简称中外运)、中国储运总公司等,凭借原有的物流业务基础和在市场、经营网络、设施、企业规模等方面的优势,不断拓展和延伸其他物流服务,向现代物流企业逐步转化。

第二类是新兴的民营物流企业。它们由于机制灵活、效率较高、管理成本低等特点,发展迅速,是我国物流业中最具朝气的第三方物流企业,如广州的宝供物流集团。但有限的固定资产和缺乏有力的财务支持限制了民营物流企业的市场扩张速度。

第三类是外资物流企业。它们一方面为原有客户——跨国公司进入我国市场提供延伸服务;另一方面,用它们先进的经营理念、技术手段和优质的服务吸引我国企业,逐渐向我国物流市场渗透,如马士基物流公司、黄天百物流公司等。

第四类是新创办的国有或国有控股的新型物流企业,它们是现代企业改革的产物,管理机制比较完善,发展较快。

从总体上看,传统的企业尚处于转变之中,新兴的企业尚在起步,外资企业只得到了有限的发展。真正拥有可以信任的品牌、庞大的物流网络、先进的管理体制、高素质的人才队伍、丰富运作经验的物流龙头企业尚未出现。

2. 从地区分布上来看

我国第三方物流企业发展很不均衡,企业数量以及服务收入绝大部分集中来自于东部地区。据调查,珠江三角洲地区集中了24%的第三方物流企业,获得了30%的服务收入;以沪宁杭为中心的长江三角洲地区集中了28%的第三方物流企业,获得了35%的服务收入;京津唐环渤海地区集中了27%的第三方物流企业,获得了32%的服务收入。

（二）我国第三方物流发展中的问题

1. 大部分工商企业仍热衷于自营物流，对于物流外包反应冷淡

资料卡
中国仓储协会2005年的调查显示：生产企业原材料物流的执行主体主要是供货方，占56%，第三方占19%；生产制造企业成品销售物流中，16%的执行主体是公司，31%是第三方，53%结合采用两种形式；商业企业物流执行主体5%为供货方，公司自营占78%，第三方为17%。

工商企业的物流社会化程度不高。在采用自理方式的企业中，67%的生产企业和43%的工商企业对自营物流感到满意。这表明自营企业中有相当一部分企业短期内不会将物流外包，这也使第三方物流需求不足且发展缓慢。

2. 物流企业规模偏小，成本居高不下

从我国目前的情况来看，物流企业规模普遍偏小是不争的事实。企业规模越小，运营成本越高，进而影响到了企业的经营效益及长远发展。

3. 物流服务功能基础单一

从服务范围和功能看，我国第三方物流公司大多为客户提供单项服务，且均停留在仓储、运输等基础性服务上，像宝供、中海这样功能完善的第三方物流企业目前为数不多，规模不是很大。中外运、中国储运总公司这样大型的运输、仓储企业虽已向第三分物流企业转化，但它们的传统运输、仓储业务仍占主要部分，第三方物流的功能还不完善。

4. 物流服务效率低下

物流服务效率低下主要表现为信息传递不及时、不准确，作业速度慢，作业差错率较高。这直接影响了物流配送的及时与准确，难以充分体现第三方物流的核心价值、服务价值。

（三）制约我国第三方物流发展的因素

1. 需求不足

没有市场需求，第三方物流企业就像是无源之水，无本之木，失去了持久发展的基础，更谈不上服务水平的提高了。我国目前第三方物流市场需求严重不足，主要有以下原因。

（1）物流观念落后。观念是影响物流外包的首要因素。受"大而全"、"小而全"的经

营观念影响,拥有自己的运输车队、仓库以及配送中心等物流能力成为了许多工商企业引以为荣的标志。

(2)企业对第三方物流缺乏信心。高效的第三方物流企业可以降低生产运营成本,帮助企业提升价值链,优化企业业务流程,而低劣的第三方物流不仅不能降低成本,还可能对企业的经营造成障碍。

(3)自营物流退出障碍制约。根据产业组织理论,企业在退出某一行业时会受到许多因素的阻碍,这些因素被称为退出障碍。

(4)担心商业机密外泄。商业机密是企业制胜的法宝,也是企业的核心竞争力,如果将物流业务外包,部分运营情况将不可避免地向第三方物流企业公开,这对企业来说是个非常困难的决定。

2. 供给不足

(1)传统经营观念影响。目前我国从事物流服务的第三方物流企业,其前身大多是仓储运输企业,不少企业的经营思想还停留在传统物流的概念上,各个行业的储运企业相互独立与分割,物流设施重复建设、设备简单,完成业务的功能单一、效率低下,完成不了大规模的网络运营模式。

(2)信息技术落后。第三方物流意味着和多个不同的货主企业建立合作关系、要处理来自多个企业的不同种类及数量商品的传递。由于传统的大量生产方式向多品种、小批量的生产方式转变以及电子商务的发展,对第三方物流服务的要求往往也是多品种、小批量的,这种多品种、小批量的物流处理过程不仅十分繁杂而且往往是不经济的。

(3)人才制约。发展第三方物流,关键是具备一支优秀的物流管理队伍,虽然物流从业人员已初具规模,但大多数人都是从管理专业、工程专业、交通运输业等转行过来,真正懂得物流科学的高层次管理人才少之又少,其原因就是物流教育的落后,在我国高等院校开设物流专业和课程的历史较短,绝大部分只有十多年。市场竞争,归根到底是人才的竞争。

第三方物流是操作性较强的管理活动,同时又是高新技术支持下的应用科学,要求从业人员必须是管理类和技术类相结合的复合人才,既要掌握物流优化管理的理论与方法,同时又应具备计算机和网络、自动化技术方面的知识,否则就不能满足第三方物流对于物流企业有较好管理能力和协调能力的要求。

3. 制约我国第三方物流发展的外部环境

(1)物流基础设施薄弱。长期以来,受"重生产,轻流通"思想的影响,国家财政对物资流通行业的基础建设投资力度明显不足,我国物资流通基本建设投资占GDP的比重为2.67%,低于英、美、日等发达国家,甚至低于印度、巴西等发展中国家。同时,物流基础设施布局也不合理,54%分布在东部,30%分布在中部,16%分布在西部,从而造成交通网络布局不均(集中于沿海地区),导致了物流业发展区域的不均衡。其次,物流与信息技术结合的趋势日渐加强，暴露出我国电子商务基础设施也明显不足，网络硬件设施发展不足，网络速度较低，不利于企业间信息交流与共享。

（2）部门分割、行政分割的制约。在运输管理体制上，我国实行的是按照不同运输方式划分的分部门管理体制；同时，从中央到地方也有相应的管理部门和层次。这很不利于形成社会化的物流系统和跨区域、跨行业的物流网络。

（3）信用体系欠缺的影响。物流服务是一系列委托与被委托、代理与被代理的关系，是完全以信用体系为基础的。在缺乏普遍商业信用的情况下，货主对物流服务的需求必然会采取审慎的态度，其结果就是自营物流，进而导致物流服务的市场需求不足。

（4）现行税收体制的影响。物流企业的经营成本支出主要集中在购买交通工具和构建固定资产上，而现行的"生产型"增值税税收政策不允许企业抵扣固定资产的进项税额，这种税收政策加大了物流行业的税负，制约了物流企业固定资产的更新，导致物流效率低下。

五、第三方物流企业的类型

我国第三方物流企业种类很多，可以从以下不同角度进行分类

（一）按所提供服务的种类划分

1. 以资产为基础的物流企业

以资产为基础的企业主要是通过运用自己的资产来提供专业服务，这些资产一般是车队、船舶、仓库等，因此他们所提供的服务也大多是操作性质的。如 UPS、FedEx、TNT、DHL 等。

2. 以管理为基础的物流企业

这类企业一般是通过系统数据和咨询服务来提供物流管理服务的，经常以子承包运输部门的身份，负责部分或全部客户的相关业务。除此之外，他们也具有负责进出口和配送业务的功能。他们与发货人合作，自身并不具有运输与仓储设施，而只提供人力资源。许多大的物流服务提供商都建立了独立的业务部门，提供以管理为基础的服务。

3. 综合服务物流企业

这类提供综合物流服务的企业一般都拥有一定的资产，如卡车、仓库等，但他们所提供的服务又不仅局限于使用自己的资产。如果有需要，他们会与其他物流提供商签订自合同以外向客户提供更全面、系统的物流服务。

（二）按物流市场的细分划分

根据所属物流市场的细分可将第三方物流企业划分为：操作性、行业倾向性，多元化和客户定制化物流企业

1. 操作性企业

在操作性的细分市场中,服务商通常都是凭借成本优势而在激烈的竞争中赢得市场的,他们一般都特别致力于某项或某几项操作,如快运公司中的 TNT、UPS、FedEx 等就是操作性企业的典型代表。

2. 行业倾向性企业

这类企业又称为行业性公司,他们往往根据某一特定行业的需求来设计自己的业务能力,如荷兰的 Pakhoed 公司,为了满足化工行业的需求而构建了基础设施及作业能力。

3. 多元化企业

多元化企业一般提供一系列彼此相关而又不具有相互竞争型的服务——如班轮公司在运输中可提供一系列相关服务,集装箱、码头、卡车运输、仓储和水运等。

4. 客户定制化的企业

这一类企业面向一些有很高专业要求的客户,通常这些企业都是依靠服务而不是费用来进行市场竞争的,如 Frans Maas 公司与一家欧洲大公司有着密切的服务关系,Frans Maas 公司不仅为其原材料的运入和产成品的运出安排运输服务,还提供最终产品的装配操作,并在 Venray 仓库为客户做产品测试。

六、第三方物流企业的设立条件

经过市场分析后,选择目标市场,开始起草第三方物流公司创立的可行性报告,分析公司设立的可行性。如果可行,就可以进行公司的注册登记。物流公司的设立根据其设立条件的不同可分为内资物流公司的设立和外资物流公司的设立。

(一)内资第三方物流公司设立的条件

1. 股东符合法定人数。
2. 股东出资达到法定资本最低限额。第三方物流企业属于服务业,最低注册资本符合相关法律规定。
3. 股东共同制定公司章程。
4. 有公司名称,建立符合有限责任公司要求的组织机构。
5. 有固定的生产经营场所和必要的生产经营条件。

(二)外资第三方物流公司设立的条件

我国法律对外资进入物流的相关行业大都有一些限制性规定。在外资进入铁路业方面,合资建设项目实行建设项目法人责任制。合资公司作为项目法人,对项目的策划、资金筹措、建设实施、生产经营、债务偿还和资产保值增值全过程负责。允许外商采用中外合资开工投资经营道路旅客运输,采用中外合资、中外合作开工投资经营道路货物运输、道路货物搬运装卸、道路货物仓储和其他与道路运输相关的辅助性服务及车辆维修;采用独资形式投资经营道路货物运输、道路货物装卸搬运、道路货物仓储和其他与道路运输相关的辅助性服务及车辆维修。经国务院交通主管部门批准，外商可以投资设立中外合资经营企业或者中外合作经营企业，经营国际船舶运输、国际船舶代理、国际船舶管理、国际海运货物装卸、国际海运货物仓储、国际海运集装箱站和堆场业务，并可以投资设立外资企业经营国际海运货物仓储业务。

（1）申请设立外商投资物流企业的投资者必须要具备如下条件：

①拟设立从事国际物流业务的外商投资物流企业的投资者应至少有一方具有经营国际贸易或国际货物运输或国际货物运输代理的良好业绩和运营经验，符合上述条件的投资者应为中方投资者或外方投资者中的第一大股东。

②拟设立从事国际物流业务的外商投资物流企业的投资者应至少有一方具有经营交通运输或物流的良好业绩和运营经验，符合上述条件的投资者应为中方投资者或外方投资者中的第一大股东。

（2）设立的外商投资物流企业必须符合如下要求：

①注册资本符合相关法律规定。
②从事国际物流业务的外商投资物流企业中境外投资者股份比例不得超过50%。
③有固定的营业场所。
④有从事所经营业务所必需的营业设施。

七、第三方物流企业的成功因素

第三方物流服务提供者与客户之间成功的因素，归结起来主要有以下几个方面

（一）重视物流资源整合

物流资源整合，归纳起来重点是以下3个方面。

第一，客户整合。第三方物流企业在为客户提供服务的过程中，是通过客户物流业务的互补来整合业务的，主要体现在轻重（货）搭配、均衡货流、季节互补等方面。

第二，供应商整合。第三方物流按照规范要求服务标准，对物流业务以不同品种、不同地域进行分类，确定供应商数目、对象和目标，达到对供应商的有效协调，为客户提供满意的服务。

第三，第三方物流企业整合。第三方物流企业间相互利用对方的优势对自己进行整合，以弥补自己的劣势。

（二）注重开发与客户长期伙伴关系

第三方物流企业是客户企业物流战略的重要组成部分，客户企业的市场、销售、生产、服务等都需要第三方物流的配合。与客户进行有效的沟通，可以增进客户与企业的了解，增加顾客的忠诚度，有利于培养与客户的长期合作伙伴关系。

（三）不断加强管理技术能力

管理技术能力是第三方物流区别于传统物流最主要的特征，主要体现在物流管理的

现代化和标准化方面。第三方物流需要在发展中不断加强其管理技术能力,以增强自身的竞争力。

课后练习题

一、单项选择题(从下列每题给出的四个选项中,选择一个符合题目要求的选项)

1. 生产企业出售商品时,物品在供方与需方之间的实体流动称为( )。
   A. 采购物流　　　　　B. 企业物流　　　　　C. 销售物流　　　　　D. 退货物流

2. 企业物流的关键是( )。
   A. 企业物流的连续性　　　　　B. 物料流转
   C. 物流一体化　　　　　D. 企业物流成本的二律背反性

3. 为了有效地对物流系统进行管理和控制,必须( )。
   A. 提高物流效率　　　　　B. 合理布局生产设施
   C. 加强物流管理　　　　　D. 建立健全物流信息系统

4. 加工制造的可变性、可调节性,要对市场需求做出快速反应指的是生产物流特征中的( )。
   A. 比例性　　　　　B. 连续性　　　　　C. 均衡性　　　　　D. 适应性

5. ( )是对回收产品或分拆后的零部件进行加工,恢复其价值。
   A. 回收　　　　　B. 分拆
   C. 再加工　　　　　D. 检验与处理决策

二、多项选择题(从下列每题给出的选项中,选择两个或两个以上符合题目要求的选项)

1. 企业物流特征有( )。
   A. 企业物流的连续性　　　　　B. 物流一体化　　　　　C. 物流信息化
   D. 物料流转　　　　　E. 物流、信息流、资金流和商流的协调运作

2. 供应物流的过程有以下几个环节,即( )。
   A. 组织采购物流　　　　　B. 取得资源　　　　　C. 组织到厂物流
   D. 组织内物流　　　　　E. 信息处理

3. 回收物流合理化遵循的原则是( )。
   A. 供应链思想　　　　　B. 符合中国国情的思想　　　　　C. 社会大循环的思想
   D. 法律规范的意识　　　　　E. 回收逆向物流的思想

4. 从物品流向的角度来看,根据物品在生产工艺过程中的特点,可以把生产物流分为( )。

A. 项目型生产物流　　　　　B. 离散型生产物流　　　　　C. 连续型生产物流
D. 大量生产物流　　　　　　E. 成批生产物流

5. 回收物流与正向物流相比，既有共同点，也有各自不同的特点。两者的共同点在于都具有(　　)。

A. 包装　　　B. 装卸　　　C. 运输　　　D. 储存　　　E. 加工

6. 物流产品的层次是(　　)。

A. 有形产品　　　B. 核心产品　　　C. 附加产品　　　D. 期望产品

7. 第三方物流企业客户服务的基本模式有(　　)。

A. 标准化定制　　B. 个性化定制　　C. 供应链定制　　D. 全方位定制

8. 我国第三方物流企业按照所属的细分物流市场划可分为(　　)。

A. 操作性　　　　　　　　　　B. 行业倾向性
C. 多元化　　　　　　　　　　D. 客户定制化物流企业

9. 支撑第三方物流的信息技术主要有(　　)。

A. EDI 技术　　　　　　　　　B. EFT 技术
C. 条码技术和电子标签技术　　D. GIS 技术

10. 按照所提供服务种类划分，物流企业可分为(　　)。

A. 以资产为基础的物流企业　　B. 以管理为基础的物流企业
C. 综合服务物流企业　　　　　D. 以经营为主的物流企业

三、判断题(判断下列各题的表述是否正确，正确的打"√"，错误的打"×")

1. 企业物流是企业一体化管理的重要组成部分。它是指以企业利润为目标和驱动力。(　　)

2. 企业物流是主要发生在企业之间的物流，与社会物流、区域物流、国际物流等相似。(　　)

3. 生产物流结点，主要以仓库形式存在，所以生产物流中各仓库的功能、作用乃至设计、技术都是相似的。(　　)

4. 逆向物流就是回收物流。(　　)

5. 委托第三方物流企业代理供应物流方式在卖方市场的市场环境状况下，是经常采用的供应物流方式。(　　)

6. 现代信息技术的发展是现代第三方物流出现和发展的必要条件。(　　)

7. 在逐渐激烈的竞争环境下，买方往往要求第三方物流供应商不仅提供包括运输、仓储等基本的物流服务，还希望能够获得信息整合、客户服务等附加服务，并且实现成本和效率在整条供应链上的平衡。(　　)

8. 第三方物流的发展程度反映和体现着一个国家物流业发展的整体水平。(　　)

四、简答题(结合所学知识，回答下列问题)

1. 企业物流的特征表现在哪些方面？
2. 简述企业物流合理化的途径。
3. 试分析销售物流主要的模式。
4. 什么是回收物流与废弃物物流？
5. 分析回收物流与废弃物物流的分类与特征。
6. 什么是第三方物流？如何理解第三方物流的特征？
7. 第三方物流企业成功的因素是什么？

案例分析

案例分析题（结合所学知识，分析案例材料，讨论并回答问题）

有这样一个物流企业，快递员要求加工资，但工资标准如何量化制定是个问题。于是，物流负责人决定自己亲自去送货，看看一天送多少货是个合理的工资区分标准。第一天，负责人只送了14个包裹，当天晚上他总结一天的经验，研究送件区域哪个时间哪个地方堵车，上班族哪个时间到公司，对订单流向进行仔细分析，优化送货路径，结果第二天送了65个包裹。回来后，负责人问快递人员，谁能在一天之内送65个包裹，结果只有不到三分之一的人举手，于是一天内送65个包裹成为了一条工资线。

这个物流企业就是苏宁物流集团，这位负责人则是苏宁物流集团总裁侯恩龙。类似这样的一线体验已经成为他的工作标签。

对内：流动大军的管理艺术。作为互联网零售的代表企业，苏宁在物流上的25年沉淀逐渐释放出了厚积薄发的能量。在侯恩龙看来，不论互联网零售怎么发展，输赢都在物流的"最后一公里"，而这"最后一公里"的关键就在于快递流动大军为消费者带来的送货体验。在这方面，苏宁给国内每个快递员和司机都配备了移动定位终端，可以实时了解某个人某个时间在什么位置，将到达哪个地方。其次，通过地址解析技术，将道路经常发生的问题、精准的送货地址以及消费者的订单和地址绑定信息及时推送给快递员，这样就实现了对流动大军进行地理位置和路径优化上的有效管理，第一时间将货物送到消费者手中。再者，苏宁要求所有快递员必须要送商品入户，贵重的商品比如3C类家电类产品要当着消费者的面开箱验机，整个过程都要戴白手套，还要将消费者家里的垃圾顺便带走，这些有温度的行为带来了很多消费者二三次的复购。

今年5月，苏宁物流还推出了页面评价功能——快递员的服务完成后，消费者可以在评价商品的同时，对快递员的送货速度、服务态度甚至快递员帅不帅发表评论，快递员之间可以互相分享晒单，用这种方式培养起员工的荣辱感。

除了这些制度上的要求，高管的以身作则也在激发着众多物流人员的工作积极性与执行力。侯恩龙本人时常到一线视察工作，自己一个人开个面包车，到快递点了解员工状态、配送效率等，对物流的细分工作做到心中有数。然后针对存在的问题，与大区负责人以及总部的相关负责人合力解决，并由此建立一个物流的问题共享平台，让大家把大小问题抛上去，由高管们亲自推动解决。

"领导要亲力亲为，不能脚踩棉花，以身作则，才能调动手下人的积极性，而简单地批复OA、看报告，是不能了解真实情况的。"这位先后掌舵重庆、北京两大地区的高管憨厚而真诚。"公司辛辛苦苦引流来的客户，不能在最后短短一分钟之内给毁了。"零售企业要追求消费者的极致体验，倾听消费者的诉求。

在侯恩龙的带领下，苏宁物流的工作气氛积极向上，且执行力很强。侯恩龙一直都秉承着团队协作第一、执行力第二，这种的理念做事不拖泥带水，强调态度和投入度的风格一度被员工们认为他是军人出身。

对外：面向物流企业的开放场景。"我国物流行业目前有70多万家，产值将近50万亿，但利润只有60亿，占比万分之一，对这个行业来讲不是个好消息。""有些物流企业不接大件，大件做起来亏损；而有些物流企业却有空置，我们打算做一个平台，向第三方物流企业开放，打通物流业务，打一个大包，大家在大包里找各自的强项去做。"侯恩龙在介绍苏宁物流正在搭建的第四方物流平台时表示。

所谓第四方物流平台，就是面向厂家、商家、物流企业、终端网点提供商、司机和各类会员的物流云平台。该平台依托于苏宁自主研发的物流信息系统，仓储、运输和快递终端网络，大数据挖掘与分析的智能化系统，打造出信息服务、资源整合、在线交易、物流作业管理、物流增值服务、辅助决策和支持保障等功能，服务于干支线运输、配送、仓储、自提等环节，能最大限度地实现车源与货源、仓储资源、自提网点资源供需双方的有效对接。苏宁物流云平台作为打造面向全国，面向一切参与者的综合物流信息服务第四方平台，得到了国家的认可，成为第一批国家认定的重点物流信息服务平台之一。

二十几年来，苏宁在物流领域投入了大量的资源，如今已建成的物流仓储及相关配套总面积达到452万平方米，形成了包含12个自动化分拣中心、60个区域物流中心、300个城市分拨中心，以及5000个社区配送站的物流网络体系。这些物流资源都会向第三方合作伙伴以及物流企业开放、共享。

在苏宁原有B2C的基础上，苏宁正在积极开展的三方甚至四方业务，将实现基于供应链多赢的资源共享、网络共享、车辆共享、订单共享。这与有着"大物流计划"的阿里不谋而合，苏宁阿里合作后，阿里的菜鸟物流与苏宁物流协同将会是先行棋，围绕着新的物流生态，苏宁的物流云将服务于更多的天猫和淘宝商户，进一步打通商户、物流企业及消费者之间的关系。

目前，我国物流的产业规模、服务能力、技术装备、基础设施网络都在日趋完善，但发展方式却比较粗放。2014年《国务院关于印发物流业发展中长期规划（2014－2020年）的通知》中提出，我国的物流面临着物流成本高、效率低；条块分割严重，阻碍物流业发展的体制机制障碍仍未打破;基础设施相对滞后,不能满足现代物流发展的需要;先进技术难以推广,物流标准难以统一,迂回运输、资源浪费等问题。

李克强总理在部署2015年的经济工作时说:要发展物流快递,把以互联网为载体、线上线下互动的新兴消费搞得红红火火。那么,在消费需求与路网建设不匹配、车辆与道路资源矛盾突出、城市交通拥堵的情况下,怎样才能让物流红火高效起来?也许苏宁的行动已经提供了一种解决方案。

讨论:苏宁高效物流是怎样炼成的?

技能训练

选择身边的一家物流企业进行调查,并结合实际分析其业务经营范围与具体的业务内容,深刻体会物流企业增值服务类型及创造途径。

项目三 运输管理

知识目标：

➤知道运输的概念与功能以及运输的作用；

➤知道并熟悉常见的运输方式及优缺点。选择运输方式时应考虑的因素；

➤知道并熟悉不合理运输的形式及运输合理化的有效措施；

➤掌握公路货物运输作业管理、铁路货物运输基本作业、水路货物运输业务、航空货物运输业务、集装箱货物运输组织、国际多式联运的组织和运营；

➤掌握铁路货物运输费用的计算，公路货物运输费用的计算，航空货物运输费用的计算；

➤掌握中国物流运输行业的总体发展现状及发展趋势。

技能目标：

✋能够在运输管理部门进行运输业务管理的操作；

✋能够具备根据不同条件选择合适运输方式的能力；

✋能够具备计算铁路、公路、航空货物运费的能力。

项目三 运输管理

案例导读

收货人是否有权以货损为由拒绝返还承运人的集装箱?

A 公司向 B 食品厂订购一批冷冻货物,食品厂完成备货后,向 C 船公司订舱,委托其出运一个集装箱的冷冻货物,从青岛运往汕头。由于船公司的冷冻集装箱制冷系统出现了故障,致使货物在运输过程中全损。A 公司作为收货人,在提货后以货损为由拒绝返还船公司的集装箱。请问,收货人是否有权以货损为由拒绝返还承运人的集装箱?A 公司应如何主张货损赔偿?

资料来源:锦程物流网

任务一　　运输认知

【任务要求】

运输不仅是物流的重要职能之一,同时运输还贯穿于产品的整个流通过程之中,从原材料采购到产品分销这一过程中,各个节点之间物质实体的联系也是运输,运输不仅横贯了企业的各职能部门,而且越过了企业的边界将上游和下游的企业联结起来。

由于当今的商业环境已经发生重大而深刻的变化,企业面临日益激烈的竞争压力,尤其是对于以低成本取胜的中国制造企业而言,通过物流管理创新,降低物流成本,提高物流服务质量,来增强企业市场竞争力,意义是非常重大的。因此,物流管理创新已经变得越来越受人重视。然而,目前我国物流运输业仍处在起步发展的阶段,还存在许多有待解决的问题。那么,应当如何提高我国物流运输管理水平?如何充分发挥我国铁路、公路、水运、航空和管道各种运输方式的特性及综合运输的优势,推行合理化运输?

通过完成本次任务,应达到以下要求:

要求1:了解运输的概念与功能。

要求2:了解运输的作用。

要求3:掌握常见的运输方式及优缺点。选择运输方式时应考虑的因素。

要求4:掌握不合理运输的形式及运输合理化的有效措施。

要求5:对本地区中小型运输企业现状进行调研。

一、运输的概念与功能

1. 运输的概念

我国国家标准《物流术语》(GB/T18354－2001)对运输的定义是:"物流运输是用设备和工具,将物品从一地点向另一地点运送的物流活动。其中包括集货、分配、搬运、中转、装入、卸下、分散等一系列操作。"运输包括货物运输和旅客运输。

2. 运输的功能

物质产品的生产目的是为了满足社会的各种需求,物质产品在未进入消费领域之前,它的使用价值只是一种潜在的可能性。一般来说,物质产品的生产地和消费地是不一致的,即存在位置背离。只有消除了这种位置背离,物质产品的使用价值才能实现。也就是说,物质产品只有通过运输才能进入消费,从而达到实现物质产品的使用价值、满足社会各种需求的目的,所以运输的功能主要体现在以下两个方面:产品转移和产品储存。

(1)产品转移。无论产品处于哪种形式,是材料、零部件、装配件、在制品,还是制成品,也不管是在制造过程中,将被转移到下一阶段,还是实际上更接近最终的顾客,运输都是必不可少的。运输的主要功能就是产品在价值链中的来回移动。既然运输利用的是时间资源、财务资源和环境资源,那么,只有当它确实提高产品价值时,该产品的移动才是重要的。

运输的主要目的就是要以最低的时间、财务和环境资源成本,将产品从原产地转移到规定地点。此外,产品灭失损坏的费用也必须是最低的;同时,产品转移所采用的方式必须能够满足顾客有关交付履行和装运信息的可得性等方面的要求。

(2)产品储存。对产品进行临时储存是一个不太寻常的运输功能,也即将运输车辆临时作为相当昂贵的储存设施。然而,如果转移中的产品需要储存,但在短时间内(如几天后)又将重新转移的话,那么,该产品在仓库卸下来和再装上去的成本也许会超过储存在运输工具中每天支付的费用。

在仓库空间有限的情况下,利用运输车辆储存也许不失为一种可行的选择。可以采取的一种方法是,将产品装到运输车辆上去。然后,采用迂回线路或间接线路运往其目的地。在本质上,这种运输车辆被当成了一种储存设施,但它是移动的,而不是处于闲置状态。

实现产品临时储存的第二种方法是改道。这是当交付的货物处在转移之中,而原始的装运目的地被改变时才会发生的。概括地说,尽管运输工具储存产品可能是昂贵的,但当需要考虑装卸成本、储存能力限制,或延长前置时间的能力时,从总成本或完成任务的角度来看却往往是正确的。

二、运输的作用

1. 运输是物流的主要功能要素之一

按照物流的概念，物流是"物"的物理性运动，这种运动不但改变了物的时间状态，也改变了物的空间状态。而运输承担了改变空间状态的主要任务，运输是改变空间状态的主要手段，运输再配以搬运、配送等活动，就能圆满完成改变空间状态的全部任务。

在现代物流观念未诞生之前，甚至就在今天，仍有不少人将运输等同于物流，其原因是物流中很大一部分责任是由运输担任的，运输是物流的主要部分。

2. 运输是社会物质生产的必要条件之一

（1）在生产过程中，运输是生产的直接组成部分，没有运输，生产内部的各环节就无法联接。

（2）在社会上，运输是生产过程的继续，这一活动联结着生产与再生产、生产与消费的环节，联结着国民经济的各部门、各企业，联结着城乡，联结着不同国家及地区。

3. 运输可以创造"场所效用"

场所效用的含义是：同种"物"由于空间场所不同，其使用价值的实现程度则不同，其效益的实现也不同。由于改变场所而最大发挥使用价值，最大限度地提高了产出投入比，这就称之为"场所效用"。通过运输，将"物"运到场所效用最高的地方，就能发挥"物"的潜力，实现资源的优化配置。从这个意义来讲，也相当于通过运输提高了物的使用价值。

4. 运输是"第三个利润源"的主要源泉

（1）运输是运动中的活动，它和静止的保管不同，要靠大量的动力消耗才能实现这一活动，而运输又承担着大跨度空间转移的任务，所以活动的时间长、距离长，消耗也大。消耗的绝对数量大，其节约的潜力也就越大。

（2）从运费来看，运费在全部物流费中占最高的比例，一般综合分析计算社会物流费用，运输费在其中占接近50%的比例，有些产品的运费甚至会高于产品的生产费。所以，节约的潜力是大的。

（3）由于运输总里程大，运输总量巨大，通过体制改革和运输合理化可大大缩短运输吨公里数，从而获得比较大的节约。

三、常见的运输方式及优缺点

运输有五种基本方式。它们的经济和服务特征比较如下：

1. 公路运输

公路运输能提供更为灵活和更为多样的服务，多用于价高量小的货物的门对门服务，其运输的经济里程一般在200公里以内。

公路运输的优点有：①运输速度快。②可靠性高，对产品损伤较少。③机动性高，可以选择不同的行车路线，灵活制定营运时间表，所以服务较为便利，能提供门到门服务，市场覆盖率高。④投资少，经济效益高。因为运输企业不需要拥有公路，所以其固定成本很低，且公路运输投资的周转速度快。⑤操作人员容易培训。

其缺点有：①变动成本相对较高。公路的建设和维修费经常是以税和收费的形式向运输人征收的。②运输能力较小，受容积限制，使它不能像铁路运输一样运大量不同品种和大件的货物。③能耗高，环境污染比其他运输方式严重得多，劳动生产率低。④土地占用较多。

综上所述，公路运输主要适用于以下作业：①近距离的独立运输作业。②补充和衔接其他运输方式，当其他运输方式担负主要运输职能时，由汽车担负起点和终点处的短途运输或其他运输方式到达不了的地区的运输任务。

2. 铁路运输

铁路能提供长距离范围内的大宗商品的低成本、低能源运输，且较多地运输至少一整车皮的批量货物，其运输的经济里程一般在200公里以上。

铁路运输的优点有：①运行速度快，时速可达80~120公里。②运输能力较大，可满足大量货物一次性高效率运输。③运输连续性强，由于运输过程受自然条件限制较小，所以可提供全天候的运行。④轨道运输的安全性能高，运行较平稳。⑤通用性能好，可以运送各类不同的货物。⑥运输成本（特别是可交成本）较低。⑦能耗低。

其缺点是：①设备和站台等限制使得铁路运输的固定成本高，建设周期较长，占地也多。②由于设计能力是一定的，当市场运量在某一阶段急增时难以及时得到运输机会。③铁路运输的固定成本很高，但变动成本相对较低，使得近距离的运费较高。④长距离运输情况下，由于需要进行货车配车，其中途停留时间较长。⑤铁路运输由于装卸次数较多，货物错损或丢失事故通常也比其他运输方式多。

综上，它主要适用于以下作业：①大宗低值货物的中、长距离运输，也较适合运输散装、罐装货物。②适于大量货物一次高效率运输。③对于运费负担能力小，货物批量大，运输距离长的货物。

3. 水路运输

水路运输是以船舶为主要运输工具、以港口或港站为运输基地、以水域包括海洋、河流和湖泊为运输活动范围的一种运输方式。水运至今仍是世界许多国家最重要的运输方式之一。水路运输通常表现为四种形式：沿海运输、近海运输、远洋运输、内河运输。

其主要优点有：①运能大，能够运输数量巨大的货物。②通用性较强，客货两宜。③远洋运输大宗货品，是发展国际贸易的强大支柱。④运输成本低，能以最低的单位运输成本提供最大的货运量，尤其是在运输大宗货物或散装货物时，采用专用的船舶运输可以取得更好的技术经济效果。⑤劳动生产率高。⑥平均远距长。

项目三 运输管理

其缺点有:①受自然气象条件因素影响大。由于季节、气候、水位等的影响,水运受制的程度大,因而一年中中断运输的时间较长。②营运范围受到限制。③航行风险大,安全性略差。④运送速度慢,准时性差,在途中的货物多,会增加货主的流动资金占有量,使经营风险增加。⑤搬运成本与装卸费用高,这是因为运能最大,所以导致了装卸作业量最大。

所以,水运主要承担以下作业任务:①承担大批量货物,特别是集装箱运输。②承担原料半成品等散货运输。③承担国贸运输,即远距离,运量大,不要求快速抵达的客货运输。

4. 航空运输

航空运输常被看作是其他运输方式不能运用时,用于紧急服务的一种极为保险的方式。它快速及时,价格昂贵,但对于致力于全球市场的厂商来说,当考虑库存和顾客服务问题时,空运也许是成本最为节约的运输模式。

其主要优点有:①高速直达性。因为空中较少受自然地理条件限制,航线一般取两点间的最短距离。②安全性能高。随着科技的进步,飞机不断地进行技术革新,使其安全性能增强,事故率低,保险费率相应较低。③经济性良好,使用年限较长。④包装要求低,因为空中航行的平稳性和自动着陆系统减少了换货的比率,所以可以降低包装要求。而且在避免货物灭失和损坏方面还有明显优势。⑤库存水平低。⑥保持竞争力和扩大市场。

其缺点有:①受气候条件的限制,在一定程度上影响了运输的准确性和正常性②需要航空港设施,所以可达性差③设施成本高,维护费用高④运输能力小,运输能耗高⑤运输技术要求高,人员(飞行员,空勤人员)培训费高。

所以,空运一般用于以下作业:①成为国际运输的重要工具,对于促进国际间的技术、经济合作与文化交流有重要作用②适用于高附加值,低质量小体积的物品运输③邮政运输手段。

5. 管道运输

管道运输是近几十年发展起来的一种新型运输方式。管道运输的运输形式是靠物体在管道内顺着压力方向顺序移动实现的。和其他运输方式的重要区别在于管道设备是静止不动的。目前,全球的管道运输承担着很大比例的源物质运输,包括原油、成品油、天然气、油田伴生气、煤浆等。其完成的运量常常大大高于人们的想像。

其主要优点有:①运输效率高,适合于自动化管理,管道运输是一种连续工程,运输系统不存在空载行程,所以系统的运输效率很高。②建设周期短、费用低、运输费用也低。③耗能少、成本低、效益好。④运量大、连续性强。⑤安全可靠、运行稳定、不会受恶劣多变的气候条件影响。⑥埋于地下,所以占地少。⑦有利于环境保护,它能较好地满足运输工程的绿色环保要求。⑧对所运的商品来说损失的风险很小。

其缺点有：①运输对象受到限制，承运的货物比较单一。②灵活性差，不易随便扩展管道，服务的地理区域十分有限。③设计量是个常量，所以与最高运输量之间协调的难度较大，且在运输量明显不足时，运输成本会显著增加。④仅提任务供单向服务。⑤运速较慢。所以它主要担负单向、定点、量大的流体状货物运输。

相关链接

"三气"开发为管道运输提供契机

为了推动我国国民经济低碳循环发展战略，《中共中央关于制定国民经济和社会发展第十三个五年规划的建议》明确提出："有序开放采权，积极开发天然气、煤层气、页岩气"。而"三气"（天然气、煤层气、页岩气）的输送离不开管道运输，"三气"开发定将为夯实管道运输动员基础提供契机。"三气"是与军队作战，尤其是战略战役力量投送密切相关的重要能源，属于与国防密切相关的重要产品。"三气"设施建设，尤其是运输管道设施建设直接关系到能源动员的速度和效益，属于与国防密切相关的建设项目。我国的《国防动员法》明确规定："与国防密切相关的建设项目和重要产品应当贯彻国防要求"。因此，政府"三气"项目建设和管理部门及"三气"生产企事业单位，应在"三气"建设项目的审批、核准、生产、设计、施工和监理验收全过程中，通过调整"三气"建设项目的规划、结构和输送管道布局，在"三气"生产和输送设施建设技术规范及标准上贯彻管道运输动员的需要，使之在达成"三气"开发经济社会目的的同时，具备战时快速实施管道运输动员的功能，满足军队作战对能源动员的需要。

四、选择运输方式时应考虑的因素

五种基本的运输方式均有自身的优点与不足。在选择运输方式时既可以单独地选用一种，也可以采用多式联运。总的来说，应该在考虑物流服务对物流系统的要求和允许的物流费用的基础上做出决定。选择运输方式，必须要根据具体条件加以研究，作为这些具体条件的基础，大体可以从五个方面加以考虑：

1. 货物性质

在考虑运输货物品种时，应以物品的形状、单件重量、容积和物品的危险性、易腐性，尤其要从物品对运费的负担能力方面考虑，选择适合这些货物特性及形状的运输方式。

2. 运输期限

运输期限必须与交货日期相联系，应保证运输时限。必须调查各种运输工具所需要的运输时间，根据运输时间来选择运输工具。运输时间的快慢顺序一般情况下依次为航空运输、汽车运输、铁路运输、船舶运输。

3. 运输成本

运输成本因货物的种类、重量、容积、运距不同而不同。而且，运输工具不同，运输成本也会发生变化。在考虑运输成本时，必须要注意运费与其他物流子系统之间存在着互为利弊的关系，不能只考虑运输费用来决定运输方式，要由全部总成本来决定。

4. 经济里程

经济性是指单位运输距离所支付费用的多少。运输的经济性与运输距离有紧密的关系，不同的运输方式的运输距离与成本之间的关系有一定差异。铁路的运输距离增加幅度要大于成本上升的幅度，而公路则相反。从国际惯例来看，300公里以内被称为短距离运输，该距离内的货运量应该尽量分流给公路运输，300-500公里以内主要选择铁路运输，500公里以上则选择水路运输。

5. 运输批量

运输批量大小不同，所选的运输方式也应不同。因为大批量运输成本低，应尽可能使商品集中到最终消费者的附近，选择合适的运输工具进行运输是降低成本的良策。一般来说，15-20吨以下的商品用汽车运输；15-20吨以上的商品用铁路运输；数百吨以上的原材料之类的商品，应选择船舶运输。

当然，运输方式选择不仅限于单一的运输手段，而是通过多数运输手段的合理组合实现物流的合理化。可以在不同运输方式间自由变化运输工具，也即"联运"，它是运输性质不断改变的一个反映，标志着物流管理者将两种或更多种运输方式的优势集中在一起，并天衣无缝地融入为一种运输方式的能力，从而比单一方式运输为顾客提供更快、风险更小的服务，其组合方式有很多种：

①铁路运输和公路运输；②铁路运输和水运；③铁路运输和航空运输；④铁路运输和管道运输；⑤公路运输与航空运输；⑥公路运输和水路运输；⑦公路运输和管道运输；⑧水路运输和管道运输；⑨水路运输和航空运输；⑩航空运输和管道运输。这些组合并不是都实用，而其中有些可行的组合也未被采用，只有铁路运输和公路运输的组合（"驮背运输"）得到了广泛使用。公路运输和水上运输的组合（"鱼背运输"）也得到了越来越多的采用，尤其是高价值货物的国际运输中。在较小的一定范围内，公路运输与航空运输和铁路运输与水运运输的组合也是可行的。铁路运输的联运使运输人既能享受到公路运输时接送和发运的灵活性，又能获得火车在远程运输中的效率。几乎所有的航空运输都是联合运输，因为它需要由货车将货物接送和装到飞机上，然后由货车运至目的地。公路运输促使联运在一起，它以最好的方式运作，提供灵活、定期和短途的服务，使联合运输的方式更有效率，联运可以提高运输效率、简化手续、方便货主；保证货物流通过程的畅通，它把分阶段的不同运输过程联结成一个单一的整体运输过程，不仅给托运人或货运人带来了方便，而且加速了运输过程，有利于降低成本，减少货运货差的发生，提高运输质量。因此，发展联合运输是充分发展我国运输方式的优势，使之相互协调，配合，建立起运输体系的重要途径。

五、运输合理化

1. 运输合理化概念

运输合理化就是按照货物流通规律，组织货物运输，力求用最少的劳动消耗，得到最高的经济效益。其具体表现为：运输距离最短、运能节省、运费最低、中间环节少、到达速度快、运输质量高。

2. 不合理运输的形式

（1）返程或启程空驶。空车无货载行驶，可以说是不合理运输的最严重形式。造成空驶主要有以下几种原因：

①能利用社会化的运输体系而不利用，却依靠自备车送货提货，这往往会出现单程重车，单程空驶的不合理运输；

②由于工作失误或计划不周，造成货源不实，车辆空去空回，形成双程空驶；

③由于车辆过分专用，无法搭运回程货，只能单程实车、单程回空周转。

（2）对流运输。是指同一种物资或两种能够相互代用的物资，在同一运输线或平行线上作相对方向的运输，而与对方运程的全部或一部分发生重叠交错的运输。对流运输又分为两种情况：一是明显的对流运输，即在同一运输线上对流。如一方面把甲地的物资运往乙地，而另一方面又把乙地的同样物资运往甲地。二是隐蔽性的对流运输，同类的（或可以互相代替的）货物在不同运输方式的平行路线上或不同时间进行相反方向的运输。倒流运输是隐蔽对流运输派生出的一种特殊形式，是指同一批货物或同批中的一部分货物，由发运站至目的站后，又从目的站往发运站方向运输。

（3）迂回运输。由于物流网的纵横交错及车辆的机动、灵活性，在同一发站和到站之间往往有不同的运输路径可供选择。凡不经过最短路径的绕道运输，皆称为迂回运输，即平常所说的"近路不走走远路"。只有因计划不周、地理不熟、组织不当而发生的迂回，才属于不合理运输。对于因最短距离有交通阻塞，道路情况不好，或有对噪声、排气等特殊限制而不能使用时发生的迂回，不能称为不合理运输。

（4）重复运输。重复运输是指同一批货物由产地运抵目的地，未经任何加工和必要的作业，也不是为联运及中转需要，又重新装运到别处的现象。它是物资流通过程中多余的中转、倒装、虚耗装卸费用，造成车船非生产性停留，增加车船、货物的作业量，延缓了流通速度，增大了货损，也增加了费用。

（5）过远运输。过远运输是一种舍近求远的商品运输。它不是就地或就近获取某种物质，而舍近求远从外地或远处运来同种物资，从而拉长了运输距离，造成运力的浪费。

（6）无效运输。无效运输是指被运输的货物杂质（如煤矿中的矿石、原油中的水分等)或边角废料较多,使运力浪费于不必要的物质运输上。

(7)运力选择不当。由于没有利用各种运输工具的优势,选择不恰当的运输工具而造成的不合理的现象,称为运力选择不当。常见的有以下几种形式。

①弃水走路。在同时可以利用水运及陆运时,不利用成本较低的水运或水路联运,而选择成本较高的铁路运输或汽车运输,使水运的优势不能发挥。

②铁路、大型船舶的过近运输,指运输不属于铁路及大型船舶的经济运行里程,却利用这些运力进行近距运输的不合理做法。主要不合理之处在于火车及大型船舶起运及到达目的地的准备、装卸时间长,且机动灵活性不足,在过近距离中利用,发挥不了运速快的优势;相反,由于装卸时间长,反而会延长运输时间。另外,与小型运输设备相比较,火车及大型船舶装卸难度大,费用也较高。

③运输工具承载能力选择不当,指不根据承运货物数量及重量选择,盲目决定运输工具,造成过分超载、损坏车辆及货物不满载、浪费运力的现象,尤其是"大马拉小车"的现象发生较多。由于装货量小,单位货物的运输成本必然会增加。

(8)托运方式选择不当。对于货主而言,可以选择最好的托运方式而未选择,最终造成运力浪费及费用支出加大的不合理运输即为托运方式选择不当。例如,应选择整车而未选择,反而采取零担托运方式;应当直达而选择了中转运输;应当中转而选择了直达运输等,都属于这一类型的不合理运输。

3. 运输合理化的有效措施

(1)分区产销合理运输。在组织物流活动中,对某种货物,使其一定的生产区固定于一定的消费区。根据产销的分布情况和交通运输条件,在产销平衡的基础上,按近产近销的原则,使货物走最少的里程,组织货物运输。它的适用范围:主要是对品种单一、规格简单、生产集中、消费分散,或生产分散、消费集中,调运量大的货物,如煤炭、木材、水泥、粮食、生猪、矿建材料或生产技术不很复杂,原材料不很短缺的低值产品。实行这一办法,对于加强产、供、运、销的计划性,消除过远、迂回、对流等不合理运输,充分利用地方资源,促进生产合理布局,降低物流费用,节约国家运输力,都有着十分重要的意义。

在实行分区产销平衡运输时,应根据市场的变化情况,灵活掌握。特别是在当前我国进行经济体制改革时期,为了实行开放、搞活经济,在地区之间、部门之间加强了横向经济联系,互相协作的物资和自由采购的商品不断增加,有些可能是不合理运输,这在某些物资不足、商品短缺的情况下,互通有无,调剂余缺,为了发展生产、繁荣市场,是不可避免的。

(2)直达运输。直达运输,就是在组织货物的运输过程中,越过商业、物资仓库环节或铁路、交通中转环节,把货物从产地或起运地直接运到销地或用户,以减少中间环节。对生产资料来说,由于某些物资体积大或笨重,一般采取由生产厂矿直接供应消费单位(生产消费),实行直达运输,如煤炭、钢材、建材等。在商业部门,则根据不同的商品,采取不同的运输方法。有些商品规格简单可以由生产工厂直接供应到三级批发站、大型商店或用户,越过二级批发站环节,如纸张、肥皂等;也有些商品规格、花色比较复杂,可由生产工厂供应到批发站,再由批发站配送到零售商店或用户。而至于外贸部门,多采取直达运输,对出口商品实行由产地直达口岸的办法。近年来,随着经济体制的改革,在流通领域提出"多渠道、少环节"以来,各基层、商店直接进货、自由采购的范围越来越大,直达运输的比重也逐步增加,它为减少物流的中间环节创造了条件。

(3)"四就"直拨运输。"四就"直拨运输,是指各商业、物资批发企业,在组织货物调运过程中,对当地生产或由外地到达的货物,不运进批发站仓库,采取直拨的办法,把货物直接分拨给市内基层批发、零售商店或用户,减少一道中间环节。其具体做法有:①就厂直拨;②就车站(码头)直拨;③就库直拨;④就车(船)过载等。

"四就"直拨和直达运输是两种不同的合理运输形式,它们既有区别又有联系。直达运输一般是指运输里程较远、批量较大、往省(区)外发运的货物;"四就"直拨运输一般是指运输里程较近、批量较小,在大中型城市批发站所在地办理的直拨运输业务。二者是相辅相成,往往又交错在一起的。如在实行直达运输的同时,再组织"就厂"、"就站"直拨,可以收到双重的经济效益。

(4)合装整车运输。合装整车运输,也称"零担拼整车中转分运"。它主要适用于商业、供销等部门的件杂货运输。即物流企业在组织铁路货运当中,由同一发货人将不同品种发往同一到站、同一收货人的零担托运货物,由物流企业自己组配在一个车辆内,以整车运输的方式托运到目的地;或把同一方向不同到站的零担货物,集中组配在一个车辆内,运到一个适当的车站,然后再中转分运。这是因为在铁路货运当中,有两种托运方式,一是整车,二是零担,两者之间的运价相差很大。而采取合装整车的办法,可以减少一部分运输费用,并节约社会劳动力。

项目三 运输管理

任务二 运输业务组织与实施

【任务要求】

> 某货代公司接受货主委托,安排一批茶叶海运出口。货代公司在提取了船公司提供的集装箱并装箱后,将整箱货交给船公司。同时,货主自行办理了货物运输保险。收货人在目的港拆箱提货时发现集装箱内异味浓重,经查明该集装箱前一航次所载货物为精萘,致使茶叶受到了精萘的污染。请问,最终应由谁对茶叶受污染事故承担赔偿责任,茶叶托运应注意哪些方面?
>
> 通过完成本次任务,应达到以下要求:
> 要求1:掌握公路整车货物、零担货物运输组织与实施。
> 要求2:掌握铁路货物运输的基本作业。
> 要求3:掌握海洋货物运输组织、内河运输流程。
> 要求4:掌握航空货物运输业务。
> 要求5:掌握集装箱货物运输组织。
> 要求6:掌握国际多式联运的组织和运营。

一、公路货物运输作业管理

(一)公路整车货物运输组织与实施

公路整车货物运输,是指汽车运输企业承运的一次托运的货物在3吨及3吨以上的,或虽不足3吨但其性质、体积、形状需要一辆3吨以上的汽车运输的业务。整车运输是公路运输作业中常用的一种货物组织方式,在处理自然灾害、突发事件中,整车货物运输在应急物资的运输中起到了十分重要的作用,整车运输也因它自身所特有的优势而成为大批量货物的首选货运方式之一。

货物运输过程一般包括货物装运前的准备工作、装车、运送、卸车、保管和交付等环节,如图3-1。按照货物运输过程的不同环节,货物运输可分为发运工作、途中工作和到达工作。

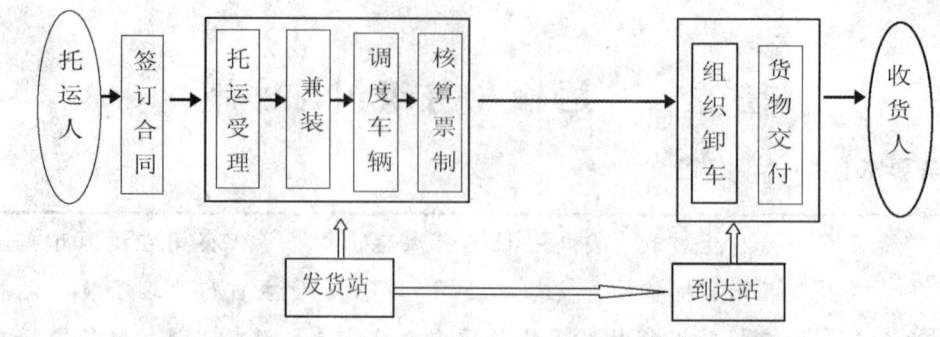

图3-1 整车货物运输过程

1. 整车货物运输的发运站务工作

货物在始发站的各项货运作业称为发运站务工作。发送站务工作主要由受理托运、组织装车和核算制票三部分组成。

(1) 受理托运。受理托运必须要做好货物包装、确定重量和办理单据等。

①包装货物。货物的包装属于物资部门的职责范围。为了保证货物在运输过程中的完好和便于装载,发货人在托运货物之前,应按国家标准以及有关规定进行包装,凡是没有被列入"标准"要求的货物,发货人应根据托运货物的质量、性质、运距、道路、气候等条件,按照运输工作的需要做好包装工作。车站对发运人托运的货物,应认真检查其包装质量,发现货物包装不合要求时,应建议并督促发货人将其货物按有关规定包装,然后再行承运。

凡是搬运、装卸、运送或保管过程中需要加以特别注意的货物,托运方除了必须要改善包装外,还应在每件货物外的包装物明显处贴上货物运输指示标志。

②确定重量。货物的重量不仅是企业统计运输工作量及核算货物运费的依据,而且与车辆载重量的充分利用、保证行车安全和货物完好有着很大关系。

货物重量分为实际重量和计费重量,货物重量的确定必须要做到无误。

货物有实重货物与轻浮货物之分。轻浮货物是指1kg重的货物,体积超过 $4dm^3$ 或每立方米重量不足250kg的货物;反之为实重货物。公路货物运输经营者承运有标准重量的整车实重货物,一般由发货人提出重量或件数,经车站认可后再承运。

货物重量应包括其包装重量。

③填写单据。发货人托运货物时,应向货物起运地车站办理托运手续,并填写货物托运单(或称运单),作为书面申请。

(2) 组织装车。货物装车前必须要对车辆进行技术检查和货运检查,以确保其运输安全和货物完好。装车时要努力改进装载技术,在严格执行货物装载规定的前提下,以充分利用车辆的载重量和容积。货物装车后,应严格检查货物的装载情况是否符合规定的技术条件。

(3)核算制票。发货人办理货物运输时,应按规定向车站交纳运杂费,并领取承运凭证即货票,它标志着企业对发货人托运的货物开始承担运送义务及责任。

2.整车货物运输的途中站务工作

途中站务工作是货物在运送途中发生的各项货运作业的统称,主要包括途中货物交接、货物整理或换装等内容。

(1)途中货物交接。货物在运输途中如发生装卸、换装、保管等作业,驾驶员之间、驾驶员与站务员之间应认真办理交接手续。这样做的目的,一是保证货物运输的安全与完好,二是便于划清企业内部的运输责任。一般情况下,交接双方可按货车现状及货物装载状态来进行,必要时,可按货物件数和质量交接。如接受方发现有异常情况,应由交出方编制记录备案。

(2)途中货物整理或换装。货物在运输途中如发现有异常情况出现(如装载偏重、超重、货物洒漏、车辆技术状况不良、货物装载状态有异状、加固材料折断或损坏、货车篷布遮盖不严或捆绑不牢等),有可能危及行车安全和货物完好时,应采取及时措施,对货物加以及时整理或换装,必要时调换车辆,同时登记备案。

为了方便货主,整车货物还允许中途拼装或分卸。考虑到车辆周转的及时性,对整车拼装或分卸应加以严密组织。

3.整车货物运输的到达站务工作

货物在到达站发生的各项货运作业统称为到达站务工作,主要包括货运单据的交接、货物卸车、保管和交付等内容。

车辆装运货物抵达卸车地点后,收货人或车站货运员应组织卸车。在卸车时,对卸下货物的品名、件数、包装和货物状态等应做必要的核查。

整车货物一般直接卸在收货人仓库或货场内,由收货人自理。收货人确认卸下货物无误并在货票上签收后,货物交付即完毕,货物在到达地向收货人办完交付手续后,全部运输过程才结束。

(二)公路零担货物运输组织与实施

公路零担货物运输是公路运输企业承办的一次托运不足规定整车重量限额货物的运输,简称公路零担货运。各国对上述重量限额根据不同时期的具体情况有不同的规定。中国汽车运输管理部门制订的《公路汽车货物运输规则》规定:一次托运的货物,其重量不足3吨者为零担货物。零担货物运价高于整车货物运价。开展零担货物运输,有利于满足社会对各种零星货物运输的需要,同时也可为汽车运输企业广开货源。零担货物运输的特点是:货物批量小,品种繁多,站点分散,运输组织要求严密。

1.公路零担货运的组织形式

公路汽车零担货物运输,它由于集零为整、站点、线路较为复杂,业务繁琐,因而开展零担货运业务必须要采用合理的车辆运行组织形式。零担车按照发送时间的不同可分为固定式和非固定式两种。

(1) 固定式零担运输

固定式也称汽车零担货运班车,"五定运输",是指车辆运行采用定线路、定沿线停靠点、定班期、定车辆、定时间的一种组织形式。这种组织形式要求根据营运区内零担货物流量、流向等调查资料,结合历史统计资料及实际需要,在适宜的线路上开行定期零担货运班车。固定式零担运输组织形式为广大零担货主提供了方便,有利于他们合理地安排生产和生活。对于汽车运输部门来讲,固定式也有利于实现有计划地调配货源。

零担货运班车主要采用直达式零担班车、中转式零担班车和沿途式零担班车三种运行方式:

1)直达式零担班车

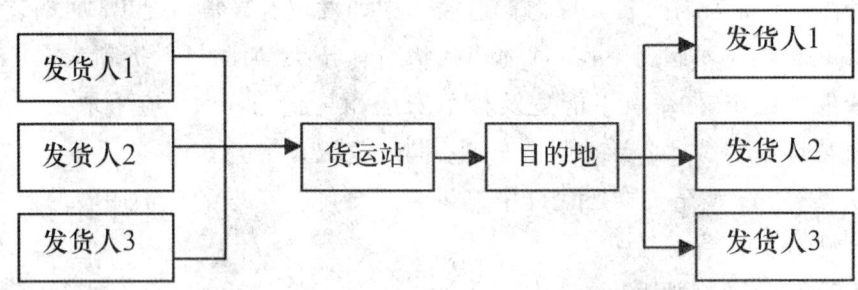

图3-2 直达式零担班车货运组织形式

直达式指在起运站将各发货人托运到同一到站,而且性质适合配装的零担货物,同一车装运直接送至到达站,途中不发生装卸作业的一种组织形式,也可以称为整车零担。如图3-2所示。

直达式零担货运的货物在中途无须倒装,因此经济性最好,是零担班车的基本形式,它具有四个特点:

①避免了不必要的换装作业,节省了中转费用,减轻了中转站的作业负担;

②减少了货物的在途时间,提高了零担货物的运送速度,有利于加速车辆周转和物资的调拨,特别适合季节性商品及贵重商品的调运;

③减少了货物在周转站的作业,有利于运输安全与货物的完好,减少事故,保证运输质量;

④货物在仓库内的集结时间少,充分发挥仓库货位的利用程度。

2)中转式零担班车。中转式零担班车是指在起运站将各个托运人发往同一去向,不同到达站,而且性质适合于配装的零担货物,同车装运到规定的中转站,卸货后另行配装,重新组成新的零担班车运往各到达站的一种组织形式,如图3-3所示。

中转式和直达式是互为补充的两种不同的组织形式。直达式效果较好,但它受到货源数量、货流及行政区域的限制,而中转式可使那些运量较小、流向分散的货物通过中转及时运送,所以它是一种不可缺少的组织形式。但中转式耗费的人力、物力较多,作业环节也比较复杂。因此,必须要根据具体情况,合理组织这两种运输方式,使它们各得其所,充分发挥出各自的优势。

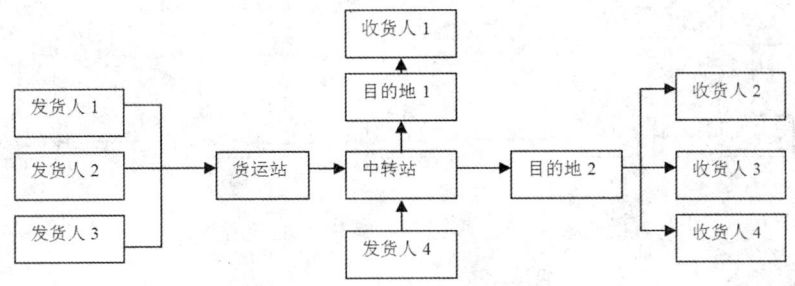

图 3-3 中转式零担班车货运组织形式

3)沿途式零担班车。沿途式零担班车是指在起运站将各个托运人发往同一线路,不同到站,且性质适宜配装的各种零担货物,同车装运,按计划在沿途站点卸下或装上零担货物再继续前进,直到最后到达站的一种组织形式,如图 3-4 所示。

这种形式组织工作较为复杂,车辆在途中运行时间也较长,但它能更好地满足沿途各站点的需要,充分利用车辆的载重和容积。是一种不可缺少的组织形式。

在上述三种零担班车运行模式中,以直达式零担班车经济性最好,是零担班车的基本形式。

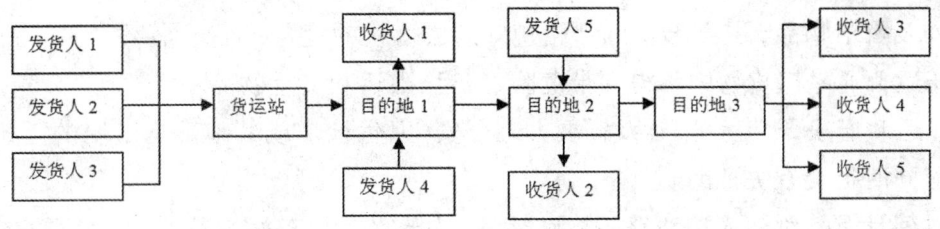

图 3-4 沿途式零担班车货运组织形式

(2)非固定式零担运输

非固定式是指按照零担货流的具体情况,根据实际需要,随时开行零担货车的一种组织形式。这种组织形式由于缺少计划性,给运输部门和客户带来了一定不便。因此,只适宜于在季节性或在新辟零担货运线路上作为一项临时性的措施使用。

2. 公路零担货物运输的具体操作步骤

公路零担货物运输,按照其工作的先后排序绘成图,得到了公路零担货物运输作业流程图,见图 3-5。其内容主要是货物托运、托运受理、过磅起票、仓库保管、配载装车、车辆运行、货物中转和提货交付等。

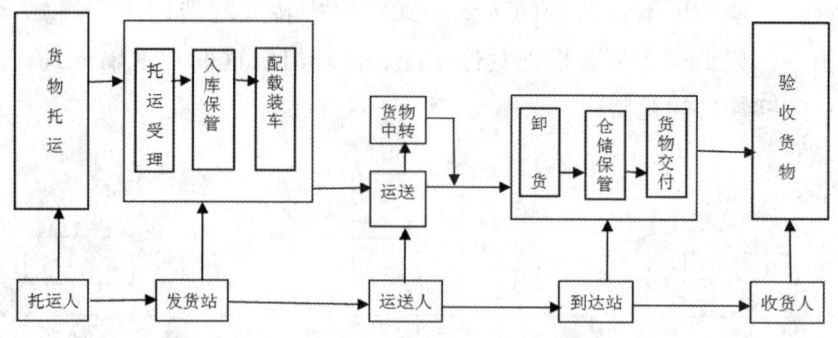

图 3-5 零担货物运输作业流程图

（1）办理托运

1）填写货物运单。托运人根据零担货运的线路、站点、班期、里程和运价、托运须知、包装要求等相关规定填写"道路货物运单"（丙类），如有特殊运输要求，经承托双方同意，在运单中注明特约事项。

2）托运注意事项。零担货物托运应注意以下几个方面：

①零担危险货物不准与普通货物混装；

②高档、高价值零担货物运输必须投保；

③零担货物的包装必须符合国家和交通运输部门的规定与要求。托运危险物品时，其包装应严格遵守交通部颁发的《公路危险货物运输规则》，运输易污染、易破损、易腐烂的货物及鲜活物品，其包装必须严格遵守双方协议的规定；

④托运普通零担货物中不得夹带危险、禁运、限运和贵重物品；

⑤托运政府法令禁运、限运及需要办理公安、卫生检疫或其他准运证明的零担货物，托运人应同时提交有关证明。

3）过磅计重。承运人按线路、站点、运距、中转范围，车站装卸能力，货物的理化性质及法律法规和有关规定，对受理的零担货物及其包装、运单、标签认真审核，符合规定后，按到站货物分批过磅计重（零担货物计费重量均按毛质量计算，起码计费重量为1公斤，轻泡货物以货物包装最长、最宽、最高部位计算体积，按每立方米折合333公斤计算质量），并在每件货物两端分别栓贴统一规定注有运输号码的货物标签。然后填开磅码单。

4）开票收费。凭磅码单填开零担货票后计收运费。

（2）验货进库

1）仓库要求。零担仓库要有良好的通风、防潮、防火和灯光设备，库房严禁烟火。在露天堆放货物时，要有安全防护措施。仓库应当划分货位，一般可划分进仓待运货位、急运货位、到达待交货位，以便分别堆放。

2）货物查验。由仓库保管人员查验货物，核对标签上的到达站、件数无误后，指定仓位逐票点件，分线堆码；货物进出仓库要履行交接手续，坚持照单验收入库及出库。以票对货，票票不漏，做到单、货相符。

（3）配载装车。坚持中转先运、急件先运、先托先运、合同先运的原则。对一张托运单和一次中转的货物，须一次运清，不得分批运送；凡是可以直达运送的货物，必须直达运送；必须中转的货物，应按合理流向配载，不得任意增加中转环节；充分利用车辆的载质量和容积，进行轻重配装，巧装满载。贵重物品放在防压、防撞的位置，保证其运输安全。认真执行货物混装限制规定，确保运输安全；加强预报中途各站的待运量，并尽可能使同站装卸的货物在吨位及容积上相适应。

（4）车辆运行

①按期发车，按线行驶。零担货运班车必须严格按期发车，按规定线路行驶，在中转站要由值班人员在路单上签证。有车辆跟踪系统的要按规定执行，使基站能够随时掌控车辆的在途情况。

②如有必要，可以变更运输。在货物起运前后如遇特殊原因托运方或承运方需要变更运输时，应及时由托运和承运双方协商处理，填制"汽车运输变更申请书"，所发生的变更费用需按有关规定处理。

（5）中转作业。对于需要中转的货物需以中转零担班车或沿途零担班车的形式运到规定的中转站进行中转。中转作业主要是将来自各个方向的仍需继续运输的零担货物卸车后重新集结待运，继续运至终点站。

零担货物的中转作业一般有三种方法：

①全部落地中转（落地法）。将整车零担货物全部卸下交中转站入库，由中转站按货物的流向或到达站重新集结，另行安排零担货车分别装运，继续运到目的地。这种方法简便易行，车辆载重量和容积利用较好，但装卸作业量大，仓库及场地的占用面积大，中转时间长。

②部分落地中转（坐车法）。由始发站开出的零担货车，装运有部分要在途中某地卸下而转至另一路线的货物（先到站货物），其余货物（后到站货物）则由原来车继续运送到目的地。

这种方法是先到站货物卸下后，可加装同一到站的其他货物。其好处是加快了中转作业速度，提高了汽车货位的利用率，但对留在车上的货物的装载情况和数量不易检查清点。

③直接换装中转（过车法）。当几辆零担车同时到站进行中转作业时，将车内部分中转零担货物由一辆车向另一辆车上直接换装，而不到仓库货位上卸货。在组织过车时，既可以向空车上过，也可向装有后到站货物的重车上过。

这种方法在完成卸车作业时即完成了装车作业，提高了作业效率，加快了中转速度,但对到发车辆的时间等条件要求较高,容易受意外因素干扰而影响运输计划。

零担货物的中转除了承担货物的保管工作外,还需要进行一些与中转环节有关的理货、堆码和倒载等作业,因此,零担货物中转站必须要配备相应的仓库和货棚,并具备良好的通风、防潮、防火、采光及照明等条件,确保货物安全完好并适应各项作业的需要,以便及时准确地送达目的地。

(6) 到站卸货及异常情况处理。货运班车到站后,车站的货运人员如仓库人员应向随车理货员或驾驶员索阅货物交接单,以及随车的有关单证,检查核对货物装载情况,如一切正常,在交接单上签字并加盖业务章。如有异常情况发生,则应采取相应措施进行处理。常见的异常情况及相应处理方法是:

①有单无货,双方签注情况后,在交接单上注明,将原单返回。

②有货无单,确认货物到站后,由仓库人员签发收货清单,双方盖章,清单寄回起运站。

③货物到站错误,将货物原车运回起运站。

④货物短缺、破损、受潮、污染、腐烂时,应双方共同签字确认,填写事故清单。

(7) 货物交付

①货物到达(入库)后,应及时通知收货人凭提货单提货,或者按指定地点送货上门。收货人收到货物应在提货单上加盖印章,到达站交付货物后也应在提货单上加盖"货物付讫"戳记,以备存查。

②货物短损的,如包装破损,由交接双方清点(有的复磅),做好记录,由责任方赔偿。

③遇到标签脱落的货物必须慎重查明,方可交付。

④提货单遗失的,收货人应及时向到达站挂失。经确认后,可凭有效证件提货。若在挂失前货物已经被他人持单领走,到达站应配合查找,但是不负责赔偿。

⑤"到货通知"发出一个月内无人领取货物或收货人拒收,到达站应向起运站发出"货物无法交付通知书"。超过一个月仍无人领取的,应按照《关于港口、车站无法交付货物的处理办法》的有关规定办理。

 公路超限超载运输的危害

汽车超限超载运输是指在公路上行驶的各种机动车辆装载货物量超过路政管理部门规定的行为。货车超限运输对公路的危害最大,由于超限,设计在20年寿命的公路通常不到4年就要重新翻修。《公路法》及《超限运输车辆行驶公路管理规定》都严禁车辆超载,但由于运输专业户受利益驱动,车辆超限屡禁不止。超限超载运输被称为头号的"公路杀手"及"事故元凶"。

公路超限超载运输的危害极大:
①严重破坏公路设施,增加公路维护费用,缩短公路的使用寿命。
②对公路桥梁的安全构成严重威胁。超载车辆大多采用加装钢板弹簧等办法,使车货总量及轴载量大大超过了公路桥梁的设计荷载标准,从而导致了大部分桥梁涵洞出现拱圈开裂、桥墩变形等病状,引起桥梁结构灾难性的破坏。
③造成国家规费的大量流失,影响了公路建设资金的筹措。
④容易引发道路交通事故。

二、铁路货物运输的基本作业

（一）货物发送作业

货物发送作业包括托运人向承运人的发站申报运输要求、提交货物运单、进货、缴费,与发站共同完成承运手续;发站受理托运人的运输要求,审查货物运单,验收货物及其运输包装,填制货物运输票据,核收运输费用,在货物运单上加盖发货站的日期戳,组织装车及货物车、集装箱的施封等。

1.货物的托运和受理

（1）托运。托运人向承运人提出货物运单及运输要求,称为货物的托运。所托运的资源应符合一批的要求,托运人向车站按批提出货物运单一份,且货物已准备就绪,随时可以移交承运人。

（2）受理。托运人提出货物运单后,经承运人审查,若符合运输条件,则在货物运单上签上货物搬入日期或装车日期后,即为受理。

托运人向发站提交货物运单后,车站货运工作人员应对其内容逐项进行认真检查,看其填写是否正确、是否符合运输要求。

2.进货和验收

（1）进货。托运人按承运人受理时签证的货物搬入日期,将货物全部搬入车站,并整齐堆放在指定的货位,完好地交给承运人。车站在指定进货货位时,要考虑便于车辆取送和货物装卸、搬运作业,并保证人身及货物安全。

（2）验收。车站在接收托运人搬入车站的货物时，按运单记载对货物品名、件数、运输包装、重量等进行检查，确认符合运输要求并同意货物进入场、库指定货位的作业。

货物验收完毕堆放入指定货位时，要做到以下几点：

①经济合理地使用货位，便于装卸和搬运作业，并能保证人身及货物的安全；

②货物堆码整齐、稳固，标记和标志向外，以便清点件数、进行交接；

③一批货物不得堆放两处，对性质相抵触的货物要隔离堆放，零担货物应按去向堆放，以保证货物安全及顺利装车；

④堆放在场库内的货物，距钢轨外侧距离不得小于1.5m，靠马路一侧不得少于0.5m，以保障调车人员及其他作业人员的安全；

⑤堆放在露天货位上的怕湿货物，要做好下垫上盖工作，货物堆码要呈脊形，以防止货物湿损。

3. 填制货票

整车货物装车后，零担货物过秤完毕，集装箱货物装箱后或接收重箱后，货运员将签收的运单移交给货运室（内勤）填制货票，核收运杂费。

货票是铁路货物运输的凭证，是一种具有财务性质的票据。它是清算运输费用，确定货物运到期限，统计铁路所完成的工作量和计算货运工作指标的依据。货票分先付货票和后（到）付货票，后（到）付货票是后付或在到站付费时使用的。货票一式四联。甲联为发站存查联；乙联为报局联，由发站按日顺号装订，定期上报分局、路局；丙联为托运人报销用；丁联为运输凭证，由发站将其与运单一起随货物递交到站存查。

4. 货物的承运

零担和集装箱货物在发站验收完毕，整车货物装车完毕，并核收了运输费用后，发站在货物运单上加盖承运日期戳记的作业，称为承运。货物承运意味着托运人和承运人的运输合同签订完毕，开始生效。承运是铁路负责运输的开始，也是承运人对托运人履行运输合同的一个重要标志，它表示铁路开始对托运人托运的货物承担运输义务，并负运输上的一切责任。

5. 托运货物的基本要求

（1）托运人如一批托运的货物品名过多，不能在运单内逐一填记或同一包装内有两种以上货物时，须提出物品清单一式三份。

（2）托运人对其在货物运单和物品清单内所填记事项的真实性应负完全责任，匿报、错报货物品名、重量时还应按照规定支付违约金。

（3）托运人托运易腐货物，应在货物运单"货物名称"栏内填写货物名称，并在"托运人记载事项"栏内注明易腐货物容许运输期限。托运需检疫运输的易腐货物时，应按照国家有关规定提出检疫证明。

（4）托运人托运危险货物时，须出具《铁路危险货物托运人资质证书》、经办人身份证和铁路危险货物运输业务培训合格证书。在货物运单"货物名称"栏内填写危险货物品名索引表内列载的品名和编号,并在运单的右上角用红色戳记标明类项。

(5)活动物、需要浇水运输的鲜活植物或加温运输的货物以及规定要派押运人的货物,托运人必须要派人押运。

(二)货物途中作业

货物从铁路车站出发以后,在运输途中的铁路车站上需要进行的货运作业,称为货物的途中作业。货物的途中作业主要包括运输变更或解除、运输阻碍的处理等内容。

1. 货运合同变更

(1)货运合同变更的种类

①变更到站:货物已经装车挂运,托运人或收货人可按批向货物所在的中途站或到站提出变更到站。为了保证液化气体的运输安全,液化气体罐车不允许进行运输变更或重新起票办理新到站,如遇特殊情况需要变更或重新起票办理新到站时,须经铁路局的批准。

②变更收货人:货物已经装车挂运,托运人或收货人可按批向货物所在的中途站或到站提出变更收货人。

(2)货运合同变更的限制

对于下列情况,承运人不受理货运合同的变更:

①违反国家法律、行政法规;

②违反物资流向;

③违反运输限制;

④变更一批货物中的一部分;

⑤第二次变更到站的货物;

⑥变更到站后的货物运到期限大于容许运到期限。

(3)货运合同变更的处理

托运人或收货人要求变更时,应提出领货凭证和货物运输变更要求书,提不出领货凭证时,应提出其他有效证明文件,并在货物运输变更要求书内注明。

提出领货凭证是为了防止托运人要求铁路办理变更,而原收货人又持领货凭证向铁路要求交付货物的矛盾。

2. 货运合同的解除

整车货物和大型集装箱在承运后、挂运前,零担和其他类型集装箱货物在承运后、装车前,托运人可向发站提出取消托运。经承运人同意,货运合同即告解除。

解除了合同后,发站退还全部运费与押运人乘车费,但特种车使用费和冷藏车回送费不退。此外,还应按规定支付变更手续费、保管费等费用。

3. 运输阻碍的处理

因不可抗力的原因致使行车中断,货物运输发生阻碍时,铁路局对已承运的货物,可指示绕路运输,或者在必要时先将货物卸下妥善保管,待恢复运输时再装车继续运输。因货物性质特殊(如危险货物发生燃烧、爆炸或动物死亡、易腐货物腐烂等)绕路运输或卸下再装,会造成货物损失时,车站应联系托运人或收货人请其在要求的时间内提出处理办法。超过要求时间未接到答复或因等候答复而使货物造成损失时,比照无法交付货物处理,所得剩余价款(缴纳装卸、保管、运输、清扫、洗刷除污费后)通知托运人领取。

(三)货物到达作业

货物到达作业也就是货物在到站进行的货运作业,包括收货人向承运人的到站查询、缴费、领货、接受货物运单,与到站共同完成交付手续;到站向收货人发出货物催领通知,接受到货查询、收费、交货、交单,与收货人共同完成交付手续;由铁路组织卸车或收货人自己组织卸车,到站向收货人交付货物或办理交接手续,到达列车乘务员与到站人员的交接,即为到达作业。

1. 货物的暂存

对于到达的货物,收货人有义务及时将货物搬出,铁路也有义务提供一定的免费保管期间,以便收货人安排搬运车辆,办理仓储手续。

2. 票据交付

收货人持领货凭证和规定的证件到货运室办理货物领取手续,在支付费用及在货票丁联盖章(或签字)后,留下领货凭证,在运单与货票上加盖到站交付日期戳,然后将运单交给收货人,凭此领取货物。

货物在运输途中发生的费用(如包装整修费、托运人责任的整理或换装费、货物变更手续等)和到站发生的杂费,在到站时应由收货人支付。

3. 现货交付

现货交付即承运人向收货人点交货物。收货人持货运室交回的运单到货物存放地点领取货物,货运员向收货人点交货物完毕后,在运单上加盖"货物交讫"戳记,并记明交付完毕的时间,然后将运单交还给收货人,凭此将货物搬出货场。

在实行整车货物交付前保管的车站在货物交付完毕后,如收货人不能在当日将货物全批撤出车站时,对其剩余部分(按件数和重量承运的货物),可按件数点交车站负责保管,只按重量承运的货物可向车站声明。

(四)货物事故及赔偿

1. 货物事故范围

货物在铁路运输过程中发生火灾、丢失、损坏、变质、污染等情况,给货物造成损失及误运送、误交付等严重办理差错的,在铁路内部均属于货运事故。

2. 货运事故处理

发生或发现货运事故时，车站应在当日按批编制货运记录，记录有关情况。如货物发生损失或部分丢失，不能判明事故发生原因或损坏程度时，承运人与收货人或托运人协商，也可邀请鉴定人进行鉴定，就鉴定结果编制货运事故鉴定书。

在货物运输的过程中，如发现违反政府法令或危及运输安全等情况，承运人依据有关规定进行处理，将处理结果编制记录，随运输票据递交到站处理。承运人无法处理的意外情况，应立即通知车站转告托运人或收货人处理。

货运事故发生后，处理单位通知有关各方组织调查分析，确定货物损失、事故原因和事故责任单位，并根据有关规定做出赔偿处理。

3. 货运事故责任划分

承运人自承运货物时起至将货物交付时止，对货物发生的灭失、短少、变质、污染、损坏承担赔偿责任，但下列原因造成的损失，承运人不承担赔偿责任：①不可抗力；②货物本身的自然属性、合理损耗；③托运人、收货人、押运人的过错。

由于托运人、收货人的责任或押运人的过错，对铁路运输工具、设备或第三者的货物造成损失时，托运人、收货人应负赔偿责任。

4. 索赔

收货人或托运人在接到承运人交给的货运记录后，认为是属于承运人的责任，可向承运人提出赔偿要求。提出赔偿要求时，须填制"赔偿要求书"并附货物运单（货物全部丢失或票据丢失时为领货凭证和货票丙联）、货运记录、货物损失清单和其他证明材料。承运人向托运人、收货人提出赔偿要求时，须提供货运记录、损失清单及其他必要的证明文件。

托运人、收货人与承运人相互间要求赔偿的有效时间为180天。有效时间的起算时间为货物丢失、损坏或铁路设备损坏为承运人递交货运记录的当日，货物全部损失未编有货运记录时为运到期限满起的第31日，其他赔偿为发生事故的次日。

承运人对托运人或收货人提出的赔偿要求，自受理之日起30日（跨及两个铁路局以上的赔偿要求为60日）内进行处理，并答复要求人。要求人收到答复的次日起60日内未提出异议的，即为结案。对于承运人的审理结果有不同意见时，应自收到承运人答复的次日起60日内提出异议，逾期则视为默认。

5. 赔偿额度

（1）保价货物。按货物实际损失赔偿，最多不超过该批货物的保价金额。货物损失一部分时，按损失部分占全批货物的比例乘以保价金额进行赔偿。

（2）非保价货物。不按件数只按重量承运的货物，每吨最多赔偿100元；按件数和重量承运的货物，每吨最多赔偿2000元；个人托运的行李、搬家货物每10千克最多赔偿30元；实际损失低于上述赔偿限额的，按照实际损失赔偿。

投保运输险的货物发生损失,当事人与保险公司按规定赔偿。货物的损失是由于承运人的故意行为或重大过失造成的,不适用上述赔偿限额规定,按照实际损失赔偿。

三、水路货物运输业务

水运非常适合低成本的大宗货物运送,但水运也是最慢的一种运输方式,最大的延误都发生在港口码头,这使水运很难用于短途运输。在全球贸易中,水路运输是居于主导地位的运输方式。当然,在国际海上运输中,到港延迟问题、海关入境及集装箱管理等都是人们较为关注的问题。

(一)海洋货物运输组织

1. 班轮运输

班轮运输(Liner shipping)也称定期船运输,是班轮公司将船舶按事先制定的船期表,在特定航线的各挂靠港口之间,为非特定的众多货主提供规则的、反复的货物运输服务,并按运价本的规定计收运费的一种营运方式。其具体流程如下:

(1)揽货。揽货是指经营班轮运输的船公司为使自己所经营的班轮运输船舶的载重量和舱容能够得到充分利用,以获得最好的经营效益而从货主那里争取货源的行为。在揽货时,班轮公司首先要为自己所经营的班轮航线,船舶挂靠的港口及其到、发时间制定船期表并分送给已经建立起业务关系的原有客户,或刊登在有关的航运期刊上,使客户了解公司经营的班轮运输航线及船期情况,以便联系安排货运,争得货源。

(2)订舱。订舱是指托运人或其代理人向承运人,即班轮公司或它的营业所、代理机构等申请货物运输,承运人对这种申请给予承诺的行为。承运人与托运人之间先是以口头或订舱函电进行预约,只要船公司对这种预约给予承诺,并在舱位登记簿上登记,即表明承托双方已建立起了有关货物运输的关系。

(3)装船。装船是指托运人将其托运的货物送至码头承运船舶的船边并进行交接,然后由承运人或港方将货物装到船上。装船作业也分为直接装船和集中装船方式。

(4)航运。船舶按照固定的船期表,按照规定的航线,在约定的时间,将货物送到规定的到达港。

(5)卸货。卸货是指将船舶所承运的货物在卸货港从船上卸下。船公司在卸货港的代理人根据船舶发来的到港电报,一方面编制有关单证、联系安排泊位和准备办理船舶进口手续,约定装卸公司,等待船舶进港后卸货;另一方面还要把船舶预定到港的时间通知收货人,以便收货人及时做好接收货物的准备工作。在班轮运输中,为了使分属于众多收货人的各种不同的货物能在船舶有限的停泊时间内迅速卸完,通常都采用集中卸货的办法,即由船公司所指定的装卸公司作为卸货代理人,总揽卸货以及向收货人交付货物的工作。

(6)交付货物。在实际业务中,就是指船公司凭提单将货物交付给收货人的行为。

具体过程是收货人将提单交给船公司在卸货港的代理人，经代理人审核无误后，签发提货单交给收货人，然后收货人再凭提货单前往码头仓库提取货物并与卸货代理人办理交接手续。

2. 租船运输

国际租船运输业务一般在航运交易市场或租船代理公司自愿平等进行。航运交易市场是船舶承租人和出租人进行船舶租赁活动的交易场所，通常设在世界上货主和船东汇集、外贸与运输繁荣发达的地方。当前国际上主要的航运交易市场有伦敦、纽约、东京、奥斯陆、汉堡、鹿特丹、香港、上海等。国际上的租船业务几乎都是通过租船经纪人来进行的。租船经纪人熟悉租船的市场行情，精通租船实务，在整个租船过程中起到了桥梁或中间人的作用，对顺利开展租船业务至关重要。

（1）租船运输业务分类。租船运输根据货物运输的需要主要分为航次租船、定期租船和光船租赁三种方式。

①航次租船。航次租船是指出租人所供的船舶在特定的港口之间完成承租人一个或数个航次的货物运输任务。承租人除了要负担运费、滞期费等外，其他一切营运费和管理费均由船东负责清缴。

②定期租船。定期租船是指出租人提供船舶给承租人使用一个时期，由承租人支付租金并负责安排船舶调度与经营管理。船东负责船员的工资、给养和船舶航行及维修费用。

③光船租赁。光船租赁是指出租人只提供船舶，不提供船员，由承租人自己配备船员，负责经营管理，承担一切风险与营运费用。

（2）租船业务的环节。租船业务流程主要包括询盘、报盘、还盘、接受和签订租船合同五个环节。

①询盘。询盘通常由承租人以期望的条件，通过租船经纪人寻求租用所需要的船舶，即为货求船。询盘一般会采用电报或电传的形式，向船舶代理通告需要承租的船舶类型和装运货物种类、数量、装运港、装运期限、租船方式以及租船租金等事项。询盘也可由出租人通过船舶经纪人向航运交易市场发出求货载信息，即为船求货。

②报盘。报盘也称报价或发盘，是出租人对承租人询价的回应。若是船舶所有人先提出的询盘，则报盘人是承租人。报盘又分实盘和虚盘。实盘为报盘条件不可改变，并附加时效的硬性报价；虚盘则是可磋商、修改的报价。报盘内容主要是关于租金的水平、选用的租船合同范本及范本条款的修改和补充等。

③还盘。还盘是询价双方通过平等谈判、协商、讨价还价的过程。

④接受。双方通过谈判，最后达成一致意见即可成交。成交后交易双方当事人应签署一份"订租确认书"，就商谈租船过程中双方承诺的主要条件予以确认，对于细节问题还可进一步商讨。

⑤签订租船合同。签订确认书只是一种意向合同，正式的租船合同要按租船合同范本予以规范、进行编制，明确租船双方的权利和义务，待双方当事人签署后即可生效。之后，哪一方提出更改或撤销等异议，造成的损失要由违约方承担责任。

租船运输合同正式签订以后，船舶所有人就可按照合同要求安排船舶投入营运了。有时由于货主急于求船或船东急于求货，使租船流程变得简单、直接。承租人询盘过程被省略，直接进入还盘程序，提出的承租条件需船东当场决定是否成交，经过紧急磋商后达成共识。在这种情况下的成交，可能会造成某一方付出的代价较大。

在租船业务中，租船经纪人代表各自委托人（或代表双方）洽谈租船业务，代为签约，可迅速有效地促成租船业务的成交，同时也会减少船东或租船人大量的事务性工作，减少了租约中的责任风险，协调了租船市场的正常运营。待租船业务成交后，由船东付运费的1.25%~2.5%给经纪人作为佣金。

（二）内河运输流程

内河运输业务一般办理整船、整舱的租船业务，以运输合同的形式规范承租人与出租人的关系。内河运输的流程与远洋租船运输相似，所不同的是国内货物运输不需要报关等手续。国内内河货物运输的依据是《中华人民共和国合同法》《危险化学品安全管理条例》《国内水路货物运输规则》（交通部令2000年第9号）等法律、法规和规章。

1. 水路货物运输合同

水路货物运输合同是指承运人收取运输费用，负责将托运人托运的货物经水路由一港（站、点）运至另一港（站、点）的书面合同。

2. 货物的托运

托运货物时，托运人主要做的是：提出货物运单、提交货物、支付费用。

（1）提出货物运单

（2）提交货物

①按双方约定的时间、地点将托运货物运抵指定港口暂存或直接装船。

②须包装的货物应根据货物的性质、运输距离及中转等条件做好货物的包装。

③在货物外包装上粘贴或栓挂货运标志、指示标志和危险货物标志。

④散装货物按重量或船舶水尺计量数交接，其他货物则按件数交接。

⑤散装液体货物由托运人装船前验舱认可，装船完毕后由托运人会同承运人对每处油舱和管道阀进行施封。

⑥运输活动物，应将绳索拴好牲畜，备好途中饲料，派人随船押运照料。

⑦使用冷藏船运输易腐、保鲜货物，应在运单内载明冷藏温度。

⑧运输木（竹）排货物应按约定编排，将木（排）的实际规格、托运的船舶或者其他水上浮物的吨位、吃水及长、宽、高以及抗风能力等技术资料在运单内载明。

⑨托运危险货物，托运人应当按照有关危险货物运输的规定办理，并将其正式名称

和危险性质以及必要时应当采取的预防措施书面通知承运人。

（3）支付费用。托运人按照约定向承运人支付运费。如果约定装运港船上交货，运费由收货人支付，则应当在运输单证中载明，并在货物交付时向收货人收取。如果收货人约定指定目的地交货，托运人应缴纳货物运输保险费、装运港口作业费等项费用。

3. 货物的领取

收货人接到到货通知后办理提货手续，包括提交取货单证、检查验收货物、支付费用。

（1）提交取货单证。①收货人接到到货通知后，应当及时提货。接到到货通知后满60天，收货人不领取或托运人也未来人处理货物时，承运人可将该批货物作为无法交付货物处理。

②收货人应向承运人提交证明收货人单位或者经办人身份的有关证件，以及由托运人转寄的运单提货联或有效提货凭证，供承运人审核。

③如果货物先到，而提货单未到或单证丢失的，收货人还需提供银行的保函。

（2）检查验收货物。收货人提取货物时，应当按照运输单证核对货物是否相符，检查包装是否受损、货物有无灭失等情况。

①发现货物损坏、灭失时，交接双方应当编制货运记录；确认不是承运人责任的，应编制普通记录。

②收货人在提取货物时没有提出货物的数量和质量异议时，视为承运人已经按照运单的记载交付了货物。

（3）支付费用。按照约定在提货时支付运费，并须付清滞期费、包装整修费、加固费用以及其他中途垫款等。

因货物损坏、灭失、货主迟延交付所造成的损失，收货人有权向承运人索赔；承运人可依据有关法规、规章进行抗辩。托运人或者收货人不支付运费、保管费以及其他费用时，承运人对相应的运输货物享有留置权，但另有约定的除外。

查验货物无误并交清所有费用后，收货人在运单提货联上签收，取走货物。

四、航空货物运输业务

（一）出口货物运输流程

航空货物出口流程是指航空货运公司从发货人手中接货到将货物交给航空公司承运这一过程所需通过的环节、所需办理的手续以及必备的单证，它的起点是从发货人手中接货，终点是货交航空公司。其基本流程如图3-6所示：

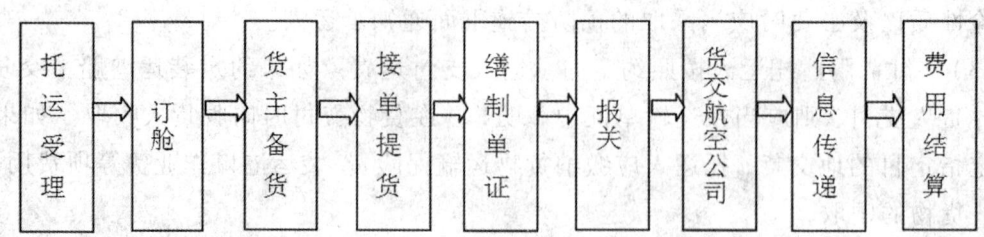

图3-6 出口货运流程

1. 托运受理

发货人在货物出口地寻找航空货运公司，为其代理订舱、报关、托运业务；航空货运公司接受托运人委托，并要求其填制托运书，以此作为委托与接受委托的依据。

2. 订舱

航空货运公司根据发货人的要求及货物本身的特点（一般来说，非紧急的零散货物可以不必预先订舱），填写民航部门要求的订舱单，注明货物的名称、体积、质量、件数、目的港、时间等，要求航空公司根据实际情况安排航班和舱位，也就是航空货运公司向航空公司申请运输并预订舱位。

3. 货主备货

航空公司根据航空货运公司填写的订舱单安排航班和舱位，并由航空货运公司及时通知发货人备单、备货。

4. 接单提货

航空货运公司去发货人处提货并运至机场，同时要求发货人提供相关单证，主要有报关单证，例如报关单、合同副本、商检证明、出口许可证、出口收汇核销单、配额许可证、登记手册、正本的装箱单、发票等。

对于通过空运或铁路等其他运输方式从内地运往境外的出口货物，航空货运公司可按发货人提供的运单号、航班号及接货地点、接货日期代其提取货物。

5. 缮制单证

航空货运公司审核托运人提供的单证，缮制报关单，报海关初审。缮制航空货运单，要注明收货人和发货人名称、地址、联络方法，出发站及到达站，货物的名称、件数、质量、体积、包装方式等并将货物随行单据钉在运单后面。如果是集中托运的货物，要制作集中托运清单、航空分运单，一并装入一个信袋，钉在运单的后面。将制作好的运单标签粘贴或拴挂在每一件货物上。

6. 报关

持缮制完的航空运单、报关单、装箱单、发票等相关单证到海关报关放行。海关将在报关单、运单正本、出口收汇核销单上盖放行章，并在出口产品退税的单据上盖验讫章。

7. 货交航空公司

将盖有海关放行章的航空运单与货物一起交给航空公司,由其安排航空运输,随附航空运单正本、发票、装箱单、产地证明、品质鉴定书等。航空公司验收单、货无误后,在交接单上签字。

8. 信息传递

货物发出后,航空货运公司应及时通知国外代理收货。通知内容包括航班号、运单号、品名、数量、质量、收货人的有关资料等。

9. 费用结算

最后是费用结算问题。费用结算主要涉及到发货人、承运人和国外代理三个方面。即向发货人收取航空运费、地面运费及各种手续费、服务费,向承运人支付航空运费并向其收取佣金,可按协议与国外代理结算到付运费及利润分成。

(二)航空货运的进口程序

航空货物进口程序是指航空货物从入境到提取或转运的整个过程中所需通过的环节、所需办理的手续以及必备的单证。航空货物入境后,要经过各个环节才能提出海关监督场所,而每经过一道环节都要办理一定的手续,同时出具相关的单证,例如商业单据、运输单据及所需的各种批文和证明等。在入境地海关清关的进口货物的运输流程如图3-7所示:

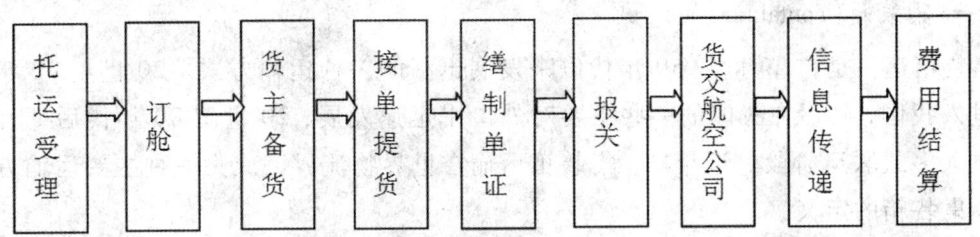

图3-7 进口货运流程

1. 到货

航空货物入境后,即处于海关监管之下,相应的货物会存在海关监管仓内。同时,航空公司根据运单上的收货人发出到货通知,若运单上的第一收货人为航空货运公司,则航空公司会把有关货物运输单据交给航空货运公司。

2. 分类整理

航空货运公司在取得了航空运单后,根据自己的习惯进行分类整理,其中集中托运货物与单票货物、运费预付与运费到付货物应区分开来。

集中托运货物需对总运单项下的货物进行分拨,对每一份运单的货物分别处理。分类整理后,航空货运公司可对每票货物编上公司内部的编号,以便于用户查询及内部统计。

3. 到货通知

航空货运公司根据收货人自理寄发到货通知,告知其货物已到站,督促其速办报关、提货手续。

4. 缮制单证

根据运单、发票及证明货物合法进口的有关批文缮制报关单,并在报关单的右下角加盖报关单位的报关专用章。

5. 报关

将制作好的报关单连同正本的货物装箱单、发票、运单等速交海关,向海关提出办理进口货物报关手续。海关在经过初审、审单、征税等环节后放行货物。只有在经过海关放行后的货物才能提出海关监管场所。

6. 提货

凭借盖有海关放行单的正本运单到海关监管场所提取货物并送货给收货人,收货人也可自行提货。

7. 费用结算

货主或委托人在收货时,应结清各种费用,如付运费、报关费、仓储费、劳务费等。

五、集装箱货物运输组织

(一)集装箱(container)的认识

集装箱运输是自20世纪50年代以来发展迅猛的一种运输方式。20世纪70年代初开始进入我国,随后在我国的一些主要对外口岸迅速发展,20世纪80年代后期开始在我国进入多式联运阶段。近年来,集装箱运输在世界物流界已成为一种主要运输方式。

1. 集装箱的定义

集装箱,是指具有一定强度、刚度和规格专供周转使用的大型装货容器。使用集装箱转运货物,可直接在发货人的仓库装货,运到收货人的仓库卸货,中途更换车、船时无须将货物从箱内取出换装。

2. 集装箱(又称货柜)的种类

(1)按制造箱材料分:有铝合金集装箱、钢板集装箱、纤维板集装箱、玻璃钢集装箱等。

(2)按用途分:干集装箱、冷冻集装箱、挂衣集装箱、开顶集装箱、框架集装箱、罐式集装箱。

(3)按结构分:有折叠式集装箱、固定式集装箱等,在固定式集装箱中还可分为密闭集装箱、开顶集装箱、板架集装箱等。

(4)按规格尺寸分:目前,国际上通常使用的干货柜有:

外尺寸为20英尺*8英尺*8英尺6吋,简称20尺货柜(20ft);

外尺寸为40英尺*8英尺*8英尺6吋,简称40尺货柜(40ft);

外尺寸为40英尺*8英尺*9英尺6吋,简称40尺高柜(40ft high container)。

3.集装箱的标志及识别

集装箱在大宗货物的海运运输中起着不可替代的作用,除了集装箱上的箱主代号、箱号或顺序号、核对号、集装箱尺寸及类型代号,为了便于计算集装箱的数量,可以用20的集装箱作为换算标准箱。

(1)集装箱的标志。

①箱主代码。表示集装箱所有人的代号,箱主代号用四个拉丁字母表示,前三位由箱主自己规定,第四个字母规定用U(U为国际标准中海运集装箱的代号)。如"COSU"表示此集装箱为中国远洋运输公司所有。国际流通中使用的集装箱箱主代码应向国际集装箱司登记,登记时不得与登记在先的箱主有重复。

②序号和核对数字。集装箱的箱号,用6位阿拉伯数字表示,如数字不足6位时,在数字前补"0"补足6位。箱号后的第七位是核对数。

③最大重量和箱重。用MAX GROSS:××××(KG)表示集装箱的自重与最大载重量之和,它是一个常数,任何类型的集装箱装载货物后都不能超过这一质量。箱重用TARE×××(KG)表示,是指集装箱的空箱质量。

(2)集装箱标志的识别,如COSU0012342依照有关标志规定反映了如下集装箱的情况

①COSU:箱主代号,表示是中国远洋运输公司。

②001234:顺序号、箱号。

③2:核对数。

(二)集装箱货物运输程序

1.典型的集装箱货物运输流程

(1)发货人将货物发至内陆某一地点,可能是一个内陆集装箱货运站,也可能是一个铁路集装箱办理站或公路集装箱中转站。可以是整箱货,也可以是拼箱货。如果是拼箱货,则应在内陆集装箱货运站拼箱。

(2)集装箱在内陆某一地点通过铁路或公路运输,运达装船港。

(3)集装箱装箱后,通过海上运输,运至卸船港。

(4)集装箱在卸船港卸船后,再通过铁路或公路运输,运至目的地内陆集装箱货运站、铁路集装箱办理站或公路集装箱中转站。

(5)如为整箱货,目的地内陆集装箱货运站(铁路办理站、公路中转站)将集装箱直接送收货人,在收货人处拆箱;如为拼箱货,则在货运站拆箱,收货人到货运站提货。

2.集装箱海上运输组织的一般程序

(1)订舱。又称暂定订舱,是指发货人或托运人根据贸易合同或信用证的有关规定,向船公司或其代理人、经营人申请订舱,填制订舱单。如发货人已与货运代理签订

运输合同,则由货运代理代替发货人向船公司或其代理人申请订舱。订舱单的内容主要有以下各项:起运港和目的港;每箱的总重量;集装箱的种类、箱型和数量;在备注中注明特种箱的特性与运输要求。

(2)接受托运申请,又称确定订舱。接受托运申请前,船公司或其代理人应考虑航线、港口、运输条件等能否满足托运人的具体要求;接受托运申请后,船公司或其代理人应着手编制订舱清单分送码头堆场和货运站,据以安排空箱调动与办理货运交接手续。

(3)发放空箱。发放空箱时,应区别整箱托运和拼箱托运两种情况。整箱货空箱由发货人或其货运代理人到码头堆场领取,拼箱货空箱则由集装箱货运站负责领取。

(4)拼箱货拼箱,应由发货人将货物送到集装箱货运站,由集装箱货运站根据订舱清单核对场站收据后装箱。

(5)整箱货交接,应由发货人或其货运代理人自行负责装箱,并加海关封志,然后将整箱货送至码头堆场。码头堆场根据订舱清单,核对场站收据及装箱单后验收货物。

(6)集装箱交接签证。码头堆场在验收了货物与集装箱后,应在场站收据上签字,并将已签署的场站收据交还给发货人或其货运代理人,据以换取提单。

(7)换发提单。发货人或其货运代理人凭已签署的场站收据,向船公司或其代理人换取提单,作为向银行结汇的凭证。

(8)装船。码头堆场根据待装船的货箱情况,制订装船计划,待船舶靠泊后即安排装船。

(9)海上运输。

(10)卸船。船舶抵达卸货港前,卸货港码头堆场根据装货港代理人寄送的有关货运单证,制订卸船计划,待船舶靠泊后即安排卸船。

(11)整箱货交付。如果内陆运输由收货人或其代理人自行安排,则由码头堆场根据收货人或其货运代理人出具的提货单将整箱货交付;否则,将由承运人或其代理人安排内陆运输,将整箱货运至指定地点交付。

(12)拼箱货交付。拼箱货一般先在指定的集装箱货运站掏箱,然后由集装箱货运站根据提货单将拼箱货交付给收货人或其代理人。

(13)空箱回运。收货人或集装箱货运站在掏箱完毕后,应及时将空箱回运到指定的码头堆场。

六、国际多式联运的组织和运营

(一)国际多式联运的定义和基本特征

1. 国际多式联运的定义

国际多式联运是一种以实现货物整体运输的最优化效益为目标的运输组织形式。它通常是以集装箱为运输单元,将不同的运输方式有机地组合在一起构成连续的、综合性的一体化货物运输。通过一次托运、一次计费、一份单证、一次保险,由各运输区段的承运人共同完成货物的全程运输,即将货物的全程运输作为一个完整的单一运输过程来安排。

2.国际多式联运的基本特征

(1)必须具有一份多式联运合同。在国际多式联运中,由多式联运经营人与托运人订立多式联运合同。

该合同的成立须具备以下条件:

①至少使用两种以上不同的运输方式;

②承担国际货物运输;

③接受货物运输,对合同中的货物负有运输、保管之责任;

④属于一种承揽、有偿的合同。

(2)必须使用一份全程多式联运单证。

(3)必须是至少两种不同运输方式的连续运输。包括铁路、公路、航空、海运等任何两种或两种以上运输方式的联合运输在内。

(4)必须是国际间的货物运输。这是区别于国内货物运输的条件之一,主要涉及国际运输法规的适用问题。

(5)必须由一个多式联运经营人对货物运输的全程负责。

 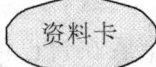 多式联运的责任关系是怎样的?

根据《合同法》第318的条规定,多式联运经营人可以与参加多式联运的各区承运人约定相互之间的责任,但该约定不影响多式联运经营人对全程运输承担的义务。也就是说,多式联运经营人对全程运输中所发生的责任对托运人或者收货人负全责,但是多式联运经营人可以与参加多式联运的各区段运输承运人约定相互之间的责任,例如在一个海陆空的多式联运合同中,多式联运经营人与海上运输区段的承运人、陆路运输区段的承运人、航空运输区段的承运人分别对每一段的运输责任约定在多式联运经营人对托运人或者收货人负全面的运输责任后,可以依据其与每一区段的运输承运人签订的合同,向其他承运人追偿。

(二)国际多式联运业务的操作步骤

国际多式联运业务是在多式联运经营人的组织下完成的,其业务程序主要有以下环节:

1.接受托运申请,订立多式联运合同

多式联运经营人根据货主提出的托运申请和自己的运输路线等情况,判断是否接受该托运申请。如果能够接受,则双方议订有关事项后,在交给发货人或其代理人的场站收据(货物情况可暂时空白)副本上签章(必须是海关能接收的),证明接受托运申请,多式联运合同已经订立并开始执行。

发货人或其代理人根据双方就货物交接方式、时间、地点、付费方式等达成协议填写场站收据(货物情况可暂空),并把其送至联运经营人处编号,多式联运经营人编号后留下货物托运联,将其他联交还给发货人或其代理人。

2. 集装箱的发放、提取及运送

多式联运大多数使用集装箱运输。多式联运中使用的集装箱一般应由经营人提供。如果双方协议由发货人自行装箱,则多式联运经营人应签发提箱单或者租箱公司或分运人签发的提箱单交给发货人或其代理人,由他们在规定日期到指定的堆场提箱并自行将空箱拖运到货物装箱地点,准备装货。如发货人委托亦可由经营人办理从堆场装箱地点的空箱拖运(这种情况需加收空箱拖运费)。

如是拼箱货(或是整箱货但发货人无装箱条件不能自装)时,则由多式联运经营人将所用空箱调运至接受货物集装箱货运站,做好装箱的准备。

3. 出口报关

若联运从港口开始,应在港口报关;若从内陆地区开始,则应在附近的海关办理报关。一般由托运人办理,也可委托多式联运经营人代办。报关时应提供场站收据、装箱单、出口许可证等有关单据和文件。

4. 货物装箱

1) 自行装箱

若是发货人自行装箱,发货人或其代理人提取空箱后在自己的工厂和仓库组织装箱,装箱工作一般要在报关后进行,并请海关派员到装箱地点监装及办理加封事宜。如需理货,还应请理货人员现场理货并与之共同制作装箱单。

2) 委托多式联运经营人或货运站装箱

若是发货人不具备装箱条件,可委托多式联运经营或货运站装箱(指整箱货情况),发货人应将货物以原来的形态运至指定的货运站由其代为装箱。如是拼箱货物,发货人应负责将货物运至指定的集装箱货运站,由货运站按多式联运经营人的指示装箱。无论装箱工作由谁负责,装箱人均需制作装箱单,并办理海关监装与加封事宜。

3) 多式联运的配积载

(1) 配积载的含义。货物配积载是指根据货物种类、特性、数量、流向等多种货物的既定运输任务,通过合理配装以充分利用运输工具的容积及载重能力的作业环节。它是联合运输的一项重要的技术性较强的工作,相应工作人员应对运输程序、货物调运方法、车船性能及容积或载重量、货物拼配拼装条件等情况清楚明了。

(2) 配积载的要求。①掌握发运顺序。做到先急后缓,先重点后一般,先计划内后计划外,先远后近,先进先出,后进后出。

②掌握不同货物的拼配范围，确保货物安全。

③掌握轻重配积载原则，提高车船容积利用。

④掌握等级起票，节约运输费用。尤其是零担货物的配积载，因为零担整车的运价是按拼配货物最高的运价等级计收运费的，故应尽量将运价等级相同或相近的货物拼配在一起。

（3）配积载的形式：

①见单配积载。是在货物提交联合运输时，先集中托运单据，后集中货物。也就是在见到托运单据时先对货物进行配积载计划，待确定装车装船期限时，再将货物送到车站码头。见单配积载工作比较主动，一般不会占用流转性的仓库，车站、码头货位的利用率高，但当遇到大量货物发运时，短途的运输压力则会较大。

②见货配积载。是把需要联运的货物先集中到流转性的仓库或车站、码头货位上，再根据货物的流量、流向进行配积载。见货配积载可方便货主、减少货主负担，装车、装船的时间有保证，短途运输压力小，但易造成仓库的堵塞不畅。

5. 接收货物

对于由货主自装箱的整箱货物，发货人应负责将货物运至双方协议规定的地点，多式联运经营人或其代理人（包括委托的堆场业务员）在指定地点接收货物。如是拼箱货，由经营人在指定的货运站接收货物。验收货物后，代表联运经营人接收货物的人应在场站收据正本上签章并将其交给发货人或其代理人。

6. 核收多式联运费用

1）多式联运费用项目

多式联运费用主要包括运费、杂费、中转费和服务费。

（1）运费。货物联运运费包括铁路运费、水路运费、公路运费、航空运费、管道运费等5个类别。按货物通过的运输工具而按照国家或各省、市、自治区物价部门规定的运价计算运费。联运服务公司向货主核收的运输费用包括：

①发运地区（城市）内的短途运输运费（接取费）。

②由发运联运服务公司至到达联运服务公司之间的全程运费。

③到达地区（城市）内的短途运输运费（送达费）。

（2）杂费。多式联运杂费的种类：

①装卸费；②换装包干费；③货物港务费；④货物保管费。

3）中转费。中转费的构成主要包括装卸费、仓储费、接驳费（或市内汽车短途转运费）、包装整理费等。

4）服务费。服务费是指联运企业在集中办理运输业务时支付的劳务费用。一般采用定额包干的形式。按不同运输方式及不同的取送货方式，规定不同的费率。

（2）多式联运费用核收方式

1）多式联运费用常用的核收方式：

①发付：即由发货人在发货地向发运联运服务公司支付一切运输费用。

②到付：即由收货人在收货地向到达联运服务公司支付一切运输费用。

③分付：即由发货人在发货地向发运联运服务公司支付发货地发生的杂费及运费；由收货人在收货地向到达联运服务公司支付到达地发生的费用。

2）由发运联运服务公司至到达联运服务公司之间的全程运费是联运货物运输费用的主要组成部分，联运服务公司向货主核收这部分运费的计算办法主要有两种：

①按运输合同规定的运输线路及有关运输工具的运费标准，分别计算单项运输阶段运费，全程运费等于各单项运费之和。

②按联运服务公司自行规定的运费标准计算全程运费。

采用第一种方法计算运费时，联运服务公司是以货主运输代理人的身份，为货主代办联运货物的全程运输；而采用第二种计算运费方法时，联运服务公司则是以货物联运经营人的身份，向货主承包联运货物的全程运输。联运服务公司可根据具体情况分别采用不同的运费计算方法。

7. 订舱及安排货物运送

经营人在合同订立之后，即应制定合同涉及的集装箱货物的运输计划，该计划包括货物的运输路线，区段的划分，各区段实际承运人的选择确定及各区段衔接地点的到达、起运时间等内容。这里所说的订舱泛指多式联运经营人要按照运输计划安排洽定各区段的运输工具，与选定的各实际承运人订立各区段的分运合同。这些合同的订立由经营人本人（派出机构或代表）或委托的代理人（在各转接地）办理，也可请前一区段的实际承运人作为代表向后一区段的实际承运人订舱。

8. 办理保险

在发货人方面，应投保货物运输险。该保险由发货人自行办理，或由发货人承担费用，由经营人代为办理。货物运输保险可以是全程，也可以分段投保。在多式联运经营人方面，应投保货物责任险及集装箱保险，由经营人或其代理人向保险公司或以其他形式办理。

9. 签发多式联运提单，组织完成货物的全程运输

多式联运经营人的代表收取货物后，经营人应向发货人签发多式联运提单。在把提单交给发货人前，应注意按照双方议定的付费方式及内容、数量向发货人收取全部应付费用。

多式联运经营人有完成和组织完成全程运输的责任及义务。在接收完货物后，要组织各区段实际承运人、各派出机构及代表人共同协调工作，完成全程中各区段的运输以及各区段之间的衔接工作，以及运输过程中所涉及的各种服务性工作和运输单据、文件及有关信息等组织与协调工作。

10. 货物交付

当货物运至目的地后，由目的地代理通知收货人提货。收货人需凭多式联运提单提货，经营人或其代理人需按合同规定收取收货人应付的全部费用。收回提单后签发提货单（交货记录），提货人凭提货单到指定堆场（整箱货）和集装箱货运站（拼箱货）提取货物。

11. 运输过程中的海关业务

按照惯例，国际多式联运的全程运输（包括进口国内陆段运输）均应视为国际货物运输。因此，该环节的工作主要包括货物及集装箱进口国的通关手续，进口国内陆段保税（海关监管）运输手续及结关等内容。如果陆上运输要通过其他国家海关和内陆运输线路时，还应包括这些海关的通关及保税运输手续。

这些涉及海关的手续一般由多式联运经营人的派出机构或代理人办理，也可由各区段的实际承运人作为多式联运经营人的代表办理，由此产生的全部费用应由发货人或收货人负担。

如果货物在目的港交付，则结关应在港口所在地的海关进行。如在内陆地交货，则应在口岸办理保税（海关监管）运输手续，待海关加封后方可运往内陆目的地，然后在内陆海关办理结关手续。

12. 货运事故处理

如果全程运输中发生了货物灭失、损害和运输延误，无论是否能够确定发生的区段，发（收）货人均可向多式联运经营人提出索赔。多式联运经营人应根据提单条款及双方协议确定责任并做出赔偿。如能确知事故发生的区段及实际责任者，可向其进一步进行索赔。如不能确定事故发生的区段，则一般按在海运段发生处理。如果已对货物及责任投保，则存在要求保险公司赔偿和向保险公司进一步追索的问题。如果受损人和责任人之间不能取得一致，则需通过诉讼时效内提起诉讼和仲裁来解决。

国内多式联运与国际多式联运业务流程的不同，主要是在于是否需要报关和办理保险的迫切性。国际多式联运必须要报关，且办理货物运输保险的迫切性更大。

任务三 运费计算

【任务要求】

> 从兰州站发银川站农业机具一台,重38t,用一辆50t货车装运,请计算出其运输的费用。其中,从兰州到银川运价里程为468km,发到基价为6.8元/t,运行基价为0.0432元/(t*km),
> (1)计算其计费重量是多少?
> (2)计算运输的费用是多少?
> 通过完成本次任务,应达到以下要求:
> 要求1:掌握铁路货物运输费用的计算。
> 要求2:掌握公路货物运输费用的计算。
> 要求3:掌握航空货物运输费用的计算。

一、铁路货物运输费用的计算

(一)计算货物运输费用的程序

1. 按《货物运价里程表》计算出发站至到站的运价里程。
2. 根据货物运单上填写的货物名称查找《铁路货物运输品名分类与代码表》和《铁路货物运输品名检查表》,确定适用的运价号。
3. 整车、零担货物按货物适用的运价号,集装箱货物根据箱型,冷藏车货物根据车种分别在《铁路货物运价率表》中查出适用的运价率(即发到基价和运行基价,以下同)。
4. 货物适用的发到基价加上运行基价与货物的运价里程相乘之积后,再与按《铁路货物运价规则》确定的计费重量(集装箱为箱数)相乘,计算出运费。
5. 计算其他费用。

(二)计算货物运输费用的基本条件

1. 货物运费的计费重量,整车货物以吨为单位,吨以下四舍五入;零担货物以10千克为单位,不足10千克进为10千克;集装箱货物以箱为单位。
2. 运价里程根据《货物运价里程表》按照发站至到站间国铁正式营业线最短径路计算,但《货物运价里程表》内或铁道部规定有计费经路的,按规定的计费经路计算运价里程。运价里程不包括专用线、货运支线的里程。通过轮渡时,应将规定的轮渡里程加入到运价里程内计算。水陆联运的货物,应将换装站至码头线的里程加入到运价里程内计算。

3. 凡按里程计算核收的货物运输杂费,发站按国铁的运价里程(含铁路局临管线和工程临管线)计算,通过地方铁路的将其通过的地方铁路运价里程合并计入,在地方铁路发到的计算到地方铁路的分界站。

4. 每项运费、杂费的尾数不足1角时按四舍五入处理。

(三)执行统一运价营业线的运费计算

1. 整车货物运输运费计算

运费 =(发到基价 + 运行基价 × 运价里程)× 计费重量

计费重量:除下列情况外,均按货车标记载重量作为计费重量,货物重量超过标重时,按货物重量计费。

(1)使用矿石车、平车、砂石车,经铁路局批准,装运《铁路货物运输品名分类与代码表》"01、0310、04、06、081"和"14"类货物按40吨计费,超过时按货物重量计费。

(2)使用自备冷藏车装运货物时按60吨计费,使用标重低于50吨的自备罐车装运货物时按50吨计费。

(3)标重不足30吨的家畜车,计费重量按30吨计算。

(4)铁路配发计费重量高的货车代替托运人要求计费重量低的货车,如托运人无货加装,按托运人原要求车的计费重量计费。例如,托运人在某站托运化工机械设备一套,货物重量为15.7吨,托运人要求用40吨敞车装运,经调度命令确认以一辆50吨敞车代用,托运人无货加装,则其计费重量按40吨计算。如有货物加装,如加装5吨,则在加装后按50吨标重计费。

(5)车辆超过1.5米的货车(D型长大货车除外),本条未规定计费重量的按其超过部分以每米(不足1米的部分不计)折合5吨与60吨相加之和计费。

2. 零担货物的运费

运费 =(发到基价 + 运行基价 × 运价里程)× 计费重量/10

零担货物运费的若干规定:

(1)计费重量:零担货物的计费重量以10kg为单位,不足10kg进为10kg。具体分三种情况计算重量

①按规定计费重量计费(零担货物有规定计费重量的货物,按规定计费重量计费)。

②按货物重量计费。

③按货物重量与折合重量择大计费。

为了保持零担货物运价与整车货物运价之间合理的比价关系,避免货物运输中发生运费倒挂、化整为零的现象,除前述两项特殊规定外,凡不足300kg/M3的轻浮零担货物均按其体积折合重量与货物重量择大确定计费重量。

折合重量 = 300 × 体积(kg)

货物长、宽、高的计算单位为m,小数点后取两位小数(以下四舍五入)。体积的计算

单位为 m³,保留两位小数,第三位小数四舍五入。

例:某站发送一批零担货物,重 225 公斤,体积为 0.82 立方米,在确定计费重量时,其折合重量 = 300×0.82 = 246 公斤。因此,计费重量应为 250 公斤。

(2)起码运费:是指零担货物每批的起码运费,发到运费为 1.60 元,运行运费为 0.40 元。

(3)分项计费:在货物运单内分项填记重量的零担货物,应分项计费。

①当不同物品的运价率相同时,重量应合并计算。

②运价率不同的零担货物在一包装内按一批货物托运时,按该批货物中运价率高的计费。

3. 集装箱货物的运费

运费 = (发到基价 + 运行基价×运价里程)×箱数

4. 加收运费计算。在铁路运输中有的线需加收运费,因此运费由两部分组成

①按《铁路货物运价规则》规定的运价率核收的运费;

②加收运费的运价率。

在计算时,先将这两部分的运价率相加以后,再乘以货物的计费重量,即:

运费 = [发到基价 + (运行基价 + 加收运价率)×运价里程]×计费重量

二、公路货物运输费用的计算

(一)公路货物运输计价标准

1. 计费重量

(1)计量单位:①整批货物运输以吨为单位;②零担货物运输以千克为单位;③集装箱运输以箱为单位。

(2)重量确定:①一般货物:无论整批、零担货物,计费重量均按毛重计算;②整批货物吨以下计至 100 千克,尾数不足 100 千克的,四舍五入;③零担货物起码计费重量为 1 千克。重量在 1 千克以上,尾数不足 1 千克的,四舍五入;④轻泡货物:指每立方米重量不足 333 千克的货物。装运整批轻泡货物的高度、长度、宽度,以不超过有关道路交通安全规定为限度,按车辆标记吨位计算重量。零担运输轻泡货物以货物包装最长、最宽、最高部位尺寸计算体积,按每立方米折合 333 千克计算重量。

(3)包车运输按车辆的标记吨位计算。

(4)散装货物,如砖、瓦、砂、石、土、矿石、木材等,按体积由各省、自治区、直辖市统一规定重量换算标准计算重量。

(5)货物重量一般以起运地过磅为准。起运地不能或不便过磅的货物,由承托运双方协商确定计费重量。

2. 计费里程

货物运输计费里程以千米为单位,尾数不足 1 千米的,进整为 1 千米。

(1)计费里程以省、自治区、直辖市交通行政主管部门核定的营运里程为准,未经核定的里程由承运双方商定;

(2)同一运输区间有两条(含两条)以上营运路线可供行驶时,应按最短的路线计算计费里程,或按承托双方商定的路线计算计费里程;

(3)拼装分卸的,以从第一装货地点起至最后一个卸货地点止的载重里程作为计费里程。

3. 计时包车货运计费时间

计时包车货运计费时间以小时为单位,起码计费时间为4小时。使用时间超过4小时,按实际包用时间计算。整日包车,每日按8小时计算。使用时间超过8小时的,按实际使用时间计算。时间尾数不足半小时舍去,达到半小时进整为1小时。

4. 运价单位

(1)整批运输为元/吨·公里。(2)零担运输为:元/千克·公里。(3)集装箱运输为:元/箱·公里。(4)包车运输为:元/吨位·小时。

(二)货物运价价目

1. 基本运价

(1)整批货物基本运价:指整批普通货物在等级公路上运输的每吨千米运价。

(2)零担货物基本运价:指零担普通货物在等级公路上运输的每千克千米运价。

(3)集装箱基本运价:指各类标准集装箱重箱在等级公路上运输的每箱千米运价。

2. 吨(箱)次费

(1)吨次费。对整批货物运输在计算运费的同时,按货物重量加收吨次费。

(2)箱次费。对汽车集装箱运输在计算运费的同时,加收箱次费。箱次费按不同箱型分别确定。

3. 普通货物运价

普通货物实行分等计价,以一等货物为基础,二等货物加成15%,三等货物加成30%。

4. 特种货物运价

(1)长大笨重货物运价:

①一级长大笨重货物在整批货物基本运价的基础上加成40%~60%。

②二级长大笨重货物在整批货物基本运价的基础上加成60%~80%。

(2)危险货物运价:

①一级危险货物在整批(零担)货物基本运价的基础上加成60%~80%。

②二级危险货物在整批(零担)货物基本运价的基础上加成40%~60%。

(3)贵重、鲜活货物运价:

贵重、鲜活货物在整批(零担)货物基本运价的基础上加成40%~60%。

5. 特种车辆运价

按车辆的不同用途,在基本运价的基础上加成计算。

特种车辆运价和特种货物运价两个价目不准同时加成使用。

6. 非等级公路货运运价

非等级公路货物运价在整批(零担)货物基本运价的基础上加成10%～20%。

7. 快速货运运价

快速货物运价按计价类别在相应运价的基础上加成计算。

8. 集装箱运价

(1)标准集装箱运价:标准集装箱重箱运价按照不同规格的箱型的基本运价执行,标准集装箱空箱运价在标准集装箱重箱运价的基础上减成计算。

(2)非标准箱运价:非标准箱重箱运价按照不同规格的箱型,在标准集装箱基本运价的基础上加成计算,非标准集装箱空箱运价在非标准集装箱重箱运价的基础上减成计算。

(3)特种箱运价:特种箱运价在箱型基本运价的基础上按装载不同特种货物的加成幅度加成计算。

9. 出入境汽车货物运价

出入境汽车货物运价,按双边或多边出入境汽车运输协定,由两国或多国政府主管机关协商确定。

(三)货物运输其他收费

1. 调车费

(1)应托运人要求,车辆调往外省、自治区、直辖市或调离驻地临时外出驻点参加营运,调车往返空驶者,可按全程往返空驶里程、车辆标记吨位和调出省基本运价的50%计收调车费。在调车过程中,由托运人组织货物的运输收入,应在调车费内加以扣除。

(2)经承托双方共同协商,可以核减或核免调车费。

(3)经铁路、水路调车,按汽车在装卸船、装卸火车前后行驶里程计收调车费;在火车、在船期间包括车辆装卸及待装待卸时,每天按8小时、车辆标记吨位和调出省计时包车运价的40%计收调车延滞费。

2. 延滞费

(1)发生下列情况,应按计时运价的40%核收延滞费

①因托运人或收货人责任引起的超过装卸时间定额、装卸落空、等装待卸、途中停滞、等待检疫的时间。

②应托运人要求运输特种或专项货物需要对车辆设备改装、拆卸和清理延误的时间。

③因托运人或收货人造成不能及时装箱、卸箱、掏箱、拆箱、冷藏箱预冷等业务,使车辆在现场或途中停滞的时间。

(2)由托运人或收、发货人责任造成的车辆在国外停留延滞时间(夜间住宿时间除外),计收延滞费。延滞时间以小时为单位,不足1小时进整为1小时。延滞费按计时包车运价的60%～80%核收。

(3)执行合同运输时,因承运人责任引起货物运输期限延误,应根据合同规定,按延滞费标准,由承运人向托运人支付违约金。

3. 装货(箱)落空损失费

应托运人要求,车辆开至约定地点装货(箱)落空造成的往返空驶里程,按其运价的50%计收装货(箱)落空损失费。

4. 道路阻塞停运费

汽车货物运输过程中,如发生自然灾害等不可抗力造成的道路阻滞,无法完成全程运输,需要就近卸存、接运时,卸存、接运费用由托运人负担。已完运程收取运费;未完运程不收运费;托运人要求回运,回程运费减半;应托运人要求绕道行驶或改变到达地点时,运费按实际行驶里程核收。

5. 车辆处置费

应托运人要求,运输特种货物、非标准箱等需要对车辆改装、拆卸和清理所发生的工料费用,均由托运人负担。

6. 车辆通行费

车辆通过收费公路、渡口、桥梁、隧道等发生的收费,均由托运人负担。其费用由承运人按当地有关部门规定的标准代收代付。

7. 运输变更手续费

托运人要求取消或变更货物托运手续,应核收变更手续费。因变更运输,承运人已发生的有关费用,应由托运人负担。

(四)货物运费计算

1. 整批货物运费计算

整批货物运费 = 吨次费 × 计费重量 + 整批货物运价 × 计费重量 × 计费里程 + 货物运输其他费用

2. 零担货物运费计算

零担货物运费 = 计费重量 × 计费里程 × 零担货物运价 + 货物运输其他费用

3. 集装箱运费计算

重(空)集装箱运费 = 重(空)箱运价 × 计费箱数 × 计费里程 + 箱次费 × 计费箱数 + 货物运输其他费用

4. 计时包车运费计算

包车运费 = 包车运价 × 包用车辆吨位 × 计费时间 + 货物运输其他费用

三、航空货物运输费用的计算

(一)航空货物运费计算中的基本知识

1. 基本概念

(1)航空货物运价所使用的货币：运输始发地货币。货物的航空运价一般以运输始发地的本国货币公布，即运输始发地货币。有的国家以美元代替其本国币公布运价，此时，美元即为运输始发地货币。

(2)货物运价的有效期。销售航空货运单所使用的运价应为填制货运单之日的有效运价，即在航空货物运价有效期内适用的运价。

(3)航空运费(Weight Charge)。航空运费是指承运人将一票货物自始发地机场运至目的地机场所收取的航空运输费用。该费用根据每票货物所适用的运价和货物的计费重量计算而得。每票货物是指使用同一份航空货运单的货物。

由于货物的运价是指货物运输起讫地点间的航空运价，航空运费就是指运输始发地机场至目的地机场间的运输货物的航空费用，不包括其他费用。

(4)其他费用(Other Charges)。其他费用是指由承运人、代理人或其他部门收取的与航空货物运输有关的费用。在组织一票货物自始发地至目的地运输的全过程中，除了航空运输外，还包括地面运输、仓储、制单、国际货物的清关等环节，提供这些服务的部门所收取的费用即为其他费用。

2. 计费重量(Chargeable Weight)

计费重量是指用以计算货物航空运费的重量。货物的计费重量或者是货物的实际毛重，或者是货物的体积重量，或者是较高重量分界点的重量。

(1)实际毛重(Actual gross weight)：包括货物包装在内的货物重量，称为货物的实际毛重。

(2)体积重量(Volume Weight)：对于体积大而重量相对小的货物称为轻泡货物。体积重量的计算方法是：分别量出货物的最长、最宽和最高的部分，三者相乘算出体积，尾数四舍五入，然后将体积折算成千克(或磅)。国际航空货物运输组织规定，在计算体积重量时，以7000立方厘米折合为1千克。而我国民航规定以6000立方厘米折合为1千克为计算标准。

(3)计费重量。一般来讲，采用货物的实际毛重与货物的体积重量两者比较取高者；但当货物按较高重量分界点的较低运价计算的航空运费较低时，则此较高重量分界点的货物起始重量作为货物的计费重量。

国际航协规定，国际货物的计费重量以0.5千克为最小单位，重量尾数不足0.5千克的，按0.5千克计算；0.5千克以上不足1千克的，按1千克计算。

当使用同一份运单，收运两件或两件以上可以采用同样种类运价计算运费的货物时，其计费重量规定为：计费重量为货物总的实际毛重与总的体积重量两者较高者。综上所述，较高重量分界点重量也可能成为货物的计费重量。

3. 最低运费(Minimum Charge)

最低运费是指一票货物自始发地机场至目的地机场航空运费的最低限额。货物按其适用的航空运价与计费重量计算所得的航空运费，应与货物最低运费相比，取高者。

4. 货物航空运价、运费的货币进整

货物航空运价及运费的货币进整，因货币的币种不同而不同。TACT 将各国货币的进整单位的规则公布在 TACT Rules 中（详细规则可参考 TACT Rules5.7.1 中"CURRENCY TABLE"）

运费进整时，需将航空运价或运费计算到进整单位的下一位，然后按半数进位法进位计算所得的航空运价或运费，达到进位单位一半则入，否则便舍去。

采用进整单位的规定，主要用于填制航空货运单（AWB）。在销售 AWB 时所使用的运输始发地货币，按照进整单位的规定计算航空运价及运费。

（二）国际航空货物运费

1. 国际航空货物运价类别

（1）普通货物运价（General Cargo Rate，简称 GCR）。普通货物运价，又称一般货物运价，它是为一般货物制定的，仅适用于计收一般普通货物的运价。一般来说，普通货物运价根据货物重量不同，分为若干个重量等级分界点运价。例如，"N"表示标准普通货物运价（Normal General Cargo Rate），指的是 45 千克以下的普通货物运价（如无 45 千克以下运价时，N 表示 100 千克以下普通货物运价）。同时，普通货物运价还公布有"Q45"、"Q100"、"Q300"等不同重量等级分界点的运价。这里"Q45"表示 45 千克以上（包括 45 千克）普通货物的运价，依此类推。对于 45 千克以上的不同重量分界点的普通货物运价均用"Q"表示。

（2）等级货物运价（Class Cargo Rate，简称 CCR）。等级货物运价是指在规定的业务区内或业务区之间运输特别指定的等级货物的运价。

等级货物运价是在普通货物运价基础上附加或附减一定百分比的形式构成。等级货物运价的主要种类：等级运价加价用"S"表示，适用商品包括活动物、贵重物品等，这类物品的运价按 45 千克以下的普通货物运价的 200% 计收；等级运价减价用"R"表示，适用商品包括报纸、杂志、书籍及出版物、作为货物托运的行李，这类物品的运价是按 45 千克以下的普通货物运价的 50% 计收。

（3）特种货物运价（Specific Commodity Rate，简称 SCR）。特种货物运价，又称指定商品运价，是指自指定的始发地至指定的目的地而公布的适用于特定商品、特定品名的低于普通货物运价的某些指定商品的运价。

特种货物运价是由参加国际航空协会的航空公司根据在一定航线上有经常性特种商品运输的发货人的要求，或者为促进某地区的某种货物的运输，向国际航空协会提出申请，经同意后制定的。

（4）国际航空运价的选择。一般先使用特种货物运价，其次是等级货物运价，最后是普通货物运价。当使用等级货物运价或普通货物运价计算出的运价低于按特种货物运价计算出的运费时，则可使用等级货物运价或普通货物运价。

2. 有关运价的其他规定

(1)起码运费。起码运费是航空公司承运一批货物所能接受的最低运费,具体指不论货物的重量或体积大小,在两点之间运输一批货物应收的最低金额。起码运费的类别代号为M,它是针对航空公司为承运一批货物或承运一单量很小的货物而必须产生的固定费用所制定的运费,当计算出的货物运价少于起码运费时就要收取起码运费。

不同的国家和地区有不同的起码运费。中国民航的起码运费是按货物从始发港到目的港之间的普通货物运价5千克运费为基础,或根据民航和其他国家航空公司洽谈同意的起码运费率征收的。

(2)声明价值费。《华沙公约》规定,对由于承运人的失职而造成的货物损坏、丢失或错误等所承担的责任,其赔偿的金额为每千克20美元。若要求按货物的价值赔偿,则需由托运人在付运费的同时向承运人另外支付一笔声明价值费。声明价值费的计算方法为:

声明价值费=(整批货物的声明价值-货物毛重×20美元)×0.5%

(3)运费到付服务费。在国际货物运输中,当货物的航空运费及其他费用到付时,在目的地的收货人,除支付货物的航空运费和其他费用外,还应支付到付货物手续费。

对于运至中国的运费到付货物,到付运费手续费的计算公式及标准如下:

到付运费手续费=(货物的航空运费+声明价值附加费)×2%

各个国家运费到付服务费的收费标准有所不同。在中国,运费到付服务费的最低收费标准为CNY100。

3.非公布的直达航空运价

1)比例运价

当货物运输始发地至目的地无公布直达运价时,比例运价采用货物运价手册中公布的一种不能单独使用的运价附加数,与已知的公布直达运价相加构成非公布直达运价,此运价称为比例运价。

(1)使用要求:TACT RATES BOOK中所列的比例运价分为三类:①普通货物的比例运价,用"GCR"表示;②指定商品的比例运价,用"SCR"表示;③集装箱的比例运价,用"ULD"表示。

(2)采用比例运价与公布直达运价相加时,必须要严格遵守下列原则:

只有相同种类的货物运价才能组成始发站至目的站的货物运价。如:①普通货物比例运价只能与普通货物运价相加;②指定商品的比例运价只能与指定商品的运价相加;③集装箱的比例运价只能与集装箱的运价相加。

(3)注意事项:①比例运价只适合于国际运输,而不适合于当地运输;②采用比例运价构成直达运价,比例运价可加在公布运价的两端,但每一端不能连加两个以上的比例运价;③当始发地或目的地可以经不同的运价组成点与比例运价相加组成不同的直达运价,应采用最低运价;④运价的构成不影响货物的运输路线。

2)分段相加运价

对于相同的运价种类,当货物运输的始发地至目的地无公布直达运价和比例运价时,可以在始发地与目的地之间选择合适的计算点,分别找到始发地至该点、该点至目的地的运价,两段运价相加组成全程的最低运价。

无论是比例运价还是分段相加运价,中间计算点的选择,也就是不同航线的选择将直接关系到计算出来的两地之间的运价,因此,承运人允许发货人在正确使用的前提下,以不同计算结果中的最低值作为该货适用的航空运价。

课后练习题

一、选择题

1. 长途运送大量鲜活、易变质的鲜货,采用的最佳运输方式是( )。
   A. 航空运输   B. 公路运输   C. 铁路专用车   D. 水路运输
2. 在条件允许的情况下,最适合输送气体、液体和粉状固体的运输方式是( )。
   A. 铁路运输   B. 水路运输   C. 管道运输   D. 集装箱运输
3. 某物流公司在广州、珠海、深圳三地的货运站每日分别有3吨、2吨、2.5吨的同种货物运往湖南长沙,请问可选用哪种班车组织形式?( )
   A. 直达零担车   B. 中转零担车
   C. 沿途零担车   D. 固定式零担车
4. 以下对铁路运输的优点,描述不正确的是( )。
   A. 速度快   B. 可靠性高   C. 灵活机动   D. 准确性强
5. 在国际货物运输中,铁路运输主要适用于( )。
   A. 件杂货运输   B. 长距离的大宗货物运输
   C. 近距离的大宗货物运输   D. 任何货物运输
6. 我国货物运输的主要形式中所占比重最大的是( )。
   A. 水路运输   B. 铁路运输   C. 公路运输   D. 航空运输
7. 在各种运输方式中,事故率最高的是( )。
   A. 公路运输   B. 铁路运输   C. 水路运输   D. 航空运输
8. 汽车运输中,托运人一次托运货物的数量不足( )为零担货物。
   A. 1吨   B. 2吨   C. 3吨   D. 5吨
9. 船舶在固定的航线上和港口间按事先公布的船期表航行,从事客货运输业务并按事先公布的费率收取运费的运营方式是( )。
   A. 班轮运输   B. 公路运输   C. 航空运输   D. 管道运输
10. 沙、煤、粮食、矿产、石油等货物,在国际货物运输中多采用( )。
    A. 水路运输   B. 公路运输   C. 航空运输   D. 管道运输
11. 整批公路货物运输计费重量计至( )。
    A. 1kg   B. 10kg   C. 100kg   D. 1000kg
12. 铁路运输中适宜按零担托运的货物有( )。
    A. 蜜蜂   B. 鲜猪肉   C. 汽车   D. 电视机

13.铁路货物运单由(　　)填写。
   A.托运人
   B.承运人
   C.根据栏目要求分别由托运人和承运人填写
   D、承运人和托运人之外的第三方填写
14.以下不属于集装箱运输的特点的是(　　)。
   A.运输效率高　　　　　B.运输质量好
   C.运输过程一体化　　　D.运输速度快
15.下列选项不是在描述集装箱的是(　　)的货物。
   A.强度坚固　　　　　　B.包括传统包装
   C.适合多式联运　　　　D.耐久性
16.下列关于计费重量的说法不正确的是(　　)。
   A.零担货物运输的起码计费重量为100kg
   B.522kg零担货物的计费重量为530kg
   C.整车货物的计费重量为货车的标记重量
   D.整车货物运输的计费重量只能是货车标记重量
17.铁路货物运单由承运人填写的栏目有(　　)。
   A.货物名称栏　　　　　B.运价号和运价率栏
   C.件数栏　　　　　　　D.货物价格栏
18.下列不属于一批货物的是(　　)。
   A.一车组的整车货物　　B.一张货运单的货物
   C.一箱集装箱货物　　　D.一列火车的货物
19.海上运输不包括(　　)。
   A.江河运输　　B.沿海运输　　C.近海运输　　D.远洋运输
20.一种货物通过至少两种运输方式从一国境内运到另一国境内,这种运输形式称为(　　)。
   A.直达运输　　B.国际多式联运　　C.专业化运输　　D.集装箱运输

二、判断题
1.铁路运输对环境与生态平衡的影响程度小,其排放废气对环境污染要比汽车运输低得多。(　　)
2.公路运输主要承担短途运输和无铁路可通的长途货物的运输任务。(　　)
3.租船运输有固定的装卸港口和船期。(　　)
4.铁路整车货物运输一般情况下以货物重量作为计费重量。(　　)
5.只要出现迂回运输就是不合理运输。(　　)
6.铁路特种货物一般可分为:危险货物、鲜活货物、阔大货物。(　　)
7.公路货物运输中的轻泡货物指每立方米重量不足1000kg的货物。(　　)
8.托运鲜活货物时,发货人须向车站提出最长的运到期限。(　　)
9.由于货物包装缺陷产生破损,因此造成其他货物和运输工具损坏,造成人身伤亡,托运方应承担赔偿责任。(　　)

10. 托运笨重货物时，货物的重量不得超过货车标记重量。（　　）
11. 整箱货是指货主托运的批量较大，足以由发货人负责装箱、计数、积载并加以铅封的货运。（　　）
12. 国际多式联运通常是以集装箱为运输单位。（　　）
13. 易腐、易碎、易溢漏的液体只要做好保护措施，就可以与普通货物用同一张运单托运。（　　）
14. 港口、货运站、海关都属于集装箱运输系统关系方中的基本关系方。（　　）
15. 保险运输中如果出现非正常货损由保险公司负责赔偿。（　　）
16. 航空运输是速度最快的运输方式。（　　）
17. 铁路运输合同即货物运单，是明确铁路运输企业与托运人之间权利、义务关系的协议。（　　）
18. 为了节余空间，同批小件货物可尽量分散安插在大件货物的间隙。（　　）
19. 光船租船是一种财产租赁，租船人要负责船舶营运的全部责任。（　　）
20. 货件摆放的朝向只要注意不要倒置货物即可。（　　）

三、简答题

1. 简述运输合理化的措施。
2. 简述铁路货物运输的特点。
3. 公路运输的优势有哪些？
4. 水路运输的功能有哪些？
5. 简述航空货物运输的特点。
6. 简述集装箱运输的特点。
7. 简述班轮运输的程序。
8. 简述多联式运输的优越性。

🔒 案例分析

三星公司合理化运输

今天的商业环境正在发生着显著变化，市场竞争愈加激烈，客户的期望值正在日益提高。为了适应这种变化，企业的物流工作必须要进行革新，应创建出一种适合企业发展、让客户满意的物流运输合理化系统来。

三星公司从1989年到1993年实施了物流运输工作合理化革新的第一个五年计划。这期间，为了减少成本、提高配送效率进行了"节约成本200亿"、"全面提高物流劳动生产率"等活动，最终降低了成本，缩短了前置时间，减少了40%的存货量，并使三星公司获得了首届韩国物流大奖。

三星公司从1994年到1998年实施物流运输工作合理化革新的第二个五年计划其重点是将销售、配送、生产及采购有机结合起来，实现公司的目标。即将客户的满意程度提高到100%，同时将库存量再减少50%。为了这一目标，三星公司进一步扩展与强化物流网络，同时还建立了一个全球性的物流链使产品的供应路线最优化，并设立了全球物流网络上的集成订货——交货系统，从原材料采购到交货给最终客户的整个路径上实现了物流和信息流一体化，这样客户就能以最低的价格得到高质量的服务，从而对企业更加满意。基于这种思想，三星公司物流工作合理化革新小组在配送选址、实物运输、现场作业和信息系统四个方面进行了物流革新。

配送选址新措施

为了提高配送中心的效率和质量，三星公司将其划分为产地配送中心和销地配送中心。前者用于原材料的补充，后者用于存货的调整。对每个职能部门都确定了最优工序，配送中心的数量被减少、规模得以最优化，便于向客户提供最佳的服务。

实物运输革新措施

为了及时地交货给零售商，配送中心在考虑货物数量和运输所需时间的基础上确定出了合理的运输路线。同时，一个高效的调拨系统也被开发出来，这方面的革新加强了支持销售的能力。

现场作业革新措施

为使进出工厂的货物更方便快捷地流动，公司建立了一个交货点查询管理系统，其可以查询货物的进出库频率，高效地配置资源。

信息系统革新措施

三星公司在局域网的环境下建立了一个通讯网络，并开发了一个客户服务器系统，公司集成系统（SAPR）的三分之一投入到物流中加以使用。由于将生产配送和销售一体化，整个系统中不同的职能部门达到了信息的共享。客户如有涉及物流的问题，都可以通过实时订单跟踪系统得到回答。

另外，随着客户环保意识的增强，物流工作对环境保护负有更多的责任，三星公司不仅对客户许下了保护环境的承诺，还建立了一个全天开放的由回收车组成的回收系统，并由回收中心来重新利用那些废品，以此来提升自己企业在客户心目中的形象，从而更加有利于企业的经营。

问题：

(1) 三星公司运输合理化的措施有哪些？

(2) 结合实际谈谈我国在物流运输方面存在的主要问题及解决措施。

资料来源：百度文库

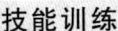 技能训练

甲公司要从位于 S 市的工厂直接装运 500 台电视机送往位于 T 市的一个批发中心。这票货物价值为 150 万元。T 市的批发中心确定这批货物的标准运输时间为 2.5 天,如果超出标准时间,每台电视机每天的机会成本为 30 元。甲公司的物流经理设计了下述三个物流方案,请从成本角度评价这些运输方案的优劣。

①A 公司是一家长途货物运输企业,可以按照优惠费率每公里 0.05 元/台来运送这批电视机,装卸费为每台 0.10 元。已知 S 市到 T 市的公路运输里程为 1100 公里,估计需要 3 天的时间才可以运到(因为货物的装卸也需要时间)。

②B 公司是一家水运企业,提供水陆联运服务,即先用汽车从甲公司仓库将货物运至 S 市的码头(20 公里),再用船运至 T 市的码头(1200 公里),然后再用汽车从码头运至批发中心(17 公里)。由于中转的过程中需要多次装卸,整个运输时间大约为 5 天。经询价后得知,陆运运费为每公里 0.05 元/台,装卸费为每台 0.10 元,水运运费为每公里每百台 0.6 元。

③C 公司是一家物流企业,可以提供全方位的物流服务,报价为 22800 元。它承诺在标准时间内运到,但是准点的百分率为 80%。

实训要求:
(1)计算运费。
(2)选择运输方案。

项目四 仓储管理

知识目标：
- 理解仓储与仓储管理的概念；
- 理解仓储的功能及分类；
- 掌握仓库出入库作业流程；
- 掌握库存控制的方法。

技能目标：
- 能区分各种仓储类型；
- 能够进行仓储作业管理和流程管理；
- 能够运用相关的理论进行仓储管理与库存控制。

项目四 仓储管理

案例导读

优衣库"零库存"的秘密

UNIQLO，中文名是优衣库，是全球十大休闲服饰品牌之一。它主张以仓储型、随意的自助形式店铺，以合理自信的价格销售优质平价休闲服饰。创造优衣库品牌的迅销（Fast Retailing）股份有限公司，其前身是1949年3月开业的日本山口县的个体企业，1963年5月变更为股份有限公司，原名为小郡商事株式会社，1991年改为迅销希望体现将顾客的要求迅速商品化、迅速提供商品的精神。UNIQLO是Unique和Clothing这两个词的缩写。2002年9月，中国首家优衣库店于上海开业。

通过在研发、设计、生产、销售各个环节上的颠覆性创新，优衣库创造出了一套独特的管理模式。自2012年开始，从李宁、安踏、匹克等体育用品企业，到美特斯邦威、森马等青春休闲品牌，再到雅戈尔、杉杉等男装品牌无一不深陷库存危机的同时，UNIQLO几乎做到了"零库存"，使得不仅美特斯邦威这样的同行，就连小米这样来自新经济领域的企业也纷纷将其作为效法的对象。

基本款至上

优衣库与ZARA、H&M等平价时尚品牌相比，给人明显不同的感受是，前者少多变的流行元素，款式看上去更精简。优衣库70%都是基本款，犯错率就比较低，库存压力很轻。侧重基本款的另一个好处还在于，帮助优衣库在非标准化的服装行业里面挖掘出标准化的品类，使得终端管控标准简单可复制，并在店铺形象、产品展示等方面能够呈现一体化的管理。

大数据监测

优衣库对销售数据的跟踪以星期为单位，销售数字也实时地反映出了库存的变动，所以商品摆到架上两个星期后，当季的销售情况基本上就一目了然了。优衣库的员工从进公司第一天开始就要观察数字、理解数字，感受数字的变化，然后创造出数字来。20多年来，通过收集每天每时每刻、每款每色每码、每个店铺所有的销售数据，优衣库形成了一个庞大的数据库。通过实时监控、分析销售数据，来制定生产量，调整营销方案，优衣库最终基本上做到了零库存。

（资料来源：《经济观察报》）

任务一　仓储认知

【任务要求】

上海某食品生产企业,建厂之初在上海郊区建了两个仓库,一个作为原材料仓库,一个为成品库,基本能够满足企业的物资周转需要。后来企业逐渐扩大,特别是近几年企业通过电子商务平台接受网络订单,销量猛增,为了适应企业的发展,目前其自建了6个大仓库,租赁周围企业的4个仓库,才能满足现在的供需要求。

但是这些仓库设备陈旧、流程繁琐、效率低下,每年要耗费大量的人力物力进行管理,企业仓储方面的负责人多次向高层提出需要建设一个高效的现代化的自动化立体仓库,这样可以将多库合为一库,既节约了占地面积,又可以集中管理,节约资源提高效率。而高层对此还是有很多顾虑,本身自动化立体仓库的投资成本很高,有企业曾经盲目建设自动化立体仓库而未很有效地利用而闲置的案例。

通过完成本次任务,应达到以下要求:
要求1:了解什么是仓储及仓储的功能。
要求2:对本地区中小型物流企业仓储现状进行调研。
要求3:我国目前存在的主要仓储种类及各自的特点。
要求4:建设自动化立体仓库之前,企业应该做好哪些准备?

一、仓储的概念及其功能

(一)仓储的概念

仓储(warehousing)是"利用仓库及相关设备进行物品的入库、存贮、出库的活动"(GB/T18354-2006)。它是指在原产地、消费地或者在这两地之间储存商品(原材料、零部件、在制品、产成品),并向管理者提供有关储存商品的状态、条件和处理情况等的信息。即仓储是商品离开生产过程尚未进入消费过程的间隔时间内的暂时停滞。

仓储随着物资储存的产生而产生,又随着生产力的发展而发展,是商品流通的重要环节之一,也是物流活动的重要支柱。在社会化大分工和专业化生产的条件下,为了保证社会再生产过程的顺利进行,必须要储存一定量的物资,以满足一定时期内社会生产和消费的需要。

项目四 仓储管理

(二)仓储的功能

1. 调节功能

仓储在物流中起到了"蓄水池"的作用。一方面,仓储可以调节生产与消费的矛盾,使它们在时间上和空间上得到协调,保证了社会再生产的顺利进行;另一方面,它还可以实现对于运输的调节。因为产品从生产地向销售地流转,主要依靠运输来完成,但不同的运输方式在流向、运程、运量及运输线路和运输时间上又存在着差距。一般来说,很多商品从产地向销售地流转的过程中,需要在中途改变运输方式、运输线路、运输规模、运输方法与运输工具,以及为协调运输时间和完成产品倒装、转运、分装、集装等物流作业,这就需要在产品运输的中途停留储存,即仓储。

2. 检验功能

在物流过程中,为了保障商品的数量和质量准确无误,明确事故责任,维护各方面的经济利益,要求必须对商品及有关事项进行严格的检验,以满足生产、运输、销售以及用户的要求,而物流过程中的检验一般会安排在仓库进货、储存或出货作业环节,仓储活动为组织检验提供了场地与条件。

3. 集散功能

物流仓储把各生产企业的产品汇集起来,形成规模,然后根据需要分散发送到各消费地去。通过一集一散,衔接产需,均衡运输,提高了物流速度、物流效率与效益。

4. 配送功能

仓储的配送功能是根据用户的需要,对商品进行分拣、组配、包装和配送等作业,并将配好的商品送货上门。也可以这样说,仓储配送功能是仓储保管功能的外延,它提高了仓储的社会服务效能。要使仓储的配送功能较好地实现,要求确保仓储商品的安全,最大限度地保持商品在仓储中的使用价值,减少保管的损失。其次是合理仓储,要保证货畅其流,要以不间断满足市场供应为依据,以此确定恰当的仓储定额和商品品种结构,实现仓储的合理化。否则仓储过多,就会造成商品的积压,增加占用资金,使仓储保管费用增加,造成商品在库损失,形成巨大的浪费。而如果仓储过少,又会造成市场脱销,影响社会消费,最终也会影响到国民经济的发展。因此,仓储的合理化具有非常重要的意义。

二、仓储的分类

(一)按仓储经营主体划分

1. 企业自营仓储

企业自营仓储包括生产企业和流通企业的自营仓储。生产企业自营仓储是指生产企业使用自有的仓库设施、对生产使用的原材料、半成品和最终产品实施储存保管的行为。

生产企业自营仓储的对象一般来说品种较少，基本上是以满足生产需要为原则的。流通企业自营仓储则是流通企业自身以其拥有的仓储设施对其经营的商品进行仓储保管的行为；流通企业自营仓储中的对象种类较多，其目的为支持销售。企业自营的仓储行为具有从属性和服务性特征，即从属于企业、服务于企业。所以，相对来说规模较小、数量众多、专用性强、仓储专业化程度低，一般很少对外开展商业性仓储经营。

2．营业仓储

营业仓储是仓库所有者以其拥有的仓储设施、向社会提供商业性仓储服务的仓储行为。仓储经营者与存货人通过订立仓储合同的方式建立仓储关系，并且依据合同的约定提供服务并收取仓储费。营业仓储的目的是为了在仓储活动中获得经济回报，追求经营利润的最大化。其经营内容包括提供货物仓储服务、提供场地服务、提供仓储信息服务等。

3．公共仓储

公共仓储是公用事业的配套服务设施，为车站、码头提供仓储配套服务。其主要目的是对车站、码头的货物作业和运输流畅起支撑与保证的作用，具有内部服务的性质，处于从属性地位。但对于存货人而言，公共仓储也适用营业仓储的关系，只是不独立订立仓储合同，而是将仓储关系列在作业合同、运输合同之中。

4．战略储备仓储

战略储备仓储是国家根据国防安全、社会稳定的需要，对战略物资实行战略储备而形成的仓储。战略储备由国家进行控制，通过立法、行政命令的方式进行，由执行战略储备的政府部门或机构进行运作。战略储备特别重视储备品的安全性，且储备时间较长。战略储备物质主要有粮食、油料、能源、有色金属、淡水等。

（二）按仓储功能划分

1．储存仓储

储存仓储是指物资较长时期存放的仓储。储存仓储一般会设在较为偏远但具备较好交通运输条件的地区。存储费用低廉，储存仓储的物资品种少，但量大。由于物资存期长，储存仓储特别要注重两个方面：一是仓储费用尽可能降低，二是对物资的质量保管与养护。

2．物流中心仓储

物流中心仓储是指以物流管理为目的的仓储活动，是为了有效实现物流的空间与时间价值，对物流的过程、数量、方向进行调节与控制的重要环节。一般设置于交通便利、储存成本较低的口岸。物流中心仓储品种并不一定很多，但每个品种基本上都是较大批量进货、进库、一定批量分批出库，整体吞吐能力强，故对机械化、信息化、自动化水平的要求较高。

3．配送中心仓储

配送中心仓储，是指商品在配送交付消费者之前所进行的短期仓储，是商品在销售或者供生产使用前的最后储存，并在该环节进行销售或使用前的简单加工与包装等前期处理。配送中心仓储一般通过选点，设置在商品的消费经济区间内，要求能够迅速地送达销售与消费。配送仓储物品品类繁多，但每个品种的进库批量并不大，需要进货、验货、制单、分批少量拣货出库等操作，往往需要进行拆包、分拣、组配等作业，其主要目的是为了支持销售与消费。配送中心仓储特别应注重两个方面：一是配送作业的时效性与经济合理性，二是对物品存量的有效控制。基于此，配送中心仓储十分强调物流管理信息系统的建设与完善。

4. 运输转换仓储

运输转换仓储是指衔接铁路、公路、水路等不同运输方式的仓储，一般设置在不同运输方式的相接处，如港口、车站库场所进行的仓储。它的目的是为了保证不同运输方式的高效衔接，减少运输工具的装卸及停留时间。运输转换仓储具有大进大出以及货物存期短的特性，十分注重货物的作业效率与货物周转率。基于此，运输转换仓储活动需要高度机械化作业为支撑。

5. 保税仓储

保税仓储是指使用海关核准的保税仓库存放保税货物的仓储行为。保税仓储一般设置在进出境口岸附近。保税仓储受到海关的直接监督，虽然说货物也是由存货人委托保管的，但保管人要对海关负责，入库或者出库单据均需要由海关签署。

(三) 按仓储物的处理方式划分

1. 保管式仓储

保管式仓储是指存货人将特定的物品交由仓储保管人代为保管，物品保管到期，保管人将代管物品交还存货人的方式所进行的仓储。保管式仓储也称为纯仓储。仓储要求保管物除了发生的自然损耗和自然减量外，数量、质量、件数不应发生变化。保管式仓储又可分为物品独立保管仓储与物品混合在一起保管的混藏式仓储。

2. 加工式仓储

加工式仓储是指仓储保管人在物品仓储期间根据存货人的合同要求，对保管物进行合同规定的外观、形状、成分构成、尺度等方面的加工或包装，使仓储物品满足委托人所要求达到的变化的仓储方式。

3. 消费式仓储

消费式仓储是指仓库保管人在接受保管物时，同时接受保管物的所有权，仓库保管人在仓储期间有权对仓储物行使所有权，待仓储期满，保管人将相同种类、品种及数量的替代物交还给委托人所进行的仓储。消费式仓储特别适合于保管期较短的商品储存，如储存期较短的肉禽蛋类、蔬菜瓜果类农产品的储存。消费式仓储也适合一定时期内价格波动较大的商品的投机性存储，是仓储经营人利用仓储物品开展投机经营的增值活动，具有一定的商品保值及增值功能，同时又具有较大的仓储风险，是仓储经营的一个重要发展方向。

知识链接

仓 储 协 会

世界上的第一个仓储协会是1891年美国成立的全美公共仓储行业协会(AWA)，该协会是美国最早成立的企业集团之一，也是全美公共仓储行业唯一的经营代表机构。

中国仓储协会(CAWS)是1997年在国家民政部登记成立的全国仓储行业跨部门、跨系统、跨地区的社团法人，协会会员涉及到了商业、外贸、物资、粮食、供销社、交通、军队、邮政、以及工业生产、设备制造等十多个系统或行业。中国仓储协会于1998年加入国际仓储与物流协会联盟(IFWLA)。中国仓储协会目前有"中转运输分会"、"冷藏库分会"、"危险品仓储分会"3个分支机构。

任务二　仓储作业

【任务要求】

ZARA的流动仓库

在Zara西班牙最大的物流中心里，每根杆子都代表着Zara全球不同的门店。每周Zara全球的1800多家门店会向总部下单两次，这些衣服通过条码自动扫描而"滑入"杆子后，杆子又会把衣服推向纸箱里，然后纸箱又自动滑入轨道内，排队贴上条码标签。最后，一楼总计278个大门，各自等着一台货车，每天两次，把产品运送到全球的各家专卖店。

通过完成本次任务，应达到以下要求：
要求1：了解仓储作业。
要求2：掌握仓储作业的基本流程。
要求3：如何有效实现仓储业务的衔接。

仓储作业包括入库作业、在库作业和出库作业三部分组成。

一、入库作业

入库作业是指从接到入库通知单后，经过接运提货、装卸搬运、检查验收、办理入库手续等一系列作业环节构成的工作过程。如图4-1所示。

(一) 入库前的相关事项

当接到到货通知时，仓库管理人员在货物到库之前必须要做好以下事项

1. 入库凭证的审查

仓库管理人员核对仓储合同、入库单或入库计划等入库凭证上的信息，及时进行库场准备，保证物资按时入库。

2. 熟悉入库物资的相关信息

仓库管理人员需了解入库物资的品种、规格、数量、包装状态、单体体积、到库确切时间、物资存期、物资的理化特性以及保管的要求，精确、妥善地进行库场安排、准备。

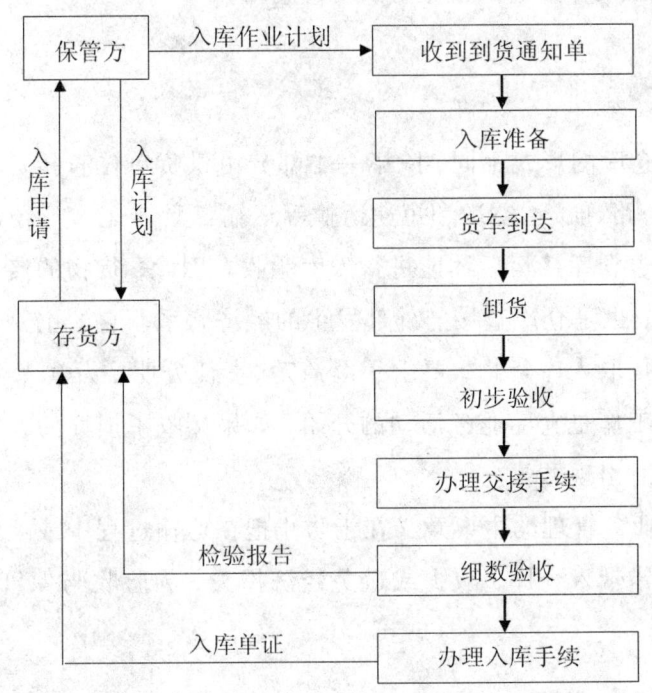

图 4-1　入库作业流程

3. 根据仓库库场情况准备货位

1）全面掌握仓库库场情况。了解物资入库的确切时间、保管期间，仓库的库容、设备、人员的变动情况，以便安排好工作。必须使用重型设备操作的物资要确保可使用设备的货位。必要时对仓库进行清查，清理归位，以便腾出仓容。

2）妥善安排货位。根据入库物资的性能、数量及类别，结合仓库分区分类保管的要求，核算货位的大小。根据货位的使用原则，严格验收场地，妥善安排货位，确定苫垫方案和堆垛方法等。

3）做好货位准备。彻底清洁货位，清理残留物，清理排水管道（沟），必要时安排消

毒、除虫、铺地。要详细检查照明、通风等设备,如发现损坏及时通知修理。

4．合理组织人力和设备

根据入库物资的数量和时间以及库内货位、设备条件与人员等情况合理科学地制定装卸搬运工艺。安排好物资验收人员、搬运堆码人员以及物资入库工作流程,确定各个工作环节所需要的人员和设备。

5．准备相关材料

在物资入库前,根据所确定的苫垫方案准备相应的材料以及所需用具,并组织衬垫铺设作业。此外,仓库管理员应妥善保管物资入库所需的各种报表、单证和记录簿,如入库记录、理货检验单、存卡和残损单等,以备使用。

(二)入库作业

1．货物接运

由于货物到达仓库的形式不同,除了一小部分由供货单位直接运到仓库交货外,大部分要经过铁路、公路、航运、空运和短途运输等运输工具转运。凡经过交通运输部门转运的商品都必须经过仓库接运后才能进行入库验收。因此,货物的接运是入库业务流程的第一道作业环节,也是仓库直接与外部发生的经济联系。它的主要任务是及时而准确地向交通运输部门提取入库货物,要求手续清楚、责任分明,为仓库验收工作创造有利的条件。因为接运工作是仓库业务活动的开始,如果接收了损坏的或错误的商品将直接导致商品出库装运时出现差错。

做好商品接运业务管理的主要意义在于防止把在运输过程中或运输之前已经发生的商品损害和各种差错带入仓库,减少或避免经济损失,为验收与保管、保养创造良好的条件。

1)提货

商品接运的主要方式有以下几种。

(1)到车站、码头提货。这是由外地托运单位委托铁路、水运、民航等运输部门或邮局代运或邮递货物到达本埠车站、码头、民航站、邮局后,仓库依据货物通知单派车提运货物的作业活动。此外,在接受货主的委托,代理完成提货、末端送货的活动的情况下也会发生到车站、码头提货的作业活动。这种到货提运形式大多是零担托运、到货批量较小的货物。

对所提取的商品,提货人员应了解其品名、型号、特性和一般保管知识以及装卸搬运注意事项等,在提货前应做好接运货物的准备工作,如装卸运输工具、腾出存放商品的场地等。提货人员在到货前应主动了解到货时间与交货情况,根据到货的多少组织装卸

项目四 仓储管理

人员、机具和车辆，按时前往提货。

提货时应根据运单以及有关资料详细核对品名、规格、数量，并要注意商品外观，查看包装、封印是否完好，有无沾污、受潮、水渍、油渍等异状。若有疑点或不符应当场要求运输部门进行检查。对于短缺损坏情况，凡属铁路方面责任的应做出商务记录，属于其他方面的责任需要铁路部门证明的应做出普通记录，由铁路运输员签字。注意记录内容与实际情况要相符。

商品到站后，提货员应与保管员密切配合，尽量做到提货、运输、验收、入库、堆码的一条龙作业，从而缩短入库验收时间，并办理内部交接手续。

（2）到供货单位提货。这是仓库受货主的委托直接到供货单位提货的一种形式。其作业内容和程序主要是当仓库接到提货通知单后，做好一切提货准备，并将提货与物资的初步验收工作结合在一起进行。最好在供货人员在场的情况下当场进行验收。因此，接运人员要按照验收注意事项提货，必要时可由验收人员参与提货。

2）到货

（1）送货到库的到货。送货到库是指供货单位或其委托的承运单位将商品直接运送到仓库的一种到货形式。当商品到达仓库后，接货人员及验收人员应直接与送货人员办理接货验收手续，检查外包装、清点数量，做好验收记录。如有质量和数量问题，应该会同送货人查实，并由送货人出具书面证明、签章确认，以留作处理问题的依据。

（2）铁路专用线到货。接到专用线到货通知后应立即确定卸货货位，力求缩短场内的搬运距离。组织好卸车所需要的机械、人员以及有关资料，做好卸车的准备。

车皮到达后，引导对位，进行检查。看车皮的封闭情况是否良好（即车厢、车窗、铅封、苫布等有无异状）；根据运单与有关资料核对到货品名、规格、标志并清点件数；检查包装是否有损坏或有无散包；检查是否有进水、受潮或其他损坏现象。在检查中发现异常情况应请铁路部门派员复查，做出普通或商务记录，记录内容应与实际情况相符，以便交涉。

卸车时要注意为商品验收和入库保管提供便利条件，分清车号、品名、规格，不混不乱；保证包装完好，不碰坏，不压伤，更不得自行打开包装；应根据商品的性质合理堆放，以免混淆。卸车后在商品上应标明车号与卸车日期。

编制卸车记录，记明卸车货位规格、数量，连同有关证件和资料，尽快向保管员交代清楚，办好内部交接手续。

知识链接

接运中异常问题及处理

1. 破损

1) 物资本身的破损影响其价值或使用价值，甚至导致物资报废。

2) 包装的破损影响物资的储存保管。造成破损的原因主要是接运前和接运中的责任。应索取有关的事故记录，并交给保管员，作为向供应商或承运单位进行索赔的依据。

破损责任如因接运过程中的装卸不当等原因造成的破损，签收时应写明原因、数量等，报仓库主管处理，一般由责任方负责赔偿。

2. 短少

短少也分接运前和接运中两种情况。因接运前短少的，可按上述办法处理。如因接运中的装卸不牢而导致物资丢失的，或因无人押运被窃等原因造成的，在签收时报告保卫部门进行追查处理。

3. 变质

1) 生产或保管不善、存期过长等原因导致物资变质。如责任在供应方，可退货、换货或索赔。保管员在签收时应详细说明数量和变质程度。

2) 承运中因受污染、水渍等原因导致物资变质，责任在承运方。保管员签收时应索取有关记录，交货主处理。

3) 提运中，因物资混放、雨淋等原因造成变质的，是接运人员的责任。

4. 错到

1) 因发运方的责任，如错发、错装等导致错到的，应通知发运方处理。

2) 因提运、接运中的责任，如错发、错装等导致错到的，保管员在签收时应详细注明，并报仓库主管负责追查处理。

3) 因承运方责任，错发、错装等导致错到的应索取承运方记录，交货主交涉处理。

4) 对于无合同、无计划的到货应及时通知货主查询，经批准后才能办理入库手续。同时，货主要及时将订货合同、到货计划送交仓库。

2. 入库验收

货物到库后，仓库收货人员首先要检查货物入库凭证，根据入库凭证开列的收货单位和货物名称与送交的货物内容及标记进行核对，然后才可以与送货人员办理交接手续。如果在以上工序中无异常情况出现，收货人员在送货回单上盖章表示货物收讫；如发现有异常情况，则必须在送货单上详细注明并由送货人员签字，或由送货人员出具差错、异常情况记录等书面材料，作为事后处理的依据。

凡商品进入仓库储存必须要经过检查验收，只有验收后的商品方可入库保管。货物入库验收是仓库把好"三关"（入库、保管、出库）的第一道。抓好货物入库质量关能够防止劣质商品流入流通领域，划清仓库与生产部门、运输部门以及供销部门的责任界限，也为货物在库场中的保管提供第一手资料。

1) 商品验收的基本要求

（1）及时。到库商品必须要在规定的期限内完成验收入库工作。这是因为商品虽然到库，但未经过验收的商品没有入账，不算入库，不能供应给用料单位。只有及时验收,尽快提出检验报告才能保证商品尽快入库入账,满足用料单位的需求,加快商品及资金的周转。同时,商品的托收承付与索赔都有一定的期限,如果验收时发现商品不符合规定要求,要提出退货、换货或赔偿等请求,均应在规定的期限内提出。否则,供方或责任方将不再承担责任,银行也将办理拒付手续。

（2）准确。验收应以商品入库凭证为依据,准确地查验入库货物的实际数量和质量状况,并通过书面材料准确地反映出来。做到货、账、卡相符,提高账货相符率,降低收货差错率,提高企业的经济效益。

（3）严格。仓库的各方都要严肃认真地对待商品验收工作。验收工作的好坏直接关系到企业的利益,也关系到以后各项仓储业务的顺利开展。因此,仓库领导应高度重视验收工作,直接参与的验收人员要以高度负责的精神来对待这项工作,明确每批商品验收的要求与方法,并严格按照仓库验收入库的业务操作程序办事。

（4）经济。商品在验收时,多数情况下,不但需要检验设备和验收人员,而且需要装卸搬运机具与设备以及相应工种工人的配合。这就要求各工种密切协作,合理组织调配人员与设备,以节省作业费用。此外,在验收工作中,应尽可能保护原包装、减少或避免破坏性试验也是提高作业经济性的有效手段。

2）商品的验收程序

商品验收包括验收准备、核对凭证、确定验收比例、实物检验、做出验收报告及验收中发现问题的处理。

（1）验收准备。验收准备是货物入库验收的第一道程序。仓库接到到货通知后,应根据商品的性质和批量提前做好验收的准备工作,包括以下内容:

① 全面了解验收物资的性能、特点和数量,根据其需求确定存放地点、垛形及保管方法。

② 准备堆码苫垫所需材料和装卸搬运机械、设备及人力,以便使验收后的货物能及时入库保管存放,减少货物停顿时间;若是危险品则需要准备防护设施。

③ 准备相应的检验工具,并做好事前检查,以便保证验收数量的准确性与质量的可靠性。

④ 收集并熟悉验收凭证及有关资料。

⑤ 进口物资或上级业务主管部门指定需要检验质量者,应通知有关检验部门会同验收。

（2）核对凭证。入库商品须具备下列凭证。

① 货主提供的入库通知单和订货合同副本,这是仓库接收商品的凭证。

② 供货单位提供的验收凭证,包括材质证明书、装箱单、磅码单、发货明细表、说明书、保修卡及合格证等。

③ 承运单位提供的运输单证,包括提货通知单和登记货物残损情况的货运记录、普

通记录以及公路运输交接单等,作为向责任方进行交涉的依据。

核对凭证就是将上述凭证加以整理后全面核对。入库通知单、订货合同要与供货单位提供的所有凭证逐一核对,相符后才可以进入到下一步的实物检验。如果发现有证件不齐或不符等情况,要与存货、供货单位及承运单位和有关业务部门及时联系解决。

(3) 检验货物。检验货物是仓储业务中的一个重要环节,包括检验数量、检验外观质量和检验包装三方面的内容,即复核货物数量是否与入库凭证相符、货物质量是否符合规定的要求、货物包装能否保证在储存和运输过程中的安全。

① 数量检验。数量检验是保证物资数量准确不可缺少的措施,要求物资入库时一次进行完毕,一般在质量验收之前由仓库保管职能机构组织进行。按商品性质和包装情况,数量检验分为3种形式,即计件、检斤、检尺求积。

a. 计件法。计件是按件数供货或以件数为计量单位的商品在做数量验收时的清点件数。计件商品应全部清查件数(带有附件和成套的机电设备须清查主件、部件、零件和工具等)。固定包装的小件商品,如包装完好、打开包装对保管不利,国内货物可采用抽验法,按一定比例开箱点件验收,可抽验内包装5%~15%,其他的则只检查外包装,而不拆包检查。贵重商品应酌情提高检验比例或全部检验。进口商品则按合同或惯例办理。

b. 检斤法。检斤是对按重量供货或以重量为计量单位的商品做数量验收时的称重。商品的重量一般有毛重、皮重、净重之分。毛重是指商品重量包括包装重量在内的实重;净重是指商品本身的重量,即毛重减去皮重。通常所说的商品重量多是指商品的净重。

金属材料、某些化工产品多半是检斤验收。按理论换算重量供应的商品,如金属材料中的板材、型材等,先要通过检尺,然后按照规定的换算方法换算成重量验收。对于进口商品,原则上应全部检斤,但如果订货合同规定按理论换算重量交货,则应按合同规定办理。所有检斤的商品都应填写磅码单。

c. 检尺求积法。检尺求积是对以体积为计量单位的商品,如木材、竹材、沙石等,先检尺,后求体积所做的数量验收。

凡是经过数量检验的商品都应该填写磅码单。

② 质量检验。质量检验一般与数量验收同时进行,包括外观质量检验和内在质量检验。

a. 外观质量检验。外观质量检验包括外表质量检验、包装检验及尺寸精度检验。

外表检验。是指通过人的感觉器官检查商品的外观质量。主要检查货物的自然属性是否因物理及化学反应而造成表面的改变,是否受潮、沾污、腐蚀、霉烂等;检查商品包装的牢固程度;检查商品有无损伤,如撞击、变形、破碎等。对外观检验有严重缺陷的商品要单独存放,防止混杂,等待处理。凡经过外观检验的商品都应该填写"检验记录单"。

包装检验。物资包装的好坏、干潮直接关系到物资的安全储存与运输,所以对物资的包装要进行严格验收。凡是产品合同对包装有具体规定的都要严格按规定验收,如箱板的厚度,纸箱、麻包的质量等。对于包装的干潮程度,一般是用眼看、手摸的方法进行检查验收。

尺寸精度检验。商品的尺寸精度检验由仓库的技术管理职能机构组织进行。进行尺寸精度检验的商品主要是金属材料中的型材、部分机电产品和少数建筑材料。不同型材的尺寸检验各有特点,如椭圆材主要检验直径和圆度,管材主要检验壁厚和内径,板材主要检验厚度及其均匀度等。对部分机电产品的检验一般请用料单位派员进行。尺寸精度检验是一项技术性强、很费时间的工作,全部检验的工作量大,并且有些产品质量的特征只有通过破坏性的检验才能测到,所以一般会采用抽验的方式进行。

b. 内在质量检验。内在质量检验包括机械物理性能检验和化学成分检验,此外有些商品还涉及到尺寸检验。

内在质量检验是对货物的内容进行检验,包括物理结构、化学成分、使用功能等进行鉴定。内在质量检验由专业技术检验单位进行,经检验后出具检验报告说明货物质量。

③ 外观质量检验的方法。仓库一般只作外观质量检验,内在质量检验如果有必要,则由仓库委托专门检验机构或部门检验。仓库外观质量检验一般采用的方法为感官检验,具体包括视觉检验、听觉检验、触觉检验和嗅觉、味觉检验。

a. 视觉检验。这是对商品外观质量检验的最主要方法,它通过观察商品的外观来确定其质量是否符合要求。

b. 听觉检验。这是通过轻敲某些商品,细听发声,鉴别其质量有无缺陷。如原箱未开的热水瓶,可以通过转动箱体,听其内部有无玻璃碎片撞击之声,从而辨别其有无破损。

c. 触觉检验。这是指用手触摸商品,以判断其是否有受潮、变质等异常情况。

d. 嗅觉、味觉检验。这是指用鼻嗅闻商品是否已失去应有的气味,或有串味及有无漏臭异味的现象。

3)商品验收方式。商品验收方式分为全检和抽检,在进行数量与外观验收时一般要求全检。在质量验收时,在批量小、规格复杂、包装不整齐或要求严格验收时可以采用全检。全检需要大量的人力、物力和时间,但是可以保证验收的质量。在批量大、规格和包装整齐、存货单位的信誉较高或验收条件有限的情况下,通常会采用抽检的方式。商品验收方式和有关程序应该由存货方及保留方共同协商,并通过协议在合同中加以明确规定。

4)验收中发现问题的处理。在物品验收过程中,如果发现物品数量或质量的问题,应该严格按照有关制度进行处理。验收过程中发现的数量及质量问题可能会发生在各个流通环节,可能是由于供货方或交通运输部门或收货方本身的工作造成的。按照有关规章制度对问题进行处理,有利于分清各方的责任,并促使有关责任部门吸取教训、改进今后的工作。所以,对验收过程发现的问题进行处理时应该注意以下几个方面。

① 在物品入库凭证未到齐之前不得正式验收。如果入库凭证不齐或不符,仓库有权拒绝验收或暂时存放,待凭证到齐后再验收入库。

② 发现物品数量或质量不符合规定,要会同有关人员当场做出详细记录,交接双方应在记录上签字。如果是交货方的问题,仓库应该拒绝接收;而如果是运输部门的问题,则就应该提出索赔。

③ 在数量验收中,计件物品应及时验收,发现问题要按规定的手续在规定的期限内向有关部门提出索赔要求。否则超过索赔期限,责任部门对形成的损失将不予负责。

3. 入库交接

入库物品经过点数、查验之后,可以安排卸货、入库堆码,表示仓库接受物品。在卸货、搬运、堆垛作业完毕后与送货人办理交接手续,并建立仓库台账。

1) 交接手续

交接手续是指仓库对收到的物品向送货人进行的确认,表示已接受物品。办理完交接手续就意味着划分清了运输、送货部门和仓库的责任。完整的交接手续包括以下几项。

(1) 接受物品。仓库通过理货、查验物品,将不良物品剔出、退回或者编制残损单证等明确责任,确定收到物品的确切数量、物品表面状态良好。

(2) 接受文件。接受送货人送交的物品资料、运输的货运记录、普通记录等,以及随货的在运输单证上注明的相应文件,如图纸、准运证等。

(3) 签署单证。仓库与送货人或承运人共同在送货人交来的送货单、交接清单(见表4-1)上签署与批注,并留存相应单证。提供相应的入库、查验、理货、残损单证、事故报告由送货人或承运人签署。

表4-1　　　　　　　　　　到接货交接单

收货人	发站	发货人	品名	标记	单位	件数	重量	号车	运单号	货位	合同号
备注											

送货人　　　　　　　　　　接收人　　　　　　　　经办人

2) 登账

在货物查验中,仓库根据查验情况制作入库单,详细记录入库货物的实际情况。对短少、破损等要注明。

物品入库,仓库应建立详细反映物品仓储的明细账,登记物品入库、出库、结存的详细情况,用以记录库存物品动态和入出库过程。

登账的主要内容有:物品名称、规格、数量、件数、累计数或结存数、存货人或提货人、批次、金额,注明货位号或运输工具、接(发)货经办人。

3）立卡

物品入库或上架后，将物品名称、规格、数量或出入状态等内容填在料卡上称为立卡。料卡又称为货卡、货牌，插放在货架上物品下方的货架支架上或摆放在货垛正面明显位置。

4）建档

建档就是将物资入库作业全过程的有关资料证件进行整理、核对，建立资料档案，以便进行物资保管并保持客户联系，且为将来发生争议时提供凭据。同时，也有助于积累仓库管理经验，提高仓管人员的业务素质。

存货档案应一货一档设置，将该货位入库、保管和缴付的相应凭证、报表、记录、作业安排、资料等的原件或者附件、复印件存档。存货档案应该统一编号、妥善保管，长期保存。存货档案的内容包括以下几个方面。

（1）货物入库时的资料。

① 货物的各种技术资料、合格证、装箱单、质量标准、送货单、发货清单等；

② 货物运输单据、普通记录、货运记录、残损记录、装载图等；

③ 入库通知单、验收记录、磅码单、技术检验报告；

（2）货物在库保管时的资料。

保管期间的检查、保养作业、通风除湿、翻仓、事故等直接操作记录；存货期间的温度、湿度、特殊天气的记录等；

（3）货物出库时的资料。

出库凭证，如领料单、出库单、调拨单等。

二、在库作业

物品经验收合格入库后，就进入了在库作业流程。在库作业是对物品进行清理的同时采取合理的堆码方式，以确保物品数量无误和在库期间的质量完好。

（一）理货作业

在对商品进行堆码前，应先对商品进行整理，确保商品达到以下要求：

（1）商品的数量、质量已彻底查清；

（2）商品包装完好，标识清楚；

（3）外表的沾污、尘土、雨雪等已清除，不影响商品的质量；

（4）对受潮、锈蚀以及已发生某些变质或质量不合格的部分，已经加工恢复或者已剔除另行处理，与合格品不相混杂；

（5）为便于机械化操作，金属材料等该打捆的已经打捆，机电产品和仪器仪表等可集中装箱的已装入到适用的包装箱中。

（二）堆码作业

物品堆码是指根据物品的包装、外形、性质、特点、种类及数量，结合季节与气候情况，以及储存时间的长短，将物品按一定的规律码成各种形状的货垛。合理地进行堆码能够保证物资的完好，提高仓容的利用率，便于对物品进行维护、盘点等管理。

1．堆码的基本原则

1）分类存放

分类存放是仓库储存规划的基本要求，是保证物品质量的重要手段，因此也是堆码需要遵循的基本原则。

（1）不同类别的物品分类存放，甚至需要分区分库存放；

（2）不同规格、不同批次的物品也要分位、分堆存放；

（3）残损物品要与原货分开；

（4）对于需要分拣的物品，在分拣之后应分位存放，以免混串。

此外，分类存放还包括不同流向物品、不同经营方式物品的分类分存。

2）选择适当的搬运活性

为了减少作业时间、次数，提高仓库物流速度，应该根据物品作业的要求合理选择物品的搬运活性。对搬运活性高的入库存放物品也应注意摆放整齐，以免堵塞通道、浪费仓容。

3）面向通道，不围不堵

货垛以及存放物品的正面应尽可能面向通道，以便察看；另外，所有物品的货垛、货位都应有一面与通道相连，处在通道旁，以便能够对物品进行直接作业。只有在所有的货位都与通道相通时才能保证不围不堵。

4）尽可能向高处码放

为了充分利用仓容，存放的货物要尽可能码高，使货物占用地面的面积尽可能少，包括采用堆码堆高和使用货架存放。在码高时要注意货垛的稳定，只有在稳定的情况下才能码高。同时，为了保护货物还要考虑可承受的压力。

5）根据出入库频率选定货位

出入库频率高的货物应放在靠近出入口、易于作业的地方，出入库频率低的货物放在距离出入口稍远的地方。

6）重下轻上

当货物叠放堆码时，应将重的货物放在下面，轻的货物放在上面。

7）便于点数

每垛货物按一定的数量存放，如按5或5的倍数存放，方便清点计数。

8）依据货物的形状安排堆码方法

如长条形货物就以货物的长度作为货垛的长度。

2. 确定货物堆码方式

货物堆码方式主要有下列四种：

1）散堆方式

散堆方式适用于露天存放的没有包装的大宗物品，如煤炭、矿石等，也可适用于库内少量存放的谷物、碎料等散装物品。

散堆方式是直接用堆扬机或者铲车在确定的货位后端起，直接将物品堆高，在达到预定的货垛高度时，逐步后推堆货，后端先形成立体梯形，最后成垛。由于散货具有流动、散落性特点，所以堆货时不能堆到太近垛位四边，以免其散落而使物品超出预定的货位。

2）堆垛方式

对于有包装的物品（如箱、桶），包括裸装的计件物品，采用堆垛的方式加以储存。用堆垛方式储存能够充分利用仓容，做到仓库内的整齐，方便作业与保管。物品的堆码方式主要取决于物品本身的性质、形状、体积、包装等。一般情况下多采用平放的方式，使重心最低，最大接触面向下，易于堆码，稳定牢固。

常见的堆垛方式包括重叠式、纵横交错式、仰伏相间式、压缝式、通风式、栽柱式、衬垫式等。

（1）重叠式。重叠式也称直堆法，是逐件、逐层向上重叠堆码，一件压一件的堆码方式。为了保证货垛的稳定性，在一定层数后改变方向继续向上，或者长宽各减少一件继续向上堆放。该方法方便于作业、计数，但稳定性较差。适用于袋装、箱装、箩筐装物品，以及平板、片式物品等，如图4-2所示。

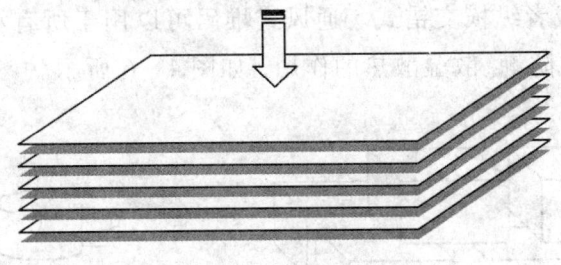

图4-2　重叠式堆码

（2）纵横交错式。纵横交错式是指每层物品都改变方向向上堆放。适用于管材、捆装、长箱装物品等。该方法较为稳定，但操作不便，如图4-3所示。

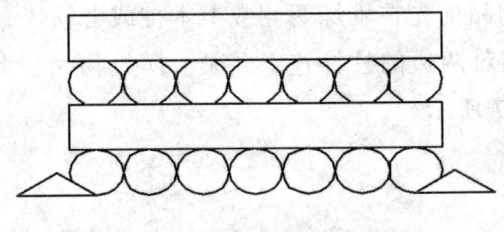

图4-3　纵横交错式堆码

(3) 仰伏相间式。对上下两面有大小差别或凹凸的物品，如槽钢、钢轨等，将物品仰放一层，在反一面伏放一层，仰伏相向相扣。该垛极为稳定，但操作不便，如图4-4所示。

图4-4 仰伏相间式堆码

(4) 压缝式。将底层并排摆放，上层放在下层的两件物品之间，如图4-5所示。

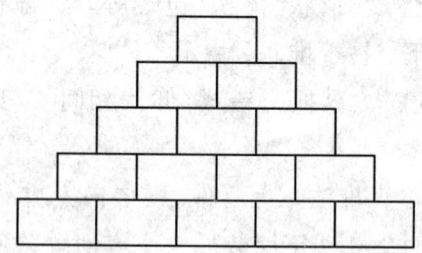

图4-5 压缝式堆码

(5) 通风式。物品在堆码时，任意两件相邻的物品之间都留有空隙，以便通风。层与层之间采用压缝式或者纵横交错式。通风式堆码可以用于所有箱装、桶装以及裸装物品的堆码，起到可通风防潮、散湿散热的作用，如图4-6所示。

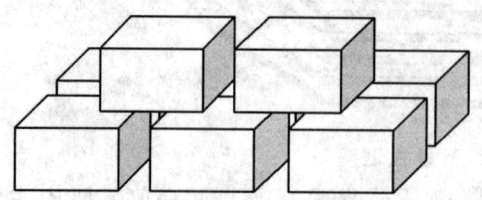 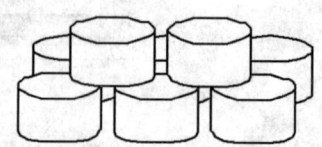

图4-6 通风式堆码

(6) 栽柱式。码放物品前先在堆垛两侧栽上木桩或者铁棒，然后将物品平码在桩柱之间，几层后用铁丝将相对两边的柱拴连，再往上摆放物品。此法可适用于棒材、管材等长条状物品，如图4-7所示。

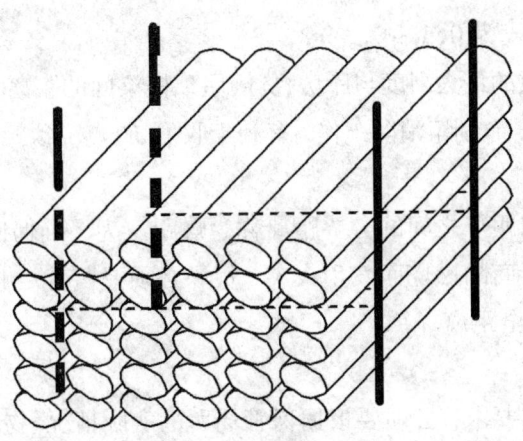

图 4-7 栽柱式堆码

（7）衬垫式。码垛时，隔层或隔几层铺放衬垫物，衬垫物平整牢靠后，再往上码。适用于不规则且较重的物品，如无包装电机、水泵等。

3）货架方式

采用通用或者专用的货架进行货架堆码，适用于小五金、小百货、交电零件等小件商品或不宜堆高的货物。

4）成组堆码方式

采用成组工具使货物的堆存单元扩大。常见的成组工具有货板、托盘、网格等。成组堆垛一般每垛3~4层，这种方式可以提高仓库利用率，实现货物的安全搬运与堆存，提高劳动效率，加快货物的周转速度。

3. 进行堆码作业

1）货垛"五距"要求

货垛"五距"应符合安全规范要求。货垛的"五距"指的是垛距、墙距、柱距、顶距和灯距。在堆垛货垛时，不能依墙、靠柱、碰顶、贴灯，不能紧挨着旁边的货垛，必须要留有一定的间距。无论采用哪一种垛型，房内都必须留出相应的走道来，以方便商品的进出和消防用途。

（1）垛距。货垛与货垛之间的必要距离称为垛距，常以支道作为垛距。垛距能方便存取作业，起到通风、散热的作用，方便消防的工作。库房垛距一般为0.3~0.5m，货场垛距一般不少于0.5m。

（2）墙距。为了防止库房墙壁和货场围墙上的潮气对商品的影响，也为了散热通风、消防工作、建筑安全、收发作业，货垛必须要留有墙距。墙距可分为库房墙距和货场墙距，其中，库房墙距又分为内墙距和外墙距。内墙距是指货物离没有窗户墙体的距离，此处潮气相对少些，一般距离为0.1~0.3m；外墙距是指货物离有窗户墙体的距离，这里湿度相对大些，一般距离为0.1~0.5m。

（3）柱距。为了防止库房柱子的潮气影响货物，也为了保护仓库建筑物的安全，必须要留有柱距。柱距一般为 0.1~0.3m。

（4）顶距。货垛堆放的最大高度与库房、货棚屋顶横梁间的距离称为顶距。顶距便于装卸搬运作业，能够通风散热，有利于消防工作，有利于收发、查点。顶距一般为 0.5~0.9m，具体视情况而定。

（5）灯距。货垛与照明灯之间的必要距离称为灯距。为了确保储存商品的安全，防止照明灯发出的热量引起靠近商品燃烧而发生火灾，货垛必须要留有足够的安全灯距。灯距按规定应有不少于 0.5m 的安全距离。

2）堆垛设计

为了达到堆码的基本要求，必须要根据保管场所的实际情况、物品本身的特点、装卸搬运条件和技术及作业过程的要求，对物品堆垛进行总体设计。设计的内容包括垛基、垛形、货垛参数、堆码方式、货垛苫盖、货垛加固等。

（1）垛基。垛基是货垛的基础，其主要作用是：承受整个货垛的重量，将物品的垂直压力传递给地基；将物品与地面隔开，起到防水、防潮和通风的作用；垛基空间为搬运作业提供方便条件。因此，对于垛基的基本要求是：将整垛货物的重量均匀地传递给地坪，保证良好的防潮和通风，保证垛基上存放的物品不发生变形。

（2）垛形。垛形是指货垛的外部轮廓形状。

① 按垛底的平面形状可以分为矩形、正方形、三角形、圆形、环形等。按货垛立面的形状可以分为矩形、正方形、三角形、梯形、半圆形，另外还可组成矩形—三角形、矩形—梯形、矩形—半圆形等复合形状，如图 4-8 所示。

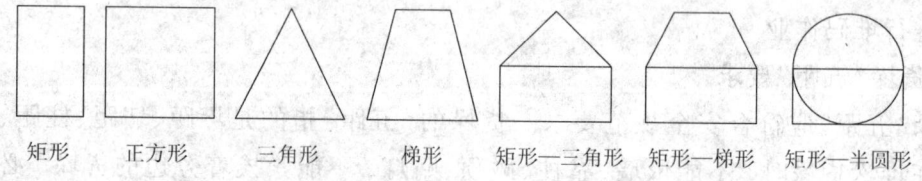

图 4-8 货垛立面示意图

不同立面的货垛都有各自的特点。矩形、正方形垛易于堆码，便于盘点计数，库容整齐，但随着堆码高度的增加货垛稳定性就会下降；梯形、三角形和半圆形垛的稳定性好，便于苫盖，但是不便于盘点计数，也不利于仓库空间的利用；矩形-三角形等复合货垛恰好可以整合它们的优势，尤其是在露天存放的情况下更须加以考虑。

② 仓库常见的垛形。

a. 平台垛。平台垛是先在底层以同一个方向平铺摆放一层货物，然后垂直继续向上堆积，每层货物的件数、方向相同，垛顶呈平面，垛形呈长方体。在实际操作中并不都是采用层层加码的方式，往往从一端开始，逐步后移。平台垛适用于单一包装规格大批量货物，以及包装规则、能够垂直叠放的方形箱装货物、大袋货物、规则的软袋成组货物、托盘成组货物。平台垛可以用于仓库内及无需遮盖的堆场堆放的货物码垛，如图 4.9 所示。

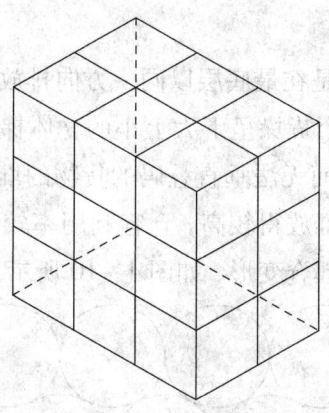

图4—9 平台垛示意图

平台垛具有整齐、便于清点、占地面积小、方便堆垛操作的优点。但该垛形的稳定性不太好，特别是硬包装、小包装的货物有货垛端头倒塌的危险，所以在必要时（如太高、长期堆存、端头位于主要通道等）应在两端采取一定的加固措施。对于堆放很高的轻质货物，往往在堆码到一定高度后，向内收半件货物后再向上堆码，从而使货垛更加稳固。

标准平台垛的货物件数计算公式为：

$$A = L \times B \times H$$

式中：A——总件数；
　　　L——长度方向件数；
　　　B——宽度方向件数；
　　　H——层数。

b. 起脊垛。先按平台垛的方法码垛到一定的高度，以卡缝的方式将每层逐渐缩小，最后在顶部形成屋脊形。起脊垛是堆场场地堆货的主要垛形，货垛表面的防雨遮盖从中间起向下倾斜，方便排泄雨水，防止水淋湿货物。有些仓库由于陈旧或建筑简陋有漏水现象，仓内的怕水货物也应采用起脊垛堆垛并遮盖。

起脊垛是平台垛为了适应遮盖、排水的需要的变形，具有平台垛操作方便、占地面积小的优点，适用平台垛的货物同样可以适用起脊垛堆垛。但是起脊垛由于顶部压缝收小，以及形状不规则，造成清点货物的不便，顶部货物的清点需要在堆垛前以其他方式进行。另外，由于起脊的高度使货垛中间的压力大于两边，因而采用起脊垛时库场使用定额要以脊顶的高度来确定，以免中间底层货物或库场被压损坏。

起脊垛的货物件数的计算公式为：

$$A = L \times B \times H + 起脊件数$$

式中：A——总件数；
　　　L——长度方向件数；
　　　B——宽度方向件数；

H——未起脊层数。

c. 立体梯形垛。立体梯形垛是在最底层以同一方向排放货物的基础上，向上逐层同方向减数压缝堆码，垛顶呈平面，整个货垛呈下大上小的立体梯形形状。立体梯形垛适用于包装松软的袋装货物和上层面非平面而无法垂直叠码的货物的堆码，如横放的卷形、桶装、捆包货物。立体梯形垛极为稳固，可以堆放得较高，仓容利用率较高。对于在露天堆放的货物采用立体梯形垛，为了排水需要可以起脊变形，如图4–10所示。

图4–10 立体梯形垛

为了增加立体梯形垛的空间利用率，在堆放可以立直的筐装、矮桶装货物时，底部数层可以采用平台垛的方式进行堆放，在码放到一定高度后再使用立体梯形垛。

每层两侧面(长度方向)收半件(压缝)的立体梯形垛件数的计算公式为：

$$A = (2L - H + 1) \times H \times B \div 2$$

式中：A——总件数；

L——长度方向件数；

B——宽度方向件数；

H——层数。

d. 井形垛。井形垛用于长形的钢管、钢材及木材的堆码。它是在以一个方向铺放一层货物后，以垂直方向进行第二层的码放，货物横竖隔层交错逐层堆放，垛顶呈平面。井形垛垛形稳固，但每垛边上的货物可能滚落，需要捆绑或者收进。井形垛的作业较为不方便，需要不断改变作业方向。

井形垛的货物件数的计算公式为：

$$A = (L + B) \times B \div 2$$

式中：A——总件数；

L——纵向方向件数；

B——横向方向件数。

e. 梅花形垛：对于需要立直存放的大桶装货物，将第一排(列)货物排成单排(列)，第二排(列)的每件靠在第一排(列)的两件之间卡缝，第三排(列)同第一排(列)一样，尔后每排(列))依次卡缝排放，形如梅花形垛。梅花形垛货物摆放紧凑，充分利用了货件之间的空隙，更好地利用了仓容面积。

对于能够多层堆码的桶装货物，在码放第二层时，将每件货物压放在下层的三件货物之间，四边各收半件，形成立体梅花形垛。

单层梅花形货垛货量的计算公式为：
$$A = (2B - 1) \times L \div 2$$

式中：A——总件数；
L——长度方向件数；
B——宽度方向件数。

（3）货垛参数。货垛参数是指货垛的长、宽、高，即货垛的外形尺寸。通常情况下，需要首先确定货垛的长度，例如长形材料的尺寸长度就是其货垛的长度，包装成件物品的垛长应为包装长度或宽度的整数倍。货垛的宽度应根据库存物品的性质、要求的保管条件、搬运方式、数量多少以及收发制度等确定，一般多以2个或5个单位包装为货垛宽度。货垛高度主要根据库房高度、地坪承载能力、物品本身和包装物的耐压能力、装卸搬运设备的类型和技术性能，以及物品的理化性质等来确定。在条件允许的情况下应尽量提升货垛的高度，以提高仓库的空间利用率。

4. 商品堆码操作要求

对于垛码后的商品，仓库管理人员要对其进行检查，确保堆垛达到以下6个要求

1）牢固

操作人员必须要严格遵守安全操作规程，防止建筑物超过安全负荷量。码垛必须稳定结实，不偏不斜，不歪不倒，必要时采用衬垫物固定，不压坏底层货物或外包装，不超过库存地坪承载能力。货垛较高时，上部适当向内收小。易滚动的货物，使用木楔或三角木固定，必要时使用绳索、绳网对货垛进行绑扎固定。

2）合理

不同商品其性能、规格、尺寸不相同，应采用各种不同的垛形。不同品种、产地、等级、批次、单价的商品应分开堆码，以便收发、保管。货垛的高度要适度，以不能压坏底层商品和地坪，并与屋顶、照明灯保持一定距离为宜；货垛的间距、走道的宽度以及货垛与墙面、梁柱的距离等都要合理、适度，符合作业要求及防火安全要求，大不压小，重不压轻，缓不围急，确保货物质量及货物的"先进先出"。

3）整齐

货垛应按一定的规格、尺寸叠放，排列整齐、规范。商品包装标识应一律向外，以便查找。货垛垛形、垛高、垛距标准化和统一化，货垛上的每件货物都排放整齐、垛边横竖成列，垛不压线。

4）定量

每一货垛的货物数量保持一致，便于货物的清点。一般采用固定的长度和宽度，且为整

数,如尽量采用"五五化"堆码方法,便于记数与盘点,能做到过目知数。

知识链接

"五五化"堆垛

"五五化"堆垛就是以五为基本计算单位,堆码成各种总数为五的倍数的货垛,以五或五的倍数在固定区域内堆放,使货物"五五成行、五五成方、五五成包、五五成堆、五五成层",堆放整齐,上下垂直,过目知数。便于货物的数量控制、清点盘存,如图 4.10 所示。

图 4.10 "五五化"堆垛

5)节约

堆垛时应注意节省空间位置,尽量堆高,适当、合理地安排货位的使用,提高仓容利用率;妥善组织安排,做到一次作业到位,避免重复搬运,节约劳动消耗;合理使用苫垫材料,避免浪费。

6)方便

选用的垛形、尺寸、堆垛方法应便于堆垛作业、装卸搬运作业,提高作业效率;垛形方便点数、查验货物,便于通风、苫盖等保管作业。

(三)垫垛和苫盖

1. 垫垛

垫垛是指在货物码垛前,在预定的地面货位置使用衬垫材料进行铺垫。常见的衬垫物有枕木、废钢轨、货架板、木板、钢板、芦席等。

1)垫垛的目的

(1)使地面平整;

(2)使堆垛货物与地面隔开,防止地面潮气和积水浸湿货物;

(3)通过强度较大的衬垫物使重物的压力分散,避免损害地坪;

(4)使地面杂物、尘土与货物隔开;

(5)形成垛底通风层,有利于货垛通风排湿;

(6)使货物的泄漏物留存在衬垫之内,防止流动扩散,以便于收集与处理。

2)垫垛的基本要求

(1)所使用的衬垫物与拟存货物不会发生不良影响,并具有足够的抗压强度;

(2)地面要平整坚实、衬垫物要摆放平整,并保持同一方向;

(3) 衬垫物间距适当，直接接触货物的衬垫面积与货垛底面积相同，衬垫物不伸出货垛外；

(4) 要有足够的高度，露天堆场要达到0.3~0.5m，库房内0.2m即可。

3) 垫垛物数量和衬垫面积的确定

一些单位质量大的货物在仓库中存放时，如果不能有效分散货物对地面的压力，则有可能会对仓库地面造成损害，因此要考虑在货物底部和仓库地面之间衬垫木板或钢板。衬垫物的使用量除考虑将压力分散在仓库地坪载荷限度之内外，还需要考虑这些库用耗材所产生的成本。因此，需要确定使压力小于地坪载荷的最少衬垫物数量。

知识链接

> 某仓库内存放一台自重30t的设备，该设备底架为两条2m×0.2m的钢架。该仓库库场单位面积技术定额为3t/m²。请问需不需要垫垛？如何采用2m×1.5m、自重0.5t的钢板垫垛场
>
> **解** 货物对地面的压力强度为30÷(2×2×0.2)=37.5(t/m²)，这一压力强度远远超过库单位面积技术定额3t/m²，因此必须要垫垛。
>
> 假设需要 n 块钢板，则有 $\dfrac{30+0.5*n}{2*1.5*n} \leq 3$，即 n=30÷(2×1.5×3-0.5)≈3.5(块)。
>
> 所以，需要使用4块钢板衬垫。将4块钢板平铺展开，设备的每条支架分别均匀地压在两块钢板上。

2. 苫盖

苫盖是指采用专用苫盖材料对货垛进行遮盖，以减少自然环境中的阳光、雨雪、风、尘土等对货物的侵蚀、损害，并使货物由于自身物理化学性质所造成的自然损耗尽可能地减少，以保证货物存储期内的质量。

常用的苫盖材料有：帆布、芦席、竹席、塑料膜、铁皮铁瓦、玻璃钢瓦、塑料瓦等。

1) 苫盖的基本要求

苫盖的目的是给货物遮阳、避雨、挡风、防尘，具体的要求如下

(1) 选择合适的苫盖材料。选用防火、无害的安全苫盖材料；苫盖材料不会对货物发生不良影响；成本低廉，不易损坏，能重复使用，没有破损和霉变。

(2) 苫盖要牢固。每张苫盖材料都需要牢固稳定，必要时在苫盖物外用绳索、绳网绑扎或者用重物镇压，确保刮风吹不开。

(3) 苫盖接口要紧密。苫盖的接口要有一定深度的互相叠盖，不能迎风叠口或留空隙，苫盖必须拉挺、平整，不得有折叠和凹陷，防止积水。

(4) 苫盖的底部与垫垛齐平。不腾空或拖地，并牢固地绑扎在垫垛外侧或地面的绳桩上，衬垫材料不露出垛外，以防雨水顺延渗入垛内。

（5）要注意材质和季节。使用旧的苫盖物。在雨水丰沛的季节，垛顶或者风口需要加层苫盖，确保雨淋不透。

2）苫盖方法

（1）就地苫盖法。应直接将大面积苫盖材料覆盖在货垛上遮盖，一般采用大面积的帆布、油布、塑料膜等。就地苫盖法操作便利，但基本不具备通风条件。

（2）鱼鳞式苫盖法。将苫盖材料从货垛的底部开始，自下而上呈鱼鳞式逐层交叠围盖。该法一般采用面积较小的瓦、席等材料苫盖。鱼鳞式苫盖法具有较好的通风条件，但每件苫盖材料都需要固定，操作起来比较繁琐复杂。

（3）活动棚苫盖法。将苫盖物料制作成一定形状的棚架，在货物堆垛完毕后，移动棚架到货垛加以遮盖。或者采用即时安装活动棚架的方式苫盖。该法较为快捷，具有良好的通风条件，但活动棚本身需要占用仓库空间，也需要较高的购置成本。

（四）货垛牌

为了在保管中能够及时了解货物情况，需要在货垛上张挂有关该垛货物的资料标签。该记载货物资料的标签称为货垛牌或者货物标签、料卡等。货物码垛完毕，仓库管理人员就应按照入库货物资料、接受货物情况制作货垛牌，并摆放或拴挂在货垛（货架）正面明显的位置。

货垛牌的主要内容有：货位号、货物名称、批号、规格、进货日期、来源、存货人、该垛数量、接货人（制单人）等。此外，根据不同特点的仓库可以设置其他项目。

三、出库作业

商品出库与发运是商品储存阶段的终止，也是仓库作业的最后一个环节，它使仓库工作与运输部门、商品使用单位直接发生联系。商品出库直接影响到了运输部门和使用单位，因此，做好出库工作对改善仓库经营管理、降低作业费用、提高服务质量有一定的作用。

做好出库工作必须要遵循"先进先出"的原则，对有保管期限的商品要在限期内发放完毕；对可以回收复用的商品在保证质量的前提下，按先旧后新的原则发放；对零星用料要做到"分斤破两"；对专用材料要做到保证重点，照顾一般。商品出库要核对准确，出库工作尽量一次完成，防止差错。出库商品的包装要符合交通运输部门的要求。另外，仓库必须要建立严格的商品出库和发运程序，把商品的出库及发运工作搞好。

（一）出库作业相关事项

商品出库业务是仓库根据业务部门或存货单位开出的商品出库凭证（提货单、调拨单），按其所列商品编号、名称、规格、型号、数量等项目，组织商品出库一系列工作的总称。出库发放的主要任务是所发放的商品必须准确、及时、保质保量地发给收货单位，包装必整、牢固、标记正确清楚，核对必须仔细。

1. 商品出库的依据

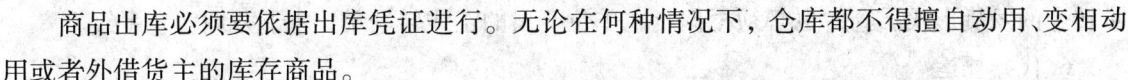

商品出库必须要依据出库凭证进行。无论在何种情况下，仓库都不得擅自动用、变相动用或者外借货主的库存商品。

出库凭证的格式不尽相同，不论采用何种形式，都必须是符合财务制度要求的有法律效力的凭证，要坚决杜绝凭信誉或无正式手续的发货。

2. 商品出库的要求

商品出库要求做到"三不、三核和五检查"。

(1)"三不"。即未接单据不翻账，未经审单不备货，未经复核不出库。

(2)"三核"。即在发货时，要核实凭证、核对账卡、核对实物。

(3)"五检查"。即对单据和实物要进行品名检查、规格检查、包装检查、件数检查、重量检查。

具体来说，商品出库要求严格执行各项规章制度，提高服务质量，使用户满意。它包括对品种规格的要求，积极与货主联系，为用户提货创造各种方便条件，杜绝差错事故的发生。

(二) 商品出库的形式

1. 送货

仓库根据货主单位预先送来的出库凭证把应发商品送达收货单位指定的地点，这种发货形式就是通常所说的送货制。仓库送货要划清交接责任，仓储部门与运输部门的交接手续是在仓库现场办理完毕的；运输部门与收货单位的交接手续是根据货主单位与收货单位签订的协议，一般在收货单位指定的到货地办理。

送货具有"预先付货、接车排货、发货等车"的特点。仓库实行送货具有几个方面的好处：仓库可预先安排作业，缩短发货时间；收货单位可避免因人力、车辆等不便而发生的取货困难。在运输上，可合理使用运输工具，减少运费。仓储部门实行送货业务，应考虑到货主单位不同的经营方式及供应地区的远近，既可向外地送货，也可向本地送货。

2. 自提

由收货人或其代理人持出库凭证到库提取，仓库凭单发货，这种发货形式就是通常所说的提货制。它具有"提单到库，随到随发，自提自运"的特点。为了划清交接责任，仓库发货人与提货人应在仓库现场对出库商品当面交接清楚并办理签收手续。

3. 过户

过户是一种就地划拨的形式，商品虽未出库，但是所有权已从原货主转移到了新货主。仓库必须根据原货主开出的正式过户凭证，才予办理过户手续。

4. 取样

货主单位出厂对商品质量检验、样品陈列等需要到仓库提取货样。仓库也必须根据正式取样凭证才给发样品，并做好账务的记载。

5. 转仓

货主单位为了业务方便或改变储存条件，需要将某批库存商品自甲库转移到乙库，这就是转仓的发货形式。仓库也必须根据货主单位开出的正式转仓单，才予办理转仓手续。

6. 代办托运

仓库接受客户的委托，先根据客户所开的出库凭证办理出库手续，再通过运输部门把物资发运到需方所指定的地方。

代办托运的操作方式：由业务部门事先将发货凭证送到运输部门，运输部门经过制单托运，经运输部门批票或派车派船之后，运输部门委托搬运部门，或使用自有车辆向仓库办理提货手续。

这种物资出库方式常用于内、外贸储运公司所属的仓库和产地、口岸批发企业所属仓库，是仓库推行优质服务的措施之一。它适用于大宗、长距离的货物运输。

代运方式的特点：代办代提、整批发出，与承运部门直接办理物资交接手续。

(三) 出库作业流程

不同仓库在商品出库的操作程序上会有所不同，操作人员的分工也有粗有细，但就整个发货作业的过程而言，一般都是跟随着商品在库内的流向，或出库凭证的流转而构成各工种的衔接。出库程序一般包括"核单→备货→复核→包装→点交→登账→现场和档案的清理"等过程。

1. 核单

发放商品必须要有正式的出库凭证，严禁无单或白条发货。保管员接到出库凭证后，应仔细核对，这就是出库业务的核单(验单)工作。

(1) 要审核出库凭证的合法性与真实性。

(2) 核对商品品名、型号、规格、单价、数量、收货单位、到站、银行账号是否准确。

(3) 审核出库凭证的有效期等。

凡在证件核对中，有货物名称、规格型号不对的、印签不齐全、数量有涂改、手续不符合要求的，均不能发货出库。如属于自提商品，还须检查有无财务部门准许发货的签章。

2. 备货

在对出库凭证所列项目进行核查之后才能开始备货的工作。出库商品应附有质量证明书或副件、磅码单、装箱单等。机电设备等配件产品，其说明书及合格证应随货同到。备货时应本着"先进先出、易霉易坏先出、接近失效期先出"的原则，根据领料数量下堆备货或整堆发货。备料的计量实行"以收代发"，即利用入库检验时的一次清点数，不再重新过磅。备货后要及时变动料卡余额数量，填写实发数量与日期等。

3. 复核

为了防止差错，备料后应立即进行复核。出库的复核形式主要有专职复核、交叉复核和环环复核三种。除此之外，在发货作业的各道环节上都贯穿着复核工作，如理货员核对单货、守护员(门卫)凭票放行、账务员(保管会计)核对账单(票)等。这些分散的复核形式起到了分头把关的作用，有助于提高仓库发货业务的工作质量。

复核的主要内容包括品种、规格、型号、数量是否准确,商品质量是否完好,配套是否齐全,技术证件是否齐备,外观质量和包装是否完好等。复核后保管员和复核员应在出库凭证上签名。

4. 包装

出库的货物如果没有符合运输方式所要求的包装应进行包装。应根据商品外形特点,选用适宜包装材料,其重量和尺寸应便于装卸及搬运。出库商品包装要求干燥、牢固。如有破损、潮湿、捆扎松散等不能保障商品在运输途中安全的,应负责加固整理,做到破包破箱不出库。此外,各类包装容器若外包装上有水湿、油迹、污损,均不许出库。另外,在包装中严禁互相影响或性能互相抵触的商品混合包装。包装后要写明收货单位、到站、发货号、本批总件数、发货单位等。

5. 点交

商品经复核后,如果是本单位内部领料,则将商品和单据当面点交给提货人,办清交接手续;如系送货或将商品调出本单位办理运输的,则与送货人员或运输部门办理交接手续当面将商品交点清楚。交清后,提货人员应在出库凭证上签章。

6. 登账

点交后,保管员应在出库单上填写实发数、发货日期等内容,并签名。然后将出库单连同有关证件资料及时交给货主,以便货主办理货款结算。保管员把留存的一联出库凭证交给实物明细账登记人员登记做账。

7. 现场和档案的清理

经过出库的一系列程序之后,实物、账目和库存档案等都发生了变化,应及时对现场及档案进行清理,现场清理包括清理库存商品、库房、场地、设备和工具等,档案清理是指对收发、保养、盈亏数量及垛位安排等情况进行分析。

(四) 出库过程中出现的问题及处理

1. 出库凭证上的问题及处理

(1) 凡出库凭证超过提货期限,用户前来提货的,必须先办理手续,按规定缴足逾期仓储保管费,然后方可发货。任何非正式凭证都不能作为发货凭证。提货时,若用户发现规格开错,保管员不得自行调换规格发货,必须要通过制票员重新开票方可发货。

(2) 凡发现出库凭证有疑点,或者情况不清楚,以及出库凭证发现有假冒、复制、涂改等情况时,应及时与仓库保卫部门及出具出库凭证的单位或部门联系,妥善处理。

(3) 商品进库未验收,或者期货未进库的出库凭证,一般暂缓发货并通知货主,待货到并验收后再发货,提货期顺延。

(4) 如客户由于各种原因将出库凭证遗失,客户应及时与仓库发货员及账务员联系挂失。如果挂失时货已被提走,保管员不承担责任,但要协助货主单位找回商品;如果货还没有被提走,经保管员和账务员查实后,做好挂失登记,将原凭证作废,缓期发货。

2. 提货数与实存数不符

若出现提货数量与商品实存数不符的情况，一般是实存数小于提货数，造成这种问题的原因主要有以下几个方面：

（1）商品入库时，由于验收问题，增大了实收商品的签收数量，从而造成账面数大于实存数。

（2）仓库保管员和发货人员在以前的发货过程中，因错发、串发等差错而形成实际商品库存量小于账面数。

（3）货主单位没有及时核减开出的提货数，造成库存账面数大于实际储存数，从而开出的提货单提货数量过大。

（4）仓储过程中造成的货物的毁损。

3. 串发和错发货

所谓串发和错发货，主要是指在发货人员对商品种类规格不是很熟悉的情况下，或者由于工作中的疏漏，把错误规格、数量的商品发出仓库的情况。如果提货单开具甲规格的某种商品出库，而在发货时错把乙规格的该种商品发出，造成甲规格账面数小于实存数、乙规格账面数大于实存数了，在这种情况下，如果商品尚未离库，应立即组织人力重新发货。如果商品已经被提出仓库，保管员要根据实际库存情况，如实向本库主管部门和货主单位讲明串发及错发货的品名、规格、数量、提货单位等情况，会同货主单位与运输单位共同协商解决。一般在无直接经济损失的情况下，由货主单位重新按实际发货数冲单（票）解决，如果形成直接经济损失应按赔偿损失单据冲转调整保管账。

4. 包装破漏

包装破漏是指在发货过程中因商品外包装破散、砂眼等现象引起的商品渗漏、裸露等问题。这些问题主要是在储存过程中因堆垛挤压、发货装卸操作不慎等情况引起的，发货时都应经过整理或更换包装方可出库，否则造成的损失应由仓储部门承担。

5. 漏记和错记账

漏记账是指在商品出库作业中，由于没有及时核销商品明细账而造成账面数量大于或少于实存数的现象。错记账是指在商品出库后核销明细账时没有按实际发货出库的商品名称、数量等登记，从而造成了账物不相符的情况。无论是漏记账还是错记账，一经发现，除及时向有关领导如实汇报情况外，同时还应根据原出库凭证查明原因、调整保管账，使之与实际库存保持一致。如果由于漏记和错记账给货主单位、运输单位及仓储部门造成了损失的应给予赔偿，同时还应追究相关人员的责任。

项目四 仓储管理

任务三 仓储管理与库存控制

【任务要求】

我国石油战略储备

从我国建设第一批石油储备基地起,我国石油战略储备发展已满10年。10年来,经过各方的共同努力,一期项目全部建成投入运行。截至2013年底,一期四个基地全部装满储备,二期项目建设有序推进,三期项目正开展前期选址工作。

通过完成本次任务,应达到以下要求:

要求1:了解什么是仓储管理。

要求2:了解我国目前存在的仓储管理的现状。

要求3:分析我国仓储管理的发展趋势。

一、仓储管理

(一)仓储管理的含义

仓储管理是指对仓库和仓库中货位及储存的货物进行的管理,是仓储企业为了充分利用所拥有的仓储资源来提高仓储服务所进行的计划、组织、控制与协调的活动。

仓储管理的内涵随着其在社会经济领域中的作用不断扩大而变化。仓储管理已从单纯意义上的对货物存储的管理,而发展成为物流过程中的中心环节。它的功能已不是单纯的货物存储,而是兼有了包装、分拣、整理、简单装配等多种辅助性功能。因此,广义的仓储管理应包括对这些工作的管理。

(二)仓储管理的基本内容

仓储管理的对象是仓库及库存物资,具体包括如下几个方面:

(1)仓库的选址与建筑问题。例如,仓库的选址、仓库建筑面积的确定、库内运输通道与作业区域的布置等。

(2)仓库机械设备的选择与配置问题。例如,如何根据仓库的作业特点和所储存物资的种类以及其理化特性选择机械装备以及应配备的数量,如何对这些机械进行管理等。

(3)仓库的业务管理问题。例如,如何组织物资出入库,如何对在库物资进行储存、保管与养护。

(4)仓库的库存管理问题。

此外,仓库业务的考核问题,新技术、新方法在仓库管理中的应用问题,仓库安全与消防问题等,也都是仓储管理所涉及的内容。

(三)仓储管理的原则

1. 效率原则

效率是指在一定劳动要素投入量时的产品产出量。只有较小的劳动要素投入和较高的产品产出量才能够实现高效率。高效率就意味着劳动产出大,劳动要素利用率高。高效率是现代生产的基本要求。仓储的效率表现于仓容利用率、货物周转率、进出库时间、装卸车时间等指标上,表现出"快进、快出、多存储、保管好"的高效率仓储。

仓储生产管理的核心就是效率管理,实现以最少的劳动量的投入获得最大的产品产出的目标。劳动量的投入包括生产工具、劳动力的数量以及其作业时间和使用时间。效率是仓储其他管理的基础,没有生产的效率就不会有经营的效益,就无法开展优质的服务。

2. 经济效益原则

企业生产经营的目的是为了追求利润的最大化,这是经济学的基本假设条件,也是社会现实的反映。利润是经济效益的表现,其计算公式为:

$$利润 = 经营收入 - 经营成本 - 税金$$

实现利润最大化需要做到经营收入最大化与经营成本最小化。

企业的经营不能排除为了追求利润最大化的动机。作为参与市场经济活动主体之一的仓储业,也应围绕着获得最大经济效益的目的进行组织与经营。但同时也需要承担部分的社会责任,履行环境保护、维护社会安定的义务,满足社会不断增长的需要等,以实现生产经营的社会效益。

3. 服务原则

仓储活动本身就是向社会提供服务产品。服务是贯穿在仓储中的一条主线,仓储的定位、仓储具体操作、对储存货物的控制都围绕着服务进行。仓储管理就需要围绕着服务定位,对如何提供服务、改善服务、提高服务质量进行管理,包括直接的服务管理和以服务为原则的生产管理。

仓储的服务水平与仓储经营成本有着密切的相关性,两者互相对立。服务好,成本高,收费则高,仓储服务管理就是在降低成本与提高(保持)服务水平之间保持平衡。

二、库存控制

(一)库存的概念

库存是指暂时闲置的用于满足将来需要的资源,它通常摆放在仓库中。在企业生产中,有许多未来的需求变化是人们无法预测或难以全部预测到的,人们不得不采用一些必要的方法和手段应对外界的变化,库存就是出于种种经济目的考虑而设立并存在的。设置库存的目的是为了防止短缺,所以企业一般都具有一定量的库存。

库存无论是对制造业还是服务业来说都十分重要。传统上,制造业库存是指生产制造企业为了实现产成品生产所需要的原材料、备件、低值易耗品及在制品、产成品等资源。在服务业中，库存一般是指用于销售的有形商品及用于管理服务的耗用品。

(二) 库存控制

库存管理的方法包括传统库存管理方法和现代库存管理方法两大类。

传统库存管理所要求的是既保证供应而又使储备量最小，做到不缺货。传统库存管理的方法一般包括 ABC 分类法、经济订货批量法、定量订货法、定期订货法等数学方法。

随着企业生产目标、组织结构、生产方式的变化，传统库存管理方法受到挑战，出现了新的现代库存管理方法。这类方法主要是通过适量的库存来达到合理的供应，实现总成本最低的目标。此库存管理的方法较传统库存管理方法有了一定的突破性，其放弃了保证供应，允许缺货，利用总成本最低来进行决策控制，主要包括物料需求计划、制造资源计划、企业资源计划和准时制等方法。

1. ABC 分类法

经济学家帕累托在研究财富的社会分配时得出了一个重要结论：80% 的财富掌握在 20% 的人手中，即关键的少数和次要的多数规律。后来人们发现这一规律普遍存在于社会的各个领域，称为帕累托现象。帕累托现象也出现于企业经营管理中，表现为企业多数的利润由少数品种的产品贡献。因此，对这些少数产品管理的好坏就成为了企业经营成败的关键，有必要在实施库存管理时对各类产品分出主次，并根据不同情况分别对待，突出重点。

ABC 分类法是储存管理中常用的分析方法，也是经济工作中的一种基本工作及认识方法。ABC 分类法在一定程度上可压缩企业库存总量、节约资金占用、优化库存结构、节省管理精力，因此在企业管理中被广为应用。

一般来说，企业的存货品种较多，有些企业的存货甚至达到数万种，其需求量和单价各不相同，年占用金额也各不相同。有些存货在整个库存存货中的品种数量所占比重较大，但其价值在全部存货中所占比重较小，而有些存货则相反。在进行存货管理时，若都采用平均的控制力度，既不科学也不经济。对那些年占用金额大的库存品，由于其占压企业的资金较大，对企业经营的影响也较大，因此需要进行特别的重视与管理；而对占压企业资金不大的存货，则可做一般控制，ABC 分类法就是在此基础上产生的。

ABC 分类法（如图 4-11 所示）是根据库存品的年占用金额的大小，把库存品划分为 A、B、C 三类，分别实行重点控制、一般控制、简单控制的存货管理方法。其中，A 类存货的年占用金额占总库存金额的 70% 左右，其品种数却只占总库存品种数的 10% 左右；B 类存货的年占用金额占总库存金额的 20% 左右，其品种数占总库存品种数的 20% 左右；C 类存货的年占用金额占总库存金额的 10% 左右，其品种数却占总库存品种数的 70% 左右。

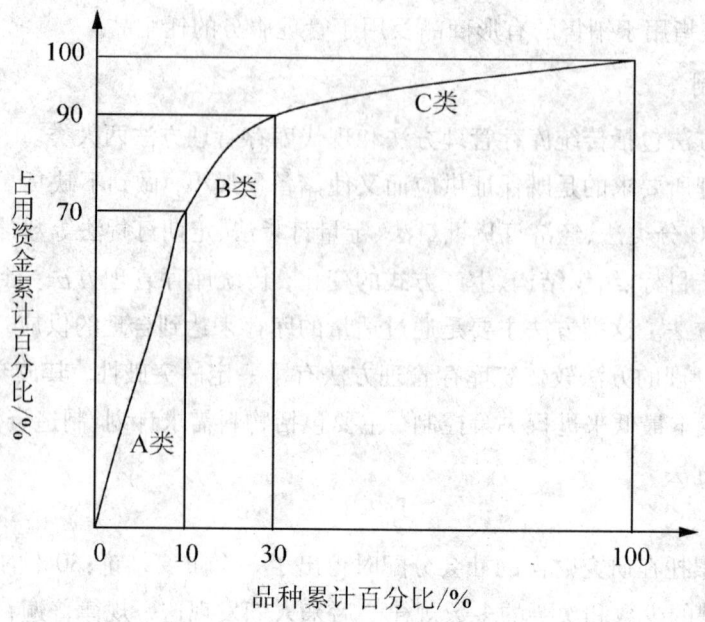

图4-11 ABC分类法

2. 经济订货批量

经济订货批量(Economic Order Quantity,EOQ)是指通过费用分析求得在库存总费用最小时的每次订购批量,用以解决独立需求物品的库存控制问题。企业的合理存货量标准是既能满足生产经营活动的正常进行,又使存货耗费的总成本最低,这个合理的存货量取决于经济订购批量的确定,于是EOQ在实际中便得到了广泛应用。

在企业年消耗量固定的情况下,一次订货量越大,订货次数就越少,每年花费的总订货成本就越低。因此,从订货费用的角度看,订货批量越大越好。但是,订货批量的加大必然会使库存保管费用增加,所以从保管费的角度看,订货批量越小越好。订货费与保管费呈现出此消彼长的关系,由于库存的每次订购数量直接影响到了库存总成本,因此经济订货批量是使年度总成本为最小时的订货批量。

经济订货批量模型中的年度总成本主要包括以下四种费用。

1)订货成本(订货费)

订货成本是指订货过程中发生的与订货有关的全部费用,包括办公费、差旅费、订货手续费、通信费、招待费以及订货人员的工资等。订货成本可分为固定性订货成本和变动性订货成本两部分。固定性订货成本是指与采购次数和数量没有直接联系的,用于维持采购部门正常活动所需要的有关费用,如采购机构的管理费、采购人员的工资等。而变动性订货成本则是指与订货数量没有直接关系,但随订货次数的变动而变动的费用,如差旅费、运输费等。订货成本与订货量的多少无关,而与订货次数有关。要降低订货成本,就需减少订货次数。

2)存储成本(库存保管费)

存储成本又称为持有成本，是指存货在储存过程中发生的费用。存储成本包括货物占用资金应付的利息、货物损坏变质的支出、仓库折旧费、维修费、仓储费、保险费、仓库保管人员工资等费用。

存储成本按照其与存货的数量及时间关系，分为固定性存储成本和变动性存储成本两部分。固定性存储成本是指在一定时期内总额相对稳定，与存货数量和时间无关的存储费用，如仓库折旧费、仓库人员工资等。变动性存储成本则是指总额随着存货数量和时间的变动而变动的有关费用，如仓储费、占用资金的利息等。

3) 进货与购买成本（采购成本）

进货与购买成本是指在采购过程中所发生的费用，包括所购物资的买价和采购费用。该成本取决于进货的数量与进货的单位成本。在没有数量折扣的条件下，进货与购买成本是企业无法控制的成本。

4) 缺货成本（缺货费）

缺货成本是指当存储供不应求时引起的损失，如失去销售机会的损失、停工待料的损失、临时采购造成的额外费用以及延期交货不能履行合同而缴纳的罚款等。从缺货损失的角度考虑，存储量越大，缺货的可能性就越小，缺货成本也就越低。

各种成本与年度总成本的关系如图 4 – 12 所示。

经济订货批量 EOQ 是用于解决独立需求库存控制问题的一种模型。其基本公式是：

年度总成本 = 年度采购成本 + 年库存保管费 + 年订货费 + 年缺货费

$$TC = DP + \frac{DC}{Q} + \frac{QK}{2} + \frac{VH}{2}$$

式中：TC——年度库存总成本；

    D——年需要量；

    Q——每次订货批量；

    C——每次订货费；

    P——产品价格；

    F——单位产品年保管费率（单位产品年保管费占单位产品采购价格的百分比）；

    K——单位产品年保管费；

    Q/2——年平均存储量；

    V——年缺货量；

    H——缺少单位产品的年费用。

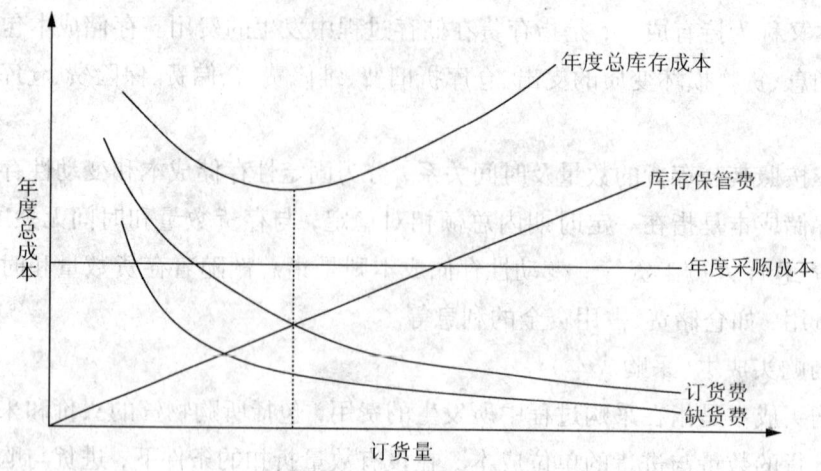

图 4-12 经济订货批量模型

3. MRP 库存控制法

MRP(Material Requirement Planning)是一种以计算机为基础的生产计划和库存控制系统,它能保证在需要时供应所需的物料,并同时使库存保持在最低的水平。作为一种库存计划方法的改进,MRP 是企业依据市场需求预测顾客订单、编制生产计划,然后基于这个计划组成产品的物料结构表和库存状况,通过计算机计算出所需物料的数量及时间,从而确保物料加工进度与订货日程的一种管理技术。

MRP 的中文意思是"物料需求计划",它的目标是基于组织制造资源,实现按需准时生产。对于庞大而复杂的生产系统,MRP 计划的制订与执行具有很高的难度,必须要有强有力的计算机软、硬件系统实行集中控制才能达到预想的效果,MRP 的逻辑原理如图 4-13 所示。

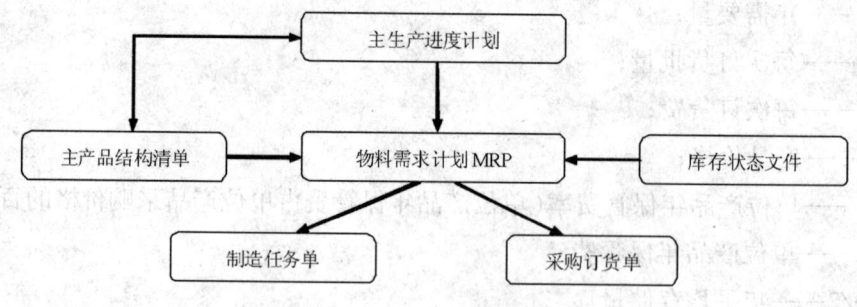

图 4-13 MRP 逻辑原理

由 MRP 逻辑原理图可见,物料需求计划产生新产品投产计划和采购计划,生成制造任务单及采购订货单,再据此组织产品的生产与物资的采购。

课后练习题

一、选择题

1. 生产企业中的原材料仓储属于（　　）。
   A. 企业自营仓储　　B. 营业仓储　　C. 公共仓储　　D. 战略储备仓储
2. 仓储具有（　　）和静态两种。
   A. 动态　　B. 流动　　C. 静止　　D. 停滞
3. 当某些库存承担起国家的安全使命时，这些库存通常被称为（　　）。
   A. 战略库存　　B. 保险库存　　C. 国家储备　　D. 制造库存
4. 注重货物周转作业效率和周转率的是（　　）。
   A. 储存仓储　　B. 物流中心仓储　　C. 保税仓储　　D. 运输转换仓储
5. 货物所有权随货物交付而转移的仓储是（　　）。
   A. 保管式仓储　　B. 混藏式仓储　　C. 消费式仓储　　D. 加工式仓储
6. 下列不能作为仓储物的是（　　）。
   A. 桌子　　B. 电视机　　C. 课本　　D. 知识产权

二、判断题

1. 仓储就是在特定的场所储存的物品，其对象必须是实物动产。（　　）
2. 无形资产可以作为仓储物。（　　）
3. 仓储既有积极的一面也有消极的一面。（　　）
4. 仓储连接了生产者和客户，其运作的好坏将直接影响整个物流系统的成本与效率。（　　）
5. 由于仓储消极作用的存在，应该完全取消仓储环节。（　　）

三、简答题

1. 仓储管理的作用体现在哪几个方面？
2. 仓储的消极作用是如何表现的？
3. 如何看待仓储业的发展方向？
4. 仓储有什么功能？

中国国家石油储备基地

自2003年起，中国开始筹建石油储备基地。初步规划用15年时间，分三期完成油库等硬件设施建设。2004年，我国正式开始在镇海、舟山、黄岛、大连四个沿海地区建设第一批石油储备基地。截至2013年底，一期四个基地已全部装满储备原油，共注入1.02亿桶原油，合1640万立方米。

自2009年起开始建设第二批石油储备基地,设计容量为2680万立方米。天津滨海新区的石油储备基地、新疆独山子基地、辽宁锦州基地、鄯善石油储备基地、广东惠州基地、江苏金坛基地(利用岩盐开采后留出的空间)、甘肃兰州基地等7个基地已经开始建设。规划库容为2680万立方米,约合1.69亿桶。

目前,我国战略石油储备基地三期工程正在规划中,重庆市万州区、海南省和河北省曹妃甸都有望入选。

根据规划,中国计划到2020年完成建立战略石油储备的全部工作,总共将建成约5亿桶储备,大致相当于90天的石油进口量,届时中国的石油储备规模将位居世界第二。

问题:国家实施战略储备的意义?

> 技能训练

选择身边的一家企业进行调查,并结合其实际业务分析它们的仓储业务与仓储管理实施情况。

项目五 配送管理

知识目标:

➢ 掌握配送的含义、分类和功能;

➢ 了解配送的要素及其一般流程,熟悉各类配送模式的特点;

➢ 掌握配送作业管理的基本环节;

➢ 掌握配送中心的含义、分类及功能等基本内容。

技能目标:

🖐配送组织能力;

🖐配送中心的选址、合理布局与规划的能力;

🖐能够根据货物情况拟定配送流程。

案例导读

U7-11便利店高效配送作业系统

  一家成功的便利店背后一定会有一个高效的物流配送系统。7-11从一开始采用的就是在特定区域高密度集中开店的策略，在物流管理上也采用集中的物流配送方案，这一方案每年大概能为7-11节约相当于商品原价10%的费用。

  7-11的物流共同配送系统分别在不同的区域统一集货、统一配送。配送中心有一个电脑网络配送系统，分别与供应商及7-11店铺相连。为了保证不断货，配送中心一般会根据以往的经验保留4天左右的库存。同时，中心的电脑系统每天都会定期收到各个店铺发来的库存报告和要货报告，配送中心把这些报告集中分析，最后形成一张张向不同供应商发出的定单，由电脑网络传给供应商，而供应商则会在预定时间之内向中心派送货物。

  7-11配送中心在收到了所有货物后，对各个店铺所需要的货物分别打包，等待发送。第二天一早，派送车就会从配送中心鱼贯而出，择路向自己区域内的店铺送货。整个配送过程就这样每天循环往复，为7-11连锁店的顺利运行修石铺路。有了自己的配送中心，7-11就能与供应商谈价格了。7-11和供应商之间定期会有一次定价谈判，以确定未来一定时间内大部分商品的价格，其中包括供应商的运费及其他费用。一旦确定了价格，7-11就省下了每次和供应商讨价还价这一环节，少了口舌之争，多了平稳运行7-11为自己节省了时间，也节省了费用。

  配送的细化随着店铺的扩大和商品的增多，7-11的物流配送越来越复杂，配送时间及配送种类的细分势在必行。以台湾地区的7-11为例，全省的物流配送就细分为出版物、常温食品、低温食品和鲜食食品四个类别的配送，各区域的配送中心需要根据不同商品的特征及需求量每天做出不同频率的配送，以确保食品的新鲜度，以此来吸引更多的顾客。新鲜、即时、便利和不缺货是7-11配送管理的最大特点，也是各家7-11店铺的最大卖点。

项目五 配送管理

任务一　配送认知

【任务要求】

> 　　王某是江西省新华书店联合有限公司下属一家连锁书店的进货员,他每天的采购流程十分简单:登录江西新华的网站,输入连锁店用户名和密码,查看当日最新书目、本店和总店各类图书的销售及库存情况,填写网上订单并确认,总部在24h内就能够完成配货。或者,王某还可驱车4公里,来到南昌市京东开发区宽敞的连锁物流配送中心展示大厅挑选陈列样书,把通过PDA掌上电脑无线订货系统传送的配货信息上传到总部的计算机中心,24h内图书将准确配货到位。
> 　　这种全新的采购方式得益于江西省新华书店联合有限公司的(以下简称"江西省店")连锁物流配送系统。上述订货信息经过商流系统软件(NVS软件)与物流系统软件(EXCEED软件)的数据转换,自动在各库区形成拣货单,进而在电子标签的引导下快速执行拣货与配货。入库上架的商品由物流系统进行管理,采用了储位管理的方法——所有储位以储位码为作业判断的依据,物流系统收到商流系统转来的批销单进行确认,作业人员根据电子标签进行拣货作业。这套现代化的物流配送系统使得江西省店在面对新的市场竞争时有了底气。
> 　　通过完成本次任务,应达到以下要求:
> 　　要求1:了解什么是配送及配送的功能。
> 　　要求2:配送合理化的意义。
> 　　要求3:我国目前配送领域存在的问题。

一、配送的概念及作用

(一)配送的概念

从物流角度来说,配送几乎包括了所有的物流功能要素,是物流在小范围内全部活动的体现。一般来说,配送集装卸、包装、保管、运输于一身,通过这一系列活动可达到将物品送达客户的目的。而特殊的配送则还要以加工活动为支撑,其包含的面更广。

从商流来讲,配送与物流的不同之处在于,物流是商物分离的产物,而配送则是商物合一的产物,配送本身就是一种商业形式。虽然配送在具体实施时,也有以商物分离形式实现的,但从配送的发展趋势看,商流与物流越来越紧密地结合是配送成功的重要保障。

根据《中华人民共和国国家标准物流术语》(GB/T 18354-2001),"配送"被定义为:"在经济合理区域范围内,根据用户要求,对物品进行拣选、加工、包装、分割、组配等作业,并按时送达指定地点的物流活动。"

(二)配送的作用

1. 推行配送有利于物流实现合理化

配送不仅能够促进物流的专业化、社会化发展,还能以其特有的运动形态和优势调整流通结构,促使物流活动向"规模经济"发展。从组织形态上看,它是以集中的、完善的送货取代分散性、单一性的取货;从资源配置上看,则是以专业组织的集中库存替代社会上的零散库存,衔接了产需关系,打破了流通分割和封锁的格局,很好地满足了社会化大生产的发展需要,有利于实现物流社会化及合理化。

2. 完善了运输系统

干线运输一般是长距离、大批量,只有使用载重量大的运输工具才可能实现运输的高效率、低成本;而支线运输一般是小批量的,运输频次高、服务性强,要求比干线运输具有更高的灵活性及适应性。配送环节通过与其他物流环节的配合,灵活性、适应性、服务性都比较强,因此,只有配送与运输的密切结合,使干线运输与支线运输有机统一起来,才能实现运输系统的合理化。

3. 提高了末端物流的效益

采用配送的方式,通过增大订货批量来达到经济的进货。它采用将各种商品配齐集中起来向用户发货和将多个用户小批量商品集中在一起进行发货等方式,以提高末端物流的经济效益。

4. 提高供应保证程度,实现企业低库存或零库存

生产企业自己保持库存、维持生产,供应保证程度很难提高(受库存费用的制约)。而采用配送的方式,配送中心可以比任何企业的储备量都大,可使企业减少缺货的风险。

实现了高水平配送之后,尤其是采取准时制配送方式之后,生产企业可以完全依靠配送中心的准时制配送而不需要保持自己的库存,或生产企业只需保持少量保险储备而不必留有经常性储备,这就可以实现生产企业多年追求的"零库存"了,将企业从库存的包袱中解脱出来,同时释放出大量储备资金,从而改善企业的财务状况。实行集中库存,集中库存总量远低于不实行集中库存时各企业分散库存之总量。同时还增加了调节能力,也提高了社会经济效益。此外,采用集中库存可利用规模经济的优势,使单位存货成本下降。

5. 简化事务,方便用户

采用配送的方式,用户只需要从配送中心一处订购就能达到向多处采购的目的,只需组织对一个配送单位的接货便可替代现有的高频率接货,因而大大减轻了用户的工作量及负

项目五 配送管理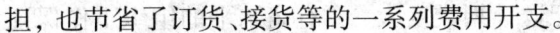

担,也节省了订货、接货等的一系列费用开支。

配送为电子商务的发展提供了基础和支持,电子商务需要有完善的配送网络为其提供实物的配送,这是电子商务发展的基础。在配送网络发展比较完善的地区,电子商务发展就越快。

二、配送的类型

随着配送的发展,为满足不同产品、不同用户和不同市场环境的要求,已出现了多种形式的配送。主要有以下几种分类方式:

1. 按配送主体不同划分

1)配送中心配送

组织者是专职从事配送业务的配送中心,规模较大,专业性强,和用户有固定的配送关系,一般实行计划配送。由于配送中心设施及工作流程是按配送需要而专门设计的,所以配送能力强,配送距离较远,配送品种多,配送数量大,可以承担工业企业生产用主要物资的配送及向商店实行补充性配送等。配送中心配送是配送的主体形式。

2)仓库配送

即以一般仓库为据点进行配送的形式,在仓库保持原有功能的前提下,增加配送功能。由于不是专门按配送中心要求建设的,所以仓库配送规模较小,专业化程度低,是一种中等规模的配送形式。

3)商店配送

组织者是商业或物资经营网点,它们承担着零售业务,规模一般不大,但经营品种齐全,容易组织配送。由于网点多,配送半径小,比较机动灵活,可承担生产企业非主要生产用物资的配送,是配送中心配送的辅助及补充形式。

4)生产企业配送

组织者是生产企业,尤其是进行多品种生产的企业,可以直接由企业配送,而无须再将产品运到配送中心进行中转配送。生产企业配送在地方性较强的生产企业中应用较多,如某些不适应中转的化工产品与地方建材产品大多采用生产企业配送方式。

2. 按配送品种和数量划分

1)单(少)品种大批量配送

由于配送的品种少,批量大,不需要与其他商品搭配即可使车辆满载,配送中心内部设施、组织计划等工作也较简单,因而配送成本较低。

2)多品种少批量配送

它是指按照用户要求,将所需各种物资配备齐全,凑整装车,由配送员送运给用户。这种配送,水平要求高,配送中心设备较复杂,配送计划难度大,要有高水平的组织工作保证配送。在配送方式中,这是一种高技术、高水平的方式,也符合现代"消费多样化"、"需求多样化"的新观念,是许多国家都很推崇的一种方式。

3) 配套配送或成套配送

按照企业生产的需要,尤其是装配型企业生产的需要,将生产每台产品所需的全部零部件配齐,准时送到企业的生产线,便于企业进行产品的装配。采用这种配送方式,配送企业承担了生产企业的大部分供应工作,生产企业专注于生产,与多品种少批量配送的效果相同。

知识链接

雅芳的物流配送标准

雅芳公司1886年创立于美国纽约,如今已发展成为世界上最大的美容化妆品公司之一,年销售总收入高达62亿美元,拥有4.3万名员工,向140个国家和地区的女性提供2万多种产品。雅芳于1990年进入中国,中国雅芳年销售总额达到20多亿元。浙江的年销售量为1 300t左右,其中温州每月的物流配送达1 000多笔。温州邮政担负起了雅芳公司产品在温州地区的物流配送任务。作为美国的500强企业,雅芳公司对物流配送的高标准要求将是对温州邮政物流配送的一次考验。

雅芳对物流配送的标准严格到了什么程度呢?该项目的工作人员介绍说,在准时到达率方面,雅芳要求从上海的配送中心开始,72h内一定要到达用户手中。在对配送人员的行为规范方面,雅芳要求配送人员统一着装,佩戴胸卡;在与收件人办理交接时,应主动、热情、礼貌,使用文明用语、微笑服务;做到仪表端庄、举止大方、亲切和蔼;语言简明、通俗、清晰,回答问题迅速、准确、耐心,有问必答;对待客户一视同仁,认真及时处理客户的意见和建议;不喝收件人一口水,不抽收件人一支烟,不说一句闲话。这些要求不能不说是对邮政配送人员的一种考验。

3. 按配送时间和数量不同划分

1) 定时配送

按规定时间及时间间隔进行的配送活动,如数天、数小时一次等,每次配送品种及数量可按计划进行,也可在配送前商定。由于时间固定,易于安排工作计划,易于计划调度车辆,对用户来说,也易于安排接货力量。

2) 定量配送

按事先供需双方协议规定的批量进行配送。由于数量固定,配货工作简单,可按托盘、集装箱等集装方式备货,也可做到整车配送,配送效率高。由于时间没有严格的规定,可将不同用户所需物资集零为整后配送,运力利用较好。对用户来讲,每次接货都是同等数量,

有利于仓位、人力、物力的准备。

3）定时定量配送

即按规定的时间和数量进行配送。兼有上述两种方式的优点，组织难度较大，适合采用的用户不多，不会成为普遍的方式。

4）定时定线路配送

在规定运行路线上制定到达时间表，按运行时间进行配送，用户在规定的路线站及规定的时间接货并提出配送要求。这种方式有利于安排车辆及人员，在配送用户较多的地方，亦可免于复杂的组织工作。

5）即时配送

完全按用户要求的时间和数量进行配送的方式。要求在充分掌握需要量和品种的前提下，及时安排最佳路线与相应车辆，实时配送。即时配送是水平较高的配送方式，但组织难度大，需事前做出计划安排。

三、配送合理化

1. 配送合理化的判断标志。

对于配送合理化与否的判断，是配送决策系统的重要内容，目前国内外尚无一定的技术经济指标体系和判断方法。按照一般认识，以下若干标志是应当纳入的

1）库存标志

库存是判断配送合理与否的重要标志。具体指标有以下两方面：

（1）库存总量。库存总量在一个配送系统中，从分散于各个用户转移给配送中心，配送中心库存数量加上各用户在实行配送后的库存量之和应低于实行配送前各用户库存量之和。

（2）库存周转。由于配送企业的调剂作用，以低库存保持高的供应能力，库存周转一般总是快于原来各企业的库存周转。

2）资金标志

总的来讲，实行配送应有利于资金占用降低及资金运用的科学化。主要判断标志如下：

（1）资金总量。用于资源筹措所占用流动资金总量，随储备总量的下降及供应方式的改变必然会有一个较大的降幅。

（2）资金周转。从资金运用来讲，由于整个节奏加快，资金充分发挥作用。同样数量的资金，过去需要较长时期才能满足一定供应要求。而采用了配送方式之后，在较短时期内就能达此目的。所以，资金周转是否加快，是衡量配送合理与否的标志。

3）成本和效益

对于配送企业而言，企业利润反映了配送合理化的程度。对于用户企业而言，在保证供

应水平或提高供应水平(产出一定)的前提下,供应成本的降低反映了配送的合理化程度。成本及效益对合理化的衡量,还可以具体到储存、运输具体配送环节,使判断更为精细。

4) 供应保证标志

配送必须是提高而不是降低对用户的供应保证能力,才算实现了合理化。供应保证能力可以从以下方面判断:

(1) 缺货次数。实行了配送后,对于各用户来讲,该到货而未到货以致影响用户生产及经营的次数,必须下降才算合理。

(2) 配送企业集中库存量。对于每一个用户来讲,其数量所形成的保证供应能力高于配送前单个企业的保证程度,从供应保证来看才算合理。

(3) 即时配送的能力及速度是用户出现特殊情况的特殊供应保障方式,这一能力必须要高于未实行配送前用户的紧急进货能力及速度才算合理。

(4) 配送企业的供应保障能力是一个科学的合理的概念,而不是无限的概念。具体来讲,如果供应保障能力过高,超过了实际的需要,则属于不合理。所以,追求供应保障能力的合理化也是有限度的。

5) 社会运力节约标志

末端运输是目前运能、运力使用不合理,浪费较大的领域,因而人们寄希望于通过配送来解决这个问题,这也成了配送合理化的重要标志。

(1) 社会车辆总数减少,而承运量增加为合理;

(2) 社会车辆空驶减少为合理;

(3) 一家一户自提自运减少,社会化运输增加为合理。

6) 用户企业仓库、供应、进货人力物力节约标志

实行了配送后,各用户库存量、仓库面积、仓库管理人员减少为合理;用于订货、接货、搞供应的人应减少才为合理。如果能真正解除用户的后顾之忧,配送的合理化程度则可以说是一个高水平。

7) 物流合理化标志

物流合理化的问题是配送要解决的大问题,也是衡量配送本身的重要标志。这可以从以下几方面判断:是否降低了物流费用,是否减少了物流损失,是否加快了物流速度,是否发挥了各种物流方式的最优效果,是否有效衔接了干线运输和末端运输,是否不增加实际的物流中转次数,是否采用了先进的技术手段。

2. 配送合理化可采取的做法

国内外推行配送合理化有一些可供借鉴的办法,简介如下:

(1) 推行一定综合程度的专业化配送。通过采用专业设备、设施及操作程序,取得较好

的配送效果并降低配送过分综合化的复杂程度及难度,从而追求配送合理化。

(2) 推行加工配送。通过加工与配送相结合,充分利用本来应有的这次中转,而不增加新的中转求得配送合理化。同时,加工借助于配送,加工目的更明确和用户联系更紧密,更避免了盲目性。这两者的有机结合,使投入不会增加太多却可追求两个优势、两个效益,是配送合理化的重要经验。

(3) 推行共同配送。通过共同配送,可以以最近的路程、最低的配送成本完成配送,从而追求合理化。

(4) 实行送取结合。配送企业与用户建立稳定、密切的协作关系。配送企业不仅成了用户的供应代理人,而且承担了用户储存据点的角色,甚至成为了产品代销人。在配送时,将用户所需的物资送到,再将该用户生产的产品用同一车运回,这种产品也成了配送中心的配送产品之一,或者作为代存代储,免去了生产企业库存的包袱。这种送取结合使运力充分利用,也使配送企业功能有了更大的发挥,从而追求合理化。

(5) 推行准时配送系统。准时配送是配送合理化的重要内容。配送做到了准时,用户才有资源把握,放心地实施低库存或零库存,可以有效地安排接货的人力、物力,以追求最高效率的工作。另外,保证供应能力也取决于准时供应。从国外的经验来看,准时供应配送系统是现在许多配送企业追求配送合理化的重要手段。

(6) 推行即时配送。即时配送是最终解决用户企业担心断供之忧、大幅度提高供应保障能力的重要手段。即时配送是配送企业快速反应能力的具体化,是配送企业能力的体现。即时配送成本较高,但它是整个配送合理化的重要保障手段。此外,用户实行零库存,即时配送也是向客户保证供应的重要手段。

 知识链接

配送业务中的"三全"服务

(1) 全天候——指配送商应在24h内能提供服务,包括紧急服务、特殊服务(人力手提直送)。
(2) 全方位——指服务商应准时、准量、准价、按质提供商品。
(3) 全过程——指对配送业务的各个环节进行全面责任管理。

任务二　配送作业

【任务要求】

沃尔玛的年销售额连续3年在福布斯的排名中冠军。相对于汽车制造、IT、高科技电子等高利润行业，它是一个利润率极低的零售商，能连续三年排名第一，堪称奇迹。沃尔玛之所以能够迅速增长，并且成为世界500强之首，与其在节省成本以及在物流运送、配送系统方面的成就是分不开的。

让供应商采用沃尔玛的运输系统，由他们自己完成运输。因为沃尔玛的运输成本比供货商低，采用沃尔玛的物流配送系统可以对供货商进行成本上的节省。而且从厂商到货架的过程，沃尔玛增加的部门并不会增加运作的成本，合理安排反而会降低运作的成本。

通过完成本次任务，应达到以下要求：

要求1：了解什么是配送作业。

要求2：了解配送作业管理的基本环节。

要求3：我国目前配送作业存在的问题。

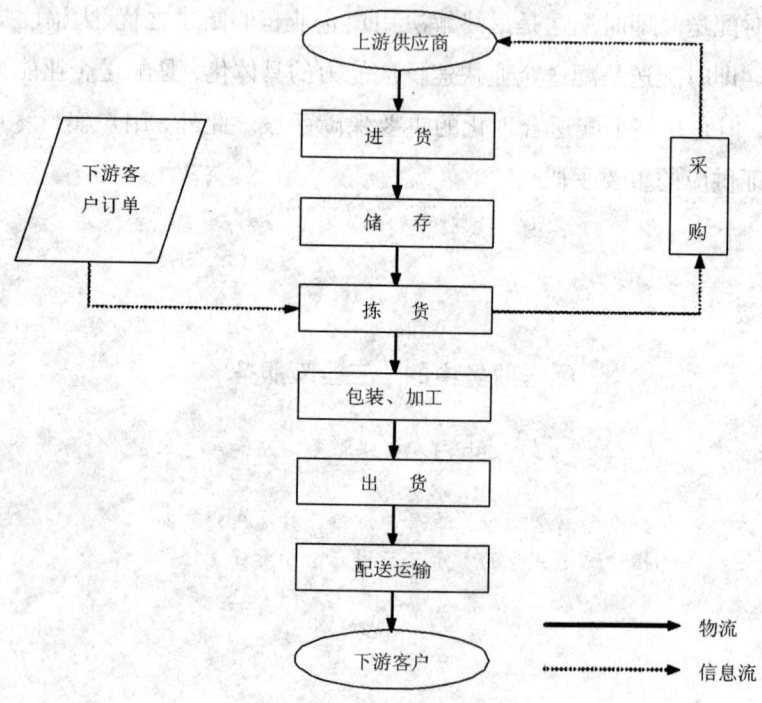

图5-1　配送作业流程

一、订单处理

由接到客户订单开始至准备着手拣货之间的作业阶段称为订单处理,通常包括订单确认、存货查询、单据处理等内容。订单处理是与客户接触的首要环节,对后续的拣选、配送产生直接会影响。订单处理可分为人工处理和计算机处理两种方式,其中人工处理的弹性较大,但只适合少量的订单处理,一旦订单数量较多,处理将变得缓慢且容易出错。而计算机处理则速度快、效率高,适合大量的订单处理。

订单是配送中心开展配送业务的依据。配送中心接到客户订单以后需要对订单加以处理。订单处理流程如图 5-2 所示。

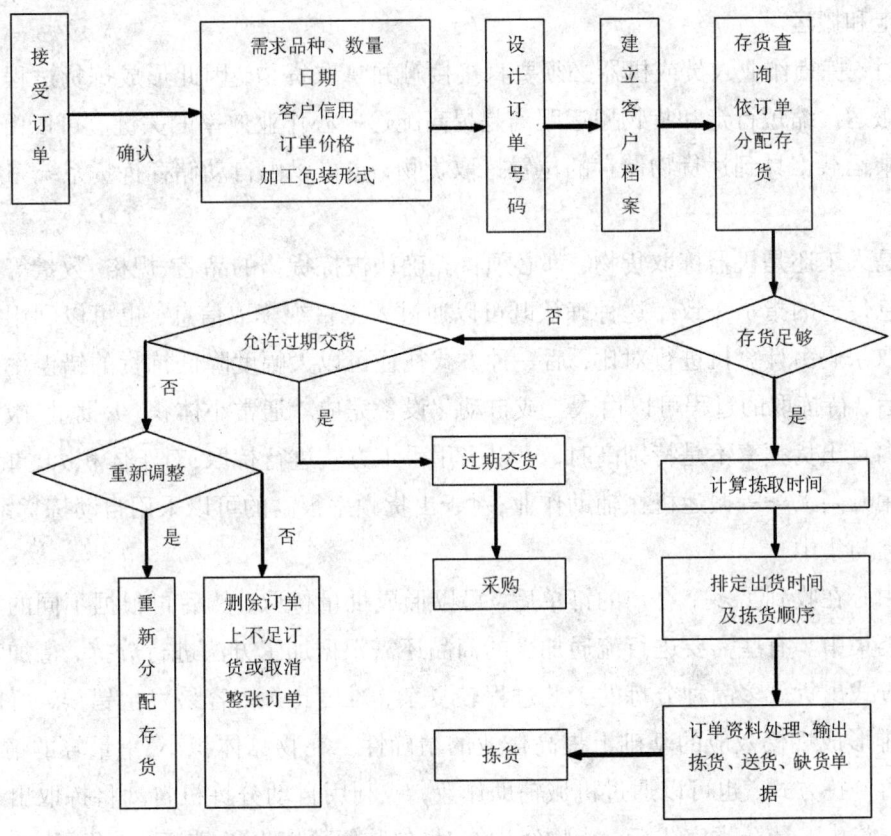

图 5-2 订单处理流程图

二、拣货作业

所谓拣货,就是依据顾客的订货要求或配送中心的送货计划,尽可能迅速、准确地将商品从其储位或其他区域拣取出来,并按一定的方式进行分拣、集中,等待配装送货的作业过程。

拣货作业是配送中心作业的核心环节。从实际运作过程来看,拣货作业是在拣货信息的指导下,通过行走和搬运拣取货物,再按一定的方式将货物分拣、集中。因此,拣货作业的主要过程包括以下四个环节。

1. 拣货信息的产生

拣货作业必须要在拣货信息的指导下才能完成。拣货信息来源于顾客的订单或配送中心的送货单。因此,有些配送中心直接利用顾客的订单或配送中心的送货单作为人工拣货指示,即拣货作业人员直接凭订单或送货单拣取货物。这种信息传递方式无法准确标示所拣货物的储位,使拣货人员延长寻找货物时间及拣货行走路径。国外的大多数配送中心一般是先将订单等原始拣货信息经过处理后转换成"拣货单"或电子拣货信号,指导拣货人员或自动拣取设备进行拣货作业,以提高作业效率与作业准确性。

2. 行走和搬运

拣货时,拣货作业人员或机器必须要直接接触并拿取货物,因此形成拣货过程中的行走与货物的搬运。缩短行走和货物搬运距离是提高配送中心作业效率的关键。可以由拣货人员步行或搭乘运载工具到达货物储存的位置拣取货物,也可以由自动储存拣货系统完成。

3. 拣取

无论是人工还是机器拣取货物,都必须首先确认被拣货物的品名、规格、数量等内容是否与拣货信息传递的指示一致。这种确认既可以通过人工目视读取信息,也可以利用无线传输终端机读取条码由计算机进行对比,后一种方式往往可以大幅度降低拣货的错误率。拣货信息被确认后,待拣取的过程可以由人工或自动化设备完成。通常小体积、少批量、搬运重量在人力范围内且出货频率不是特别高时,可以采用手工方式进行拣取;对于体积大、重量大的货物可以利用升降叉车等搬运机械辅助作业;对于出货频率很高的可以采用自动拣货系统。

4. 分类与集中

配送中心在收到了多个客户的订单后,可以形成批量拣取,然后再根据不同的客户或送货路线分类集中。有些需要进行流通加工的商品还需根据加工方法进行分拣,待加工完毕后再按一定方式出货。多品种分拣的工艺过程较复杂,难度也大,容易发生错误,所以必须要在统筹安排形成规模效应的基础上提高作业的精确性。在物品体积小、重量轻的情况下,可以采用人力分拣方式,也可以通过机械辅助作业,或利用自动分拣机自动将拣取出来的货物进行分类与集中。待分类完成后,货物经过查对、包装便可以出货、装运、送货了。

三、补货作业

补货作业是将货物从保管区域搬运到拣货区的作业过程,其目的是保证拣货区有货可拣,是保证充足货源的基础。与拣货作业直接相关的就是补货的问题了,它的筹划必须要满足两个条件:一是要确保有货物可配,二是要将待配货物放置在存取都方便的位置上。补货作业流程如图 5-3 所示。

项目五 配送管理

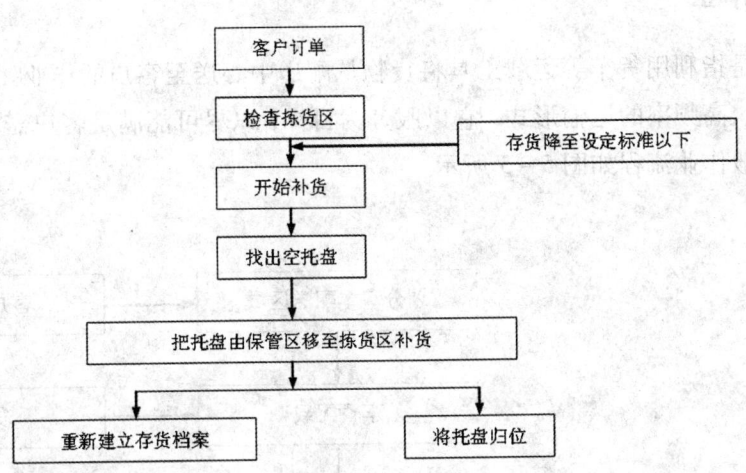

图 5-3 补货作业流程

四、配货作业

配货是指将拣取分类完成的货物做好出货检查，装入妥当的容器，做好标示，根据车辆调度安排的趟次别或厂商别等指示将物品运至待运区，最后装车发送。这一连串过程即为配货作业的内容，其主要流程如图 5-4 所示。

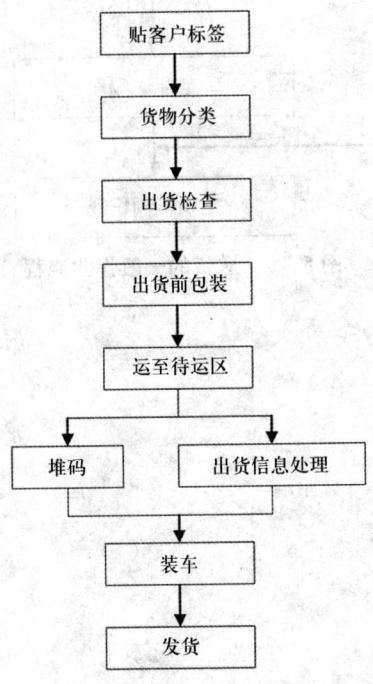

图 5-4 配货作业流程

五、送货作业

送货作业是指利用货车等运载工具将货物从配送中心送至客户的作业。送货通常是一种短距离、小批量、高频率的运输形式，它以服务为目标，以尽可能满足客户需求为宗旨。

送货的一般作业流程如图5-5所示。

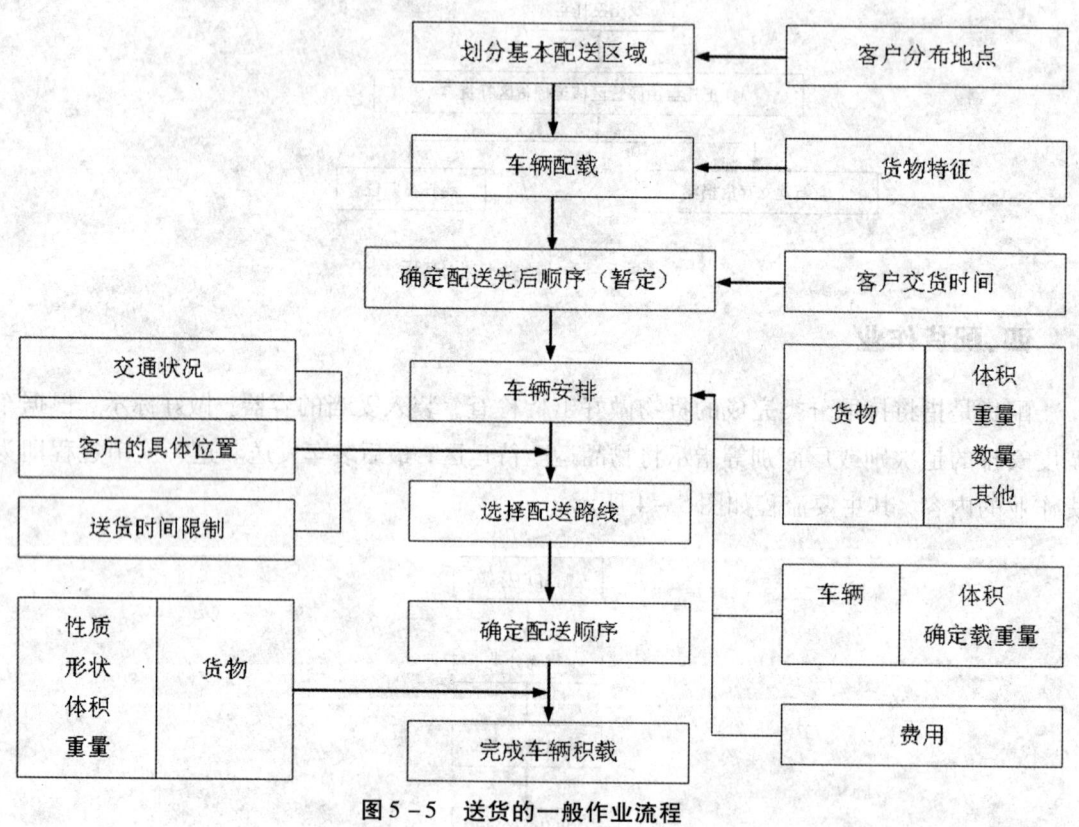

图5-5 送货的一般作业流程

项目五 配送管理

任务三 配送中心运作

【任务要求】

海福发展(深圳)有限公司坐落于深圳福田保税区,是一家为高科技电子产品企业提供物流配送服务的企业。该公司承接了 IBM 公司在我国境内生产厂的电子料件的配送业务,他们将 IBM 分布在全球各地共 140 余家供应商的料件通过海陆空物流网络有机地联系在了一起。料件集装箱运到香港机场、码头后,由公司配送中心进行报关、接运、质检、分拣、选货、配套、集成、结算、制单、信息传递、运输、装卸等项作业。将上千种电子料件在 24h 内安全、准确地完成从"香港—保税区—IBM 工厂生产线"的物流过程,保证 IBM 的各地供应。与此同时,还要完成 IBM、海福、供应商三者之间的费用结算。

通过完成本次任务,应达到以下要求:

要求1:了解什么是配送中心。

要求2:了解配送中心的意义。

要求3:理解配送中心的功能。

一、配送中心的概念和分类

配送中心是组织配送性销售或供应,以执行实物配送为主要职能的流通型物流结点。配送中心的形成及发展是有其历史原因的,它是为了达到物流系统化及大规模化的必然结果。配送中心是基于物流系统化和进行市场开拓两大因素而发展起来的。

1. 配送中心的含义

配送中心是专业从事货物配送活动的物流场所和经济组织,是集加工、理货、送货等多种职能于一体的多功能、集约化的物流结点。配送中心以物流配送活动为核心业务,其目的是为了提供高水平的配送服务,因此要求其具有现代化的物流设施与经营理念。

随着我国市场经济的不断发展,市场竞争的结果是使卖方市场逐渐转向买方市场。传统的流通模式越来越不能满足市场多品种小批量的需求,一些商业或流通企业纷纷准备或开始筹建配送中心,以降低成本,提高服务质量及水平。通过建设配送中心可以扩大经营规模,改进物流与信息流系统,满足用户不断发展的多样化需求,使末端物流更加合理。

2. 配送中心的分类

对于不同种类与行业形态的配送中心,其作业内容、设备类型、营运范围可能会完全不同,但是系统规划分析的方法与步骤却有着共通之处。配送中心的发展已逐渐由以仓库为主体向信息化、自动化的整合型配送中心发展。企业的背景不同,其配送中心的功能、构成和运营方式就有很大区别,因此在配送中心规划时应该充分加以考虑。随着经济的发展和流通规模的不断扩大,配送中心不仅数量增加,而且也由于服务功能及组织形式的不同而演绎出了许多新的类型。标准不同,分类的结果也不一样。

1)按配送中心归属分类。

(1)自有型配送中心

自有型配送中心是指隶属于某一个企业或企业集团,通常只为本企业提供配送服务。连锁经营的企业常常建有这类配送中心,如美国沃尔玛公司所属的配送中心就是公司独资建立并专门为本公司所属的连锁企业提供商品配送服务的自有型配送中心。

(2)公共型配送中心

公共型配送中心是以盈利为目的,面向社会开展后勤服务的配送组织。其特点是服务范围不限于某一个企业。在配送中心的总量中,这种配送组织占有相当大的比例,并随着经济的发展比例还会不断提高。

2)按配送中心辐射服务范围分类

(1)城市配送中心。

城市配送中心是一种以城市作为配送范围的配送中心。其特点是多品种、小批量,配送距离短,要求反应能力强,提供门到门的配送服务。根据城市道路的特点,其运载工具常为小型汽车。另外,城市配送的对象多为连锁零售企业的门店及最终消费者,如我国很多城市的食品配送中心、菜篮子配送中心等都属于城市配送中心。

(2)区域配送中心。

区域配送中心是一种具有较强辐射能力和库存储备的配送中心。这种配送中心规模较大,库存商品充分,客户较多,配送批量也较大,辐射能力强,配送范围广,可以跨省、市开展配送业务。其服务对象经常是下一级配送中心、零售商或生产企业用户,如美国沃尔玛公司的配送中心,建筑面积达12万平方米,每天可为六个州的100家连锁店配送商品。

3)按照配送中心的内部特性分类

(1)储存型配送中心。

有很强储存功能的配送中心。一般来讲,在买方市场下,企业成品销售需要有较大库存支持,其配送中心可能具有较强的储存功能;在卖方市场下,企业原材料、零部件供应需要有较大的库存支持,这种供应配送中心也有较强的储存功能。大范围配送的配送中心需要有较大库存,也可能是储存型配送中心。

(2)流通型配送中心。

基本上没有长期储存功能,仅以暂存或随进随出方式进行配货、送货的配送中心。这种配送中心的典型方式是大量货物整进并按一定批量零出,采用大型分货机,进货时直接进入分货机传送带分送到各用户货位或直接分送到配送汽车上,货物在配送中心里仅做少许停滞。例如日本的阪神配送中心内只有暂存功能,而大量储存则依靠一个大型补给仓库。

(3)加工配送中心。

具有加工职能,根据用户的需要或者市场竞争的需要,对配送物进行加工之后进行配送的配送中心。在这种配送中心内,有分装、包装、初级加工、集中下料、组装产品等加工活动。世界著名连锁服务店肯德基和麦当劳的配送中心就属于这种类型。

4)按照配送中心承担的流通职能分类

(1)供应配送中心。

配送中心执行供应的职能,专门为某个或某些用户(例如连锁店、联合公司)组织供应的配送中心。例如,为大型连锁超级市场组织供应的配送中心;代替零件加工厂送货的零件配送中心,使零件加工厂对装配厂的供应合理化。供应型配送中心的主要特点是,配送的用户有限并且稳定,用户的配送要求范围也比较确定,属于企业型用户。

(2)销售配送中心。

配送中心执行销售的职能,以销售经营为目的,以配送为手段的配送中心。销售配送中心大体上有两种类型:一种是生产企业为本身产品直接销售给消费者的配送中心,而在国外这种类型的配送中心很多;另一种是流通企业作为本身经营的一种方式,建立配送中心以扩大销售,我国目前拟建的配送中心大多属于这种类型,国外的例证也很多。

5)按配送货物种类分类

根据配送货物的属性,可以分为食品配送中心、日用品配送中心、医药品配送中心、化妆品配送中心、家用电器配送中心、电子(3C)产品配送中心、书籍产品配送中心、服饰产品配送中心、汽车零件配送中心以及生鲜处理中心等。

二、配送中心的功能

一般的仓库只重视商品的储存保管,传统的运输只是提供商品运输而已,而配送中心则重视商品流通的全方位功能,同时具有商品储存的功能。配送中心的功能全面完整,它把收货验货、储存保管、装卸搬运、拣选、流通加工、送货、结算和信息处理有机地结合起来,通过发挥配送中心的各项功能,大大地压缩了整个连锁企业的库存费用,从而降低了整个物流系统的成本,提高了企业的服务水平。配送中心一般具备如下一些功能:

1. 集货功能

为了能够按照用户的要求配送货物,尤其是多品种、小批量的配送,首先必须要集中满足用户需求的数量及品种的备货,从生产企业取得种类、数量繁多的货物,这是配送中心的基础职能,是配送中心取得规模优势的基础之所在。一般来说,集货批量应大于配送批量。

2. 储存功能

储存在配送中心创造着时间效用。配送依靠集中库存来实现对多个用户的服务,储存可形成配送的资源保证,可有效地组织货源,调节商品的生产与消费、进货和销售之间的时间差,这是配送中心必不可少的支撑功能。为了保证正常配送特别是即时配送的需要,配送中心应保持一定量的储备。

3. 拣选功能

拣选是配送中心区别于一般仓库和送货的标志。为了将多种货物向多个用户按不同要求、种类、规格、数量进行配送，配送中心必须要有效地将储存货物按照用户的要求拣选出来，并能够在拣选的基础上按照配送计划进行理货，这是配送中心的核心功能之一。为了提高拣选效率，应配备相应的拣选装置，如货物识别装置、传送装置等。

4. 配货功能

将各用户所需的多种货物在配货区有效地组合起来，形成向用户方便发送的配载，这也是配送中心的核心功能之一。分拣职能和配货职能作为配送中心不同于其他物流组织的独特职能，作为整个配送系统水平高低的关键职能，已不单纯是完善送货、支持送货的准备，它还是配送企业提高服务质量及自身效益的必然延伸，是送货向高级形式发展的必然要求。

5. 装卸搬运功能

配送中心的集货、理货、装货、加工都需要辅之以装卸搬运，有效的装卸能够大大提高配送中心的水平。这是配送中心的基础性功能。

6. 配装功能

在单个客户的配送数量不能达到配送车辆的有效载运负荷时，就存在着如何集中不同客户的配送物品进行搭配装载以充分利用车辆的运能、运力问题，这一工作过程就是配装，也叫配载。配送中心和一般送货的不同之处也在于此。配送中心可以通过配装送货大大提高送货水平及车辆利用率，并降低送货的成本。

7. 送货功能

虽然送货过程已超出配送中心的范畴，但配送中心仍对送货工作指挥管理起着决定性作用，送货属于配送中心的末端职能。配送运输中的难点是，如何组合形成高效最佳的配送路线，如何使配装和路线有效搭配。

8. 流通加工功能

配送中心为了促进销售、便利物流或提高原材料的利用率，按用户的要求并根据合理配送的原则而对商品进行下料、打孔、解体、分装、贴标签、组装等初加工活动，因而使配送中心具备一定的加工能力。流通加工不仅提高了配送中心的经营与服务水平，也有利于提高资源的利用率。经济高效的运输、装卸、保管一般需要大的包装形式。但在配送中心下位的零售商、最终客户，一般需要小的包装。为了解决这一矛盾，有的配送中心设有流通加工功能。流通加工与制造加工不同，它对商品不作性能与功能的改变，仅仅是商品尺寸、数量和包装形式的改变。例如，粮油配送中心是将大筒包装加工成瓶状小包装，而饲料配送中心则是将多种饲料的大包装加工成混合包装的小包装。

9. 信息处理功能

配送中心除了具有上述功能外，还能为配送中心本身及上下游企业提供各式各样的信息情报，以供配送中心营运管理政策制定、商品路线开发、商品销售推广政策制定参考。例如，哪一个客户订多少商品，哪一种商品比较畅销，从电脑的分析资料中便可以很快获得答案，甚至可以将这些宝贵资料提供给上游的制造商及下游的零售商当作经营管理的参考。配送中心不仅实现了物的流通，而且也通过信息来协调配送中各环节的作业，协调生产与消费等。配送中心的信息处理是全物流系统中重要的一环。

三、配送中心选址

配送中心是一种物流节点，其目的是降低运输成本、减少销售机会的损失。配送中心的设置与建设要考虑一个区域范围内物流系统的整体规划，同时还要满足其经营上的要求，是一项建设规模大、投资额高、涉及面广的系统工程。

1. 配送中心选址的影响因素

1）自然环境因素

（1）气象条件：配送中心在选址过程中，主要考虑的气象条件有温度、风力、降水量、无霜期、年平均蒸发量等指标。

（2）地质条件：配送中心是大量商品的集结地。配送中心拥有大量的建筑物及构筑物，有些商品的重量很大，这些都对地面造成了很大压力。如果配送中心地面以下存在着淤泥层、松土层等不良地质条件，会在受压地段造成沉陷、翻浆等严重后果，为此，配送中心的选址要求土壤承载力要高。

（3）水文条件：配送中心选址需远离容易泛滥的河川流域与地下水上溢的区域。要认真考察近年来的水文资料，洪泛区、内涝区、干河滩等区域要绝对禁止选择。

（4）地形条件：配送中心应选择地势较高、地形平坦之处，且应具有适当的面积与外形。

2）经营环境因素

（1）经营环境。配送中心所在地区的物流产业政策对物流企业的经济效益将产生重要影响。而本地区的物流发展水平、行业内的竞争情况等也是影响选址的重要因素。

（2）顾客需求分布。配送中心服务对象的分布、经营配送的商品及顾客对配送服务的要求等是配送中心在选址时必须要考虑的。经营不同类型商品的配送中心最好能够分别布局在不同区域，因为顾客分布状况、配送商品数量的增加和顾客对配送服务要求的提高等都对配送中心的经营与管理带来了影响。

（3）物流费用。配送中心选址必须要考虑物流费用，应综合考虑总费用的合理性，大多数配送中心的选址接近于服务需求地，以便缩短运距、降低运费等物流费用。

3）基础设施状况

（1）交通条件。配送中心选址时必须要考虑交通运输条件。运输是物流活动的核心环节，配送活动必须要依靠由各种运输方式所组成的最有效的运输系统，才能及时、准确地将商品送交给顾客。所以，配送中心的选址应尽可能接近交通运输枢纽，如高速公路、主要干道、其他交通运输站港等，以提高配送效率，缩短配送运输时间。

（2）公共设施状况。配送中心周围的公共设施也是必须要考虑的因素之一。要求有充足的供水、电、气、热的能力，排污能力，此外还应有信息网络技术条件。

4）其他因素

其他因素包括环境保护方面的要求，以及选址地的周边状况等。

2. 配送中心选址的方法

配送中心选址可分为单一配送中心的选址和多个配送中心的选址。这里只介绍单一选址的方法。单一选址是指一个配送中心对应多个客户的选址，其方法如下：

1）加权评分法。选址时的许多重要因素难以精确地量化，而对这些因素与指标缺乏一定程度的量化就难以对各种选址方案做对比性分析，常用的处理方法就是加权评分法。

加权评分法的步骤如下：

（1）列出备选地点；

（2）列出影响选址的各个因素，并根据其影响的重要程度赋予不同的权重；

（3）给出每个因素的分值范围，一般是 1～10 或 1～100；

（4）专家对各个备选地点就各个因素评分，并将该因素的得分乘以其权重；

（5）将每个地点各因素的得分相加，求出总分后加以比较，得分最多的地点可作为选址地点。

2）重心法。重心法将配送系统的资源点或需求点看成是分布在某一平面范围内的物体系统，各资源点与需求点的物流量分别看成是物体的重量，物体系统的重心点将作为配送的最佳设置点，如图 5-6 所示。其具体步骤为：

（1）在坐标系中标出各个点的坐标（Xi，Yi），目的在于确定各点的相对距离；

（2）根据各点在坐标系中的横坐标值、纵坐标值求出配送成本最低的位置坐标 X 和 Y，即配送中心的选址，计算公式如下。

$$X = \frac{\sum C_i Q_i X_i}{\sum Q_i C_i}$$

$$Y = \frac{\sum C_i Q_i Y_i}{\sum Q_i C_i}$$

式中：C_i——配送中心至资源点或需求点 i 的费率；

Q_i——第 i 资源点或需求点的资源量或需求量。

项目五 配送管理

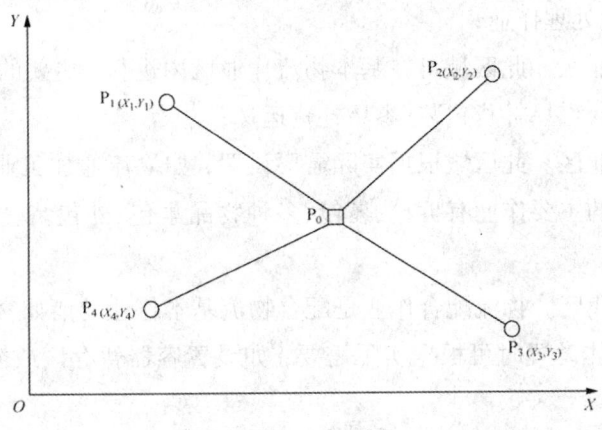

图 5-6 重心法

这种方法对于用地的现实性和候选位置点均缺乏全面考虑。例如，选址点选在车站、公园等，就是不可行的。此时可以在其最近处选择可以采用的场址点，也可以在其附近选定几个现实的场址作为候补。

四、配送中心的规划与布局

1. 作业功能的规划

1）作业流程的规划

配送中心的主要活动是订货、进货、储存、拣货、发货和配送作业。有的配送中心会进行流通加工作业、退货作业。如有退货作业时，还要进行退货品的分类、保管和退回作业。所以，只有经过基本资料分析和基本条件假设之后，才能针对配送中心的特性进一步分析并制定合理的作业程序，以便选用设备并规划设计空间。通过对各项作业流程的合理化分析，从而找出作业中不合理与不必要的作业，力求简化配送中心可能出现的不必要的计算及处理环节。这样规划出的配送中心减少了重复堆放的搬运、翻堆和暂存等工作，提高了配送中心的效率，降低了作业成本。如果储运单位过多时，可将各作业单位予以分类合并，避免内部作业过程中储运单位过多的转换。尽量简化储运单位，以托盘或储运箱作为容器。把体积、外形差别大的商品归类为相同标准的储运单位。

2）作业区域的功能规划

在作业流程规划后，可根据配送中心的运营特性进行区域及周边辅助活动区的规划。物流作业区指装卸货、入库、拣取、出库、发货等基本的配送中心作业环节，周边辅助活动区则指办公室、计算机中心等。通过归类整理，可把配送中心分成如下作业区域：

（1）基本物流作业区。此区域是配送中心核心区域，在此进行基本的物流作业，包括车辆入库、卸货、进货点收、理货、入库、储存、流通加工、发货、配载、配送等作业；

（2）退货物流作业区。此区域的设置可根据配送中心的规模大小及与供应商的协议等实际需要而定。在此区域进行的作业有退货卸货、退货点收、退货责任确认、退货良品处理、退货瑕疵品处理、退货废品处理作业；

（3）换货补货作业区。此区域可在基本物流作业区内进行，主要的作业有退货后换货作业、零星补货拣取作业、零星补货包装、零星补货运送；

（4）流通加工作业区。此区域根据实际需要设置，如果流通加工业务量很小，可在配装区进行。流通加工区的主要作业有拆箱、裹包、多种物品集包、外包装、发货商品称重、印贴标签等；

（5）物流配合作业区。物流配合作业是配合物流基本作业的诸如容器回收、空容器暂存、废料回收处理等。具体设置时可根据实际需要，如设置容器暂存区或容器储存区、废料暂存区或废料处理区等；

（6）设备作业区。此区域主要是保证配送中心业务正常进行的配合区域，主要的作业项目有电气设备使用、动力及空调设备的使用、安全消防设备的使用、设备维修工具器材存放、人员车辆通行通畅、机械搬运设备停放等；

（7）办公事务区。办公事务是配送中心正常运转及高效率运行的基础保证，主要的事务活动有配送中心各项事务性的办公活动、一般公文文件与资料档案的管理、配送中心电脑系统的使用及管理等；

（8）员工活动区。配送中心员工及供应商休息、膳食、盥洗的场所；

3）作业区的能力规划

在确定了配送中心的作业区之后，根据配送中心服务的对象、商品的特性、自动化水平、信息系统建设情况等因素进一步确定各作业区的具体内容。在对作业区域进行规划时应以物流作业区域为主，再延伸到相关的周边区域。对物流作业区的规划可根据流程进出顺序逐区规划。现以基本物流作业区域为例，对各作业区域的具体内容进行说明。

（1）装卸区作业能力规划内容：进货平台和发货平台是否共用或相邻、装卸货车进出频率、商品装载特性、装卸设备设施选用、平均装卸货时间、进货时段、配送时段等。

（2）进货暂存区作业能力规划内容：每日进货数量、容器使用规格、容器流通频率、进货等待入库时间、进货点收作业内容等。

（3）理货区作业能力规划内容：理货作业时间、进货品检作业内容、品检作业时间、有无装卸托盘配合设施等。

（4）库存区作业能力规划内容：最大库存量需求、商品特性基本资料、储区划分原则、储位指派原则、存货管理方法、商品周转情况、盘点作业方式等。

（5）拣货区作业能力规划内容：订单处理原则、拣货信息传递方式、拣货方式、配送物品品项分析等。

（6）补货区作业能力规划内容：补货区容量、补货作业方式、每日分拣量、盘点作业方式等。

2. 作业区域布局规划

1）活动关系的分析

配送中心的各类作业区域之间存在着相关关系，如有些是程序上的关系，有些是组织上的关系，有些是功能上的关系。有些作业区域之间的相关性很强，有些相关性较弱。因此，在进行区域布置规划时，必须要对各区域之间的关系加以分析，明确各区域之间的相关程度，作为区域布置规划的重要参考。确定各区域之间相关程度的方法可采用关联分析法。

关联分析法的步骤

(1) 划分区域(设施)关联的等级与原因；
(2) 用图或表来表示区域(设施)之间的关联关系；
(3) 按照关系紧密程度确定相邻布置的原则；
(4) 根据面积或其他因素进行调整。

区域的关联程度一般分为六种：绝对重要、特别重要、重要、一般、不重要、不宜靠近。区域之间的关系密切原因，不同的配送中心有不同的表现形式。表 5-1 为区域密切的原因举例。

表 5-1　　　　　　　　　　关系密切原因举例

序号	关系密切的原因
1	共用场地
2	共用人员
3	使用共同记录
4	人员接触
5	文件接触
6	工作流程连续
7	做类似的工作
8	共用设备
9	其他

2）作业区域规划布局

在规划作业区域时，应对作业流量、作业活动特性、设备型号、建筑物特性、成本及运行效率等因素综合考虑，确定满足作业要求的长度、宽度、高度。在规划作业区域时，除了考虑设备的基本使用面积外，还需考虑操作、物料暂存和通道面积。另外，在规划时必须要考虑配送中心的发展情况，新技术、新设备的发展情况，规划要留有余地并要有柔性。

（1）通道空间的布局规划

通道的合理安排与宽度设计将直接影响到物流的效率。在规划布局时应首先对通道的位置和宽度进行规划设计。在进行通道规划布局时要考虑影响通道布局的因素,结合通道类型合理布局规划。

（2）进出货区的作业空间规划与布局

物品在进出货时需要拆装、理货、检查或暂存以待入库存储或待车装载配送,为此在进出货平台上应留出空间作为缓冲区。为了使平台与车辆高度能够满足装卸货的顺利进行,进出货平台需要连接设备。这种设备需要 1～2.5m 的空间。若使用固定式连接设备时需要 1.5～3.5m 的空间。为了使车辆及人员畅通进出,在暂存区和连接设备之间应有出入通道。图 5 - 7 所示为暂存区、连接设备和出入通道的布局形式。

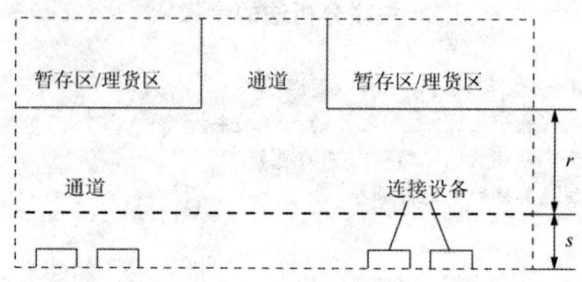

图 5 - 7　出入货平台所需的空间

注：当使用可拆卸式的连接设备时,s = 1～2.5m;使用固定式连接设备时需要 1.5～3.5m;若通道上使用人力搬运,r = 2.5～4m。

（3）进出货站台位置

① 进出货共用站台,如图 5 - 8 所示。进出货共用站台可以有效地提高空间及设备的使用率,但管理起来较困难,容易出现"进"与"出"相互影响的情况,特别是在进出货的高峰时间。

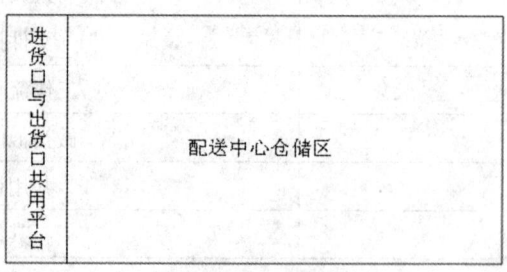

图 5 - 8　进出货共用站台

② 进出货相邻,分开使用站台,如图 5 - 9 所示。这种形式不会使进出货相互影响,可以共用设备,但空间利用率较低。

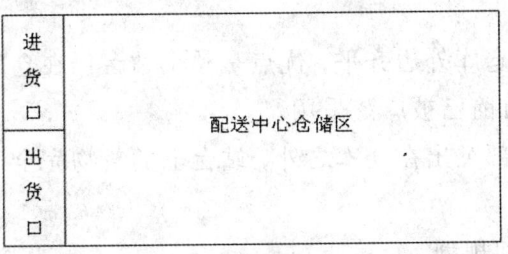

图 5-9　进出货相邻分开使用站台

③ 进出货站台完全独立，两者不相邻，如图 5-10 所示。这种形式是进出货作业完全独立的站台设计，不但空间分开而且设备也较为独立。

图 5-10　进出货站台完全独立两者不相邻

④ 多个进出货站台。这种形式有多个进出货口，进出货频繁，且空间足够。

(4) 站台的形式

站台的设计形式有锯齿型和直线型两种。锯齿型站台的优点是车辆旋转纵深较浅，但占用仓库内部空间较大。图 5-11(a) 所示为锯齿型站台设计形式。直线型站台的优点是占用仓库内部空间小，缺点是车辆旋转纵深较大，且需要较大的外部空间，如图 5-11(b) 所示。

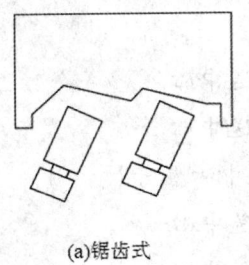
(a)锯齿式

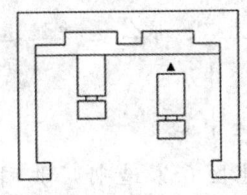
(b)直线式

图 5-11　进出货码头设计形式

在设计进出货空间时，除了要考虑提高作业效率并充分利用空间外，还必须考虑安全的问题。尤其是设计车辆和站台之间的连接部分时，必须要考虑防止风吹、雨水进入货柜或仓库内部。同时，还应考虑避免库内冷暖空气的外溢。为此，停车站台有以下三种形式。

① 内围式。把站台围在库区内，安全性高，有利于防止风雨侵袭及冷暖气的外溢。

这种形式造价较高。

② 齐平式。站台与仓库外边齐平，优点是整个站台仍在仓库内，可避免能源外溢造成浪费，造价也很低，目前已被广泛采用。

③ 开放式。站台全部突出在仓库之外，站台上的货物完全没有遮掩，库内冷暖空气容易外泄，安全性低。

（5）仓储区作业空间规划

在规划配送中心储区空间时要充分考虑如下因素：商品尺寸和数量，托盘的尺寸和货架空间，设备的型号、尺寸及工作半径，通道宽度、位置和需要空间，柱间距离，建造尺寸与形式，进出货口形式，其他服务设施（消防设施、排水设施等）的位置。然后根据商品储存的形式，可按照托盘平置堆放、使用托盘货架、使用轻型托盘货架的储存形式求出存货所占空间的大小。

（6）拣货区作业空间规划

拣货作业是配送中心的核心作业环节，也是最为费时的工作。拣货作业的合理布置可以提高整个配送中心的运作效率。根据配送中心类型及经营商品特性，拣货方式可分为储存和拣货区共用托盘货架的拣货方式、储存和拣货区共用的零星拣货方式、储存与拣货区分开的零星拣货方式及分段拣货的少量拣货方式等。

课后练习题

一、选择题

1. 一些配送企业配送的货物主要是原材料、半成品等，它们的服务对象主要是生产企业和大型商业组织，那么这种配送企业是（　　）。

   A. 供应型配送中心　　　　　　B. 零售型配送中心

   C. 储存型配送中心　　　　　　D. 批发型配送中心

2. 我国上海地区6家造船厂共同组建的钢板配送中心属于（　　）。

   A. 供应型配送中心　　　　　　B. 销售型配送中心

   C. 储存型配送中心　　　　　　D. 自有型配送中心

3. 配送中心配送的商品侧重于以下类型（　　）。

   A. 单品种、大批量商品　　　　B. 单品种、小批量商品

   C. 多品种、小批量商品　　　　D. 多品种、大批量商品

4. 以下（　　）是配送中心区别于传统仓库的显著特点。

   A. 以存储为主，配送为辅　　　B. 以配送为主，存储为辅

   C. 储存与配送并重　　　　　　D. 以上答案均不正确

5. 划分城市与区域配送中心的标准是（　　）。
A. 配送品种　　　　　　　　B. 物流功能
C. 配送地域范围　　　　　　D. 服务性质

二、判断题

1. "日配"就是指用户的订货发出后24h之内将货物送到用户手中。（　　）
2. 配送中心可以说是物流中心的一种形式。（　　）
3. 由于在城市范围内一般处于汽车运输的经济里程之内，所以城市配送中心大多采用汽车作为配送工具。（　　）
4. 不同类型、不同功能的配送中心，其配送流程是一致的。（　　）
5. 流通配送中心有长期储存功能，是以暂存或随进随出方式进行配货、送货的配送中心。（　　）

三、简答题

1. 什么是配送？配送有哪些基本特点？
2. 配送可以分为哪些种类？
3. 不合理配送的表现形式主要有哪些？配送合理化的判断标志和方法有哪些？
4. 简述配送的功能要素。
5. 简述配送中心的主要类型。

案例分析

海福发展（深圳）有限公司坐落于深圳福田保税区，是一家为高科技电子产品企业提供物流配送服务的企业。该公司承接了IBM公司在我国境内生产厂的电子料件的配送业务，他们将IBM分布在全球各地共140余家供应商的料件通过海陆空物流网络有机地联系在了一起。料件集装箱运到香港机场、码头后，由公司配送中心进行报关、接运、质检、分拣、选货、配套、集成、结算、制单、信息传递、运输、装卸等项作业。将上千种电子料件在24h内安全、准确地完成从"香港—保税区—IBM工厂生产线"的物流过程，保证IBM的各地供应上。与此同时，还要完成IBM、海福、供应商三者之间的费用结算。

请分析：
1. 海福发展有限公司的配送体系属于哪一种配送模式？
2. 该种配送模式的特点。

技能训练

选择身边的一家物流企业或者物流配送中心进行调查，并结合其实际业务分析它们的配送中心作业流程及库存控制。

项目六 物流辅助作业

知识目标：
➢ 了解装卸搬运、包装与流通加工的概念；
➢ 理解装卸搬运、包装与流通加工的功能及分类；
➢ 掌握装卸搬运合理化；
➢ 掌握包装合理化。

技能目标：
☝ 能区分装卸搬运、包装与流通加工的各种类型；
☝ 能够进行装卸搬运、包装与流通加工操作；
☝ 能够运用相关的理论进行合理化管理。

项目六 物流辅助作业

案例导读

沃尔玛配送中心的装卸搬运模式

沃尔玛是全世界零售业的龙头,其成功源于其对市场的精确掌握和对商品的快速传递。在沃尔玛出色的物流配送系统中,配送中心扮演着十分重要的角色。位于班顿威尔的配送中心占地81万平方米,建筑面积为11万平方米,相当于24个足球场那么大。配送中心室内净高12.5米,共有264个进货和发货用的汽车装卸口,各种传送带绵延数千米,24小时连续作业。配送中心的货物从牙膏、卫生纸、玩具到电视、自行车等应有尽有,且停留时间不会超过48小时,配送中心的主要任务是商品的进货、分装、储存与配送,能够为半径在500千米内的沃尔玛折扣店及购物广场提供服务。配送中心每年处理的商品达数亿件,而且99%的订单都是正确无误的。由于配送中心任务的特殊性,沃尔玛的配送中心采用的是装卸分开、交叉配送模式,在提高商品配送效率的同时,又能够降低各方面的成本,为沃尔玛的低价战略做出了极大贡献。

配送中心的一端是卸货平台,可以同时停放135辆卡车;另一端是装货平台,可供130辆卡车同时装货。在卸货平台,运输卡车将从供应商那里购买的商品送至配送中心,通过卸货、传送带运送等流程,将商品放在不同货架的不同位置。在装货平台,货物经传送带运送、打包等流程后,由送货卡车运送到不同门店,其中60%的卡车在返回配送中心的途中会沿途运送购买的商品。这种装货平台和卸货平台分开作业的模式,看似与装卸一起的模式没有区别,但是其运作的效率却比装卸一起模式的效率要高很多。一方面,这种分开作业的模式能够避免装卸一起模式所带来的混乱,一端只负责进货,一端只负责出货,方便管理。另一方面,这种作业模式将进货和出货的卡车进行分流,能够避免装卸一起模式所带来的交通拥堵。这种大型的、集中的配送模式为公司节约了大量物流成本。

资料来源:高秀芬:《云南沃尔玛物流配送中心规划设计》,载《企业导报》,2011(6)。王洲《浅谈现代工业建筑美学——深圳沃尔玛配送中心周转库建筑设计》,载《现代物业(上旬刊)》,2012(3)。

任务一　装卸搬运

【任务要求】

> 云南双鹤医药有限公司是北京双鹤这艘医药航母部署在西南战区的一艘战舰，是一个以市场为核心、现代医药科技为先导、金融支持为框架的新型公司，是西南地区经营药品品种较多、较全的医药专业公司。
>
> 装卸搬运活动是衔接物流各环节活动的关键，而云南双鹤恰好忽视了这一点——由于搬运设备的现代化程度低，只有几个小型货架和手推车，所以大多数作业仍处于人工作业为主的原始状态，工作效率低，且易损坏物品。
>
> 另外，仓库设计得不合理，造成长距离的搬运，并且库内作业流程混乱，形成重复搬运，大约有70%的无效搬运。这种过多的搬运次数损坏了商品，也浪费了时间。
>
> 通过完成本次任务，应达到以下要求：
> 要求1：了解什么是装卸搬运。
> 要求2：了解装卸搬运的功能。
> 要求3：如何改善装卸作业和仓库空间布局？

一、装卸搬运的概念

在同一地域范围内（如车站范围、工厂范围、仓库内部等）以改变"物"的存放、支承状态的活动称为装卸，以改变"物"的空间位置的活动称为搬运，两者的全称为装卸搬运。有时候或在特定场合，单称"装卸"或单称"搬运"也包含了"装卸搬运"的完整涵义。

在习惯使用中，物流领域（如铁路运输）常将装卸搬运这一整体活动称做"货物装卸"；在生产领域中常将这一整体活动称做"物料搬运"。实际上，活动内容都是一样的，只是领域不同而已。

在实际操作中，装卸与搬运是密不可分的，两者是伴随在一起发生的。因此，在物流科学中并不过分强调两者的差别而是作为一种活动来对待。

搬运的"运"与运输的"运"，其区别之处在于，搬运是在同一地域的小范围内发生的，而运输则是在较大范围内发生的，两者是量变到质变的关系，中间并无一个绝对的界限。

二、装卸搬运的地位

装卸活动的基本动作包括装车(船)、卸车(船)、堆垛、入库、出库以及连结上述各项动作的短程输送,是随运输及保管等活动而产生的必要活动。在物流过程中,装卸活动是不断出现与反复进行的,它出现的频率要高于其他各项物流活动,每次装卸活动都要花费很长时间,所以往往会成为决定物流速度的关键。而且装卸活动所消耗的人力也很多,所以装卸费用在物流成本中所占的比重也较高。以我国为例,铁路运输的始发和到达的装卸作业费大致占运费的20%左右,船运占40%左右。因此,为了降低物流费用,装卸是个重要环节。

此外,进行装卸操作时往往需要接触货物,因此,这是在物流过程中造成货物破损、散失、损耗、混合等损失的主要环节。例如,袋装水泥纸袋破损和水泥散失主要发生在装卸过程中,玻璃、机械、器皿、煤炭等产品在装卸时最容易造成损失。

由此可见,装卸活动是影响物流效率、决定物流技术经济效果的重要环节。为了说明上述看法,可以列举几个数据如下:

1. 据我国有关部门统计,火车货运以500公里为分界点,运距超过500公里,运输在途时间多于起止的装卸时间;运距低于500公里,装卸时间则超过实际运输时间。

2. 美国与日本之间的远洋船运,一个往返需要25天,其中运输时间为13天,装卸时间为12天。

3. 我国有关部门对生产物流的统计显示,机械工厂每生产1吨成品,需进行252吨次的装卸搬运,其成本为加工成本的15.5%。

三、装卸搬运的特点

1. 装卸搬运是附属性、伴生性的活动

装卸搬运是物流每一项活动开始及结束时必然发生的活动,因而有时常被人忽视,有时则被看作是其他操作时不可缺少的组成部分。例如,一般而言的"汽车运输",就实际上包含了相随的装卸搬运,而仓库中泛指的保管活动也含有装卸搬运活动。

2. 装卸搬运是支持、保障性活动

装卸搬运的附属性不能理解成被动的,实际上,装卸搬运对其他物流活动有一定决定性。装卸搬运会影响其他物流活动的质量与速度,例如,装车不当,会引起运输过程中的损失;卸放不当,会引起货物转换成下一步运作的困难。许多物流活动只有在有效的装卸搬运支持下,才能实现高水平运作。

3. 装卸搬运是衔接性的活动

在任何其他物流活动互相过渡时,都是以装卸搬运来衔接的,因而,装卸搬运往往成为了整个物流"瓶颈",是物流各功能之间能否形成有机联系与紧密衔接的关键,而这又是一个系统的关键。建立一个有效的物流系统,关键要看这一衔接是否有效。比较先进的系统物流方式——联合运输方式就是为了着力解决这种衔接而实现的。

四、装卸搬运的分类

(一)按装卸搬运作业的场所分类

根据装卸搬运作业场所的不同,流通领域的装卸搬运基本上可分为车船装卸搬运、港站装卸搬运、库场装卸搬运三大类。

1. 车船装卸搬运

车船装卸搬运是指在载运工具之间进行的装卸、换装和搬运作业,主要包括汽车在铁路货场和站台旁的装卸搬运、铁路车辆在货场及站台的装卸搬运、装卸搬运时进行的加固作业,以及清扫车辆、揭盖篷布、移动车辆、检斤计量等辅助作业。

2. 港站装卸搬运

港站装卸搬运是指在港口码头、车站、机场进行的各种装卸搬运作业,主要包括码头前沿与后方之间的搬运、港站堆场的堆码、拆垛、分拣、理货、配货、中转作业等。

3. 库场装卸搬运

库场装卸搬运通常是指在货主的仓库或储运公司的仓库、堆场、物品集散点、物流中心等处进行的装卸搬运作业。库场装卸搬运经常会伴随物品的出库、入库和维护保养活动,其操作内容多以堆垛、上架、取货为主。

在实际运作中,这三类作业往往是相互衔接、难以割裂的。例如码头前沿的船舶装卸作业与港口和船舶都有联系,而这两者分别对应着港站装卸搬运和车船装卸搬运,所以作业的内容及方式肯定十分复杂,在具体组织实施的过程中必须要认真对待。

(二)按装卸搬运作业的内容分类

根据装卸搬运作业内容的不同,装卸搬运可分为:堆码拆取作业、分拣配货作业和挪动移位作业(即狭义的装卸搬运作业)等形式。

1. 堆放拆垛作业

堆放(或装上、装入)作业是指把物品移动或举升到装运设备或固定设备的指定位置,再按所要求的状态放置的作业;而拆垛(卸下、卸出)作业则是其逆向作业。如用叉车进行叉上叉下作业,将物品托起并放置到指定位置场所,如卡车车厢、集装箱内、货架或地面上等;又如利用各种形式的吊车进行吊上吊下作业,将物品从轮船货仓、火车车厢、卡车车厢吊出或吊进。

2. 分拣配货作业

分拣是在堆垛作业前后或配送作业之前把物品按品种、出入先后、货流进行分类,再放到指定地点的作业。而配货则是把物品从所定的位置按品种、下一步作业种类、发货对象进行分类的作业。一般情况下,配货作业多以人工进行,但是由于多品种、小批量的物流形态日益发展,对配货速度要求越来越高,以高速分拣机为代表的机械化作业应用逐渐增多。

3. 挪动移位作业

挪动移位作业,即狭义的装卸搬运作业,包括水平、垂直、斜行搬送,以及几种组合的搬送。在水平搬运的方式中,广泛应用辊道输送机、链条输送机、悬挂式输送机、皮带输送机以及手推车、无人搬运车等设备。从方式来分,有连续式和间歇式;对于粉体和液体物质,也可以用管道进行输送。

(三)按装卸搬运的机械及其作业方式分类

根据装卸搬运机械及其作业方式的不同,装卸搬运可分为"吊上吊下"、"叉上叉下"、"滚上滚下"、"移上移下"及"散装散卸"等方式。

1. 吊上吊下方式

吊上吊下方式是采用各种起重机械从物品上部起吊,依靠起吊装置的垂直移动实现装卸,并在吊车运行的范围内或回转的范围内实现搬运或依靠搬运车辆实现小搬运。由于吊起及放下属于垂直运动,这种装卸方式属垂直装卸。

2. 叉上叉下方式

叉上叉下方式是采用叉车从物品底部托起物品,并依靠叉车的运动进行物品位移,搬运完全靠叉车本身,物品可不经中途落地就直接放置到目的处。这种方式的垂直运动不大而主要是水平运动,属于水平装卸方式。

3. 滚上滚下方式

滚上滚下方式主要是指在港口对船舶物品进行水平装卸运动的一种作业方式。在装货港,用拖车将半挂车或平车拖上船舶,完成装货作业。待载货车辆(包括汽车)连同物品一起由船舶运到目的港后,再用拖车将半挂车或平车拖下船舶,完成卸货作业。

4. 移上移下方式

移上移下方式是指在两车之间(如火车及汽车)进行靠接,然后利用各种方式,不使物品垂直运动,而靠水平移动从一个车辆上推移到另一车辆上的一种装卸搬运方式。这种方式需要使两种车辆水平靠接,因此,对站台或车辆货台需进行改变,并配合移动工具实现这种装卸。

5. 散装散卸方式

散装散卸方式是指对散状物品不加包装地直接进行装卸搬运的作业方式。在采用散装散卸方式时,物品在从起始点到终止点的整个过程中不再落地,它是将物品的装卸与搬运作业连为一体的作业方式。

(四)按装卸搬运的作业特点分类

根据作业特点的不同,装卸搬运可分为连续装卸搬运与间歇装卸搬运两大类。

1. 连续装卸搬运

连续装卸搬运是指采用皮带机等连续作业机械，对大批量的同种散状物品或小型件杂货进行不间断输送的作业方式。在采用连续装卸搬运时，作业过程中间不停顿、散货之间无间隔且小型件杂货之间的间隔也基本一致。在装卸量较大、装卸对象固定、物品对象不易形成大包装的情况下适于采取这一方式。

2. 间歇装卸搬运

间歇装卸搬运是指作业过程包括重程和空程两个部分的作业方式。间歇装卸搬运有较强的机动性，装卸地点可在较大范围内变动，广泛适用于批量不大的各类物品，对于大件或包装物品尤其适合，如果配以抓斗或集装袋等辅助工具，也可以对散状物品进行装卸搬运。

（五）按装卸搬运对象分类

根据装卸搬运对象的不同，装卸搬运可分为单件作业法、集装作业法、散装作业法三大类。

1. 单件作业法

单件作业法指的是对非集装的、按件计的物品逐个进行装卸搬运操作的作业方法。单件作业对机械、装备、装卸条件的要求不高，因而机动性较强，可在很广泛的地域内进行而不受固定设施、设备的地域局限。

单件作业可采用人力装卸搬运、半机械化装卸及机械装卸搬运的方法。由于逐件处理，装卸速度慢，且装卸要逐件接触货体，因而容易出现货损，反复作业次数较多，也容易出现货差。

单件作业的装卸搬运对象主要是包装杂货、多种类、少批量物品及单件大型、笨重物品。

2. 集装作业

集装作业是对集装货载进行装卸搬运的作业方法。每装卸一次是一个经组合之后的集装货载，在装卸时对集装体逐个进行装卸操作。它和单件装卸的主要异同在于，都是按件处理，但集装作业"件"的单位要大大高于单件作业每件的大小。

集装作业一次作业装卸量大，装卸速度快，且在装卸时并不逐个接触货体，而仅对集装体进行作业，因而货损较小，货差也小。

集装作业由于集装单元较大，不能进行人力手工装卸，虽然在不得已时，可用简单机械偶尔解决一次装卸，但对大量集装货载而言则只能采用机械进行装卸。同时，也必须在有条件的场所进行这种作业，不但受装卸机具的限制，也受集装货载存放条件的限制，因而其机动性较差。

3. 散装作业

散装作业是指对大批量粉状、粒状物品进行无包装的散装、散卸的装卸搬运方法。

装卸搬运可连续进行，也可采用间断的装卸搬运方式。但是，都需采用机械化设施、设备。在特定情况下，且批量不大时，也可采用人力装卸搬运的方式，但是会有很大的劳动强度。

（六）按被装物的主要运动形式分类

根据被装物的主要运动方式，装卸可分为垂直装卸和水平装卸两大类。

1. 垂直装卸

采用提升和降落的方式进行装卸，这种装卸需要消耗较大的能量。垂直装卸是采用比较多的一种装卸形式，所用的机具通用性较强，应用领域较广，如吊车、叉车等。

2. 水平装卸

水平装卸对装卸物采用平移的方式实现装卸的目的。这种装卸方式不改变被装物的势能，因此比较节能，但是需要有专门的设施，例如和汽车水平接靠的高站台、汽车与火车车皮之间的平移工具等。

五、装卸搬运的原则

（一）尽量不进行装卸

前面已经讲过，装卸作业本身并不会产生价值。但是，如果进行了不适当的装卸作业，就可能会造成商品的破损，或使商品受到污染。因此，尽力排除无意义的作业是理所当然的。尽量减少装卸次数，以及尽可能地缩短搬运距离等，所起的作用也是很大的。因为装卸作业不仅要花费人力及物力，增加费用，还会使流通速度放慢。如果多增加一次装卸，费用也就相应地增加一次，同时还增加了商品污损、破坏、丢失、消耗的机会。因此，装卸作业的经济原则就是"不进行装卸"。所以，应当考虑如何才能减少装卸次数、缩短移动商品的距离的问题。

（二）装卸的连续性

装卸的连续性是指两处以上的装卸作业要配合好。在进行装卸作业时，为了不使连续的各种作业中途停顿，而能协调地进行，整理其作业流程是很必要的。因此，进行"流程分析"，对商品的流动进行分析，使经常相关的作业配合在一起，也是很必要的。如把商品装到汽车或铁路货车上，或把商品送往仓库进行保管时，应当考虑合理取卸，或是出库的方便。所以，某一次的装卸作业，某一个装卸动作，都有必要考虑下一步的装卸而有计划地进行。要使一系列的装卸作业顺利地进行，作业动作的顺序、作业动作的组合或装卸机械的选择及运用是很重要的。

（三）减轻人力装卸

就是把人的体力劳动改为机械化劳动。而在不得已的情况下，非依靠人力不可时，应尽可能不要让搬运距离太远。关于"减轻人力装卸"的问题，主要是在减轻体力劳动、缩短劳动时间、防止成本上升、劳动安全卫生等方面推进省力化、自动化。

（四）提高"搬运灵活性"

在物流过程中，常须将暂时存放的物品再次搬运。从便于经常发生的搬运作业考虑，物品的堆放方法是很重要的，这种便于移动的程度被称之为"搬运灵活性"。衡量商品堆存形态的"搬运灵活性"，用灵活性指数加以表示。一般将灵活性指数分为五个等级，即：散堆于地面上为0级；装入箱内为1级；装在货盘或垫板上为2级；装在车台上为3级；装在输送带上为4级。

（五）把商品整理为一定单位

就是把商品汇集成一定单位数量，然后再进行装卸，既可避免损坏、消耗、丢失，又容易查点数量，而且最大的优点在于使装卸、搬运的单位加大，使机械装卸成为可能，以及使装卸、搬运的灵活性好等。这种方式是把商品装在托盘、集装箱和搬运器具中原封不动地装卸、搬运，进行输送、保管。

（六）从物流整体的角度去考虑

在整个物流过程中，要从运输、储存、保管、包装与装卸的关系来考虑。装卸要适应运输、储存保管的规模，即装卸要起到支持并提高运输、储存保管能力、效率的作用，而不是起阻碍的作用。对于商品的包装来说也是一样的，过去是以装卸为前提进行的包装，要运进许多不必要的包装材料，而现在采用集合包装方式，不仅可以减少包装材料，同时也省去了许多徒劳的运输。

六、装卸搬运的合理化

（一）装卸搬运机械化

实现装卸搬运作业的机械化，是装卸搬运作业的重要途径。过去的装卸搬运作业主要是依靠人力手搬肩扛，劳动效率低，劳动强度大，从而严重地影响了装卸效率及装卸能力的提高，而随着我国国民经济的迅速发展、商品流通量的扩大，单纯依靠人工装卸搬运已无法满足客观形势发展的需要。

1. 装卸搬运机械化的作用

（1）实现装卸机械化可以大大节省劳动力并减轻装卸工人的劳动强度。如装卸自行车时，每箱重180公斤左右，使用人工搬运的方式比较费力，而使用铲车作业时则轻而易举，充分显示出机械化的好处。

（2）装卸机械化可以缩短装卸作业时间，加快车船的周转速度。各种运输工具在完成运输任务的过程中，有相当一段时间是属于等待装卸阶段的。如能缩短装卸时间，就能用现有的运输工具完成更多的运输任务，这样不仅提高了物流的经济效益，也有利于社会经济效益的提高。

(3)有利于商品的完整及作业安全。商品的种类、形状极其复杂,但都可以根据商品的不同特性来选择或设计不同的机型与属具,以保证商品的完整性。如果人工把超过自身重量二三倍的木箱从三米高处拿下,而又不使商品受损,是难以做到的。

(4)有效地利用仓库库容,加速货位周转。随着生产的发展以及流通速度的加快,仓储的任务不断增加,无论是库房还是货场都要充分利用空间,提高库容利用率。因此,必须增加堆垛和货架的高度。但人工作业使堆码高度受到限制,若采用机械化作业方式就可提高仓库的空间利用率,同时由于机械作业速度快,可及时腾空货位。

(5)装卸机械化可大大降低装卸作业成本,从而有利于物流成本的降低。由于装卸效率的提高,作业量大大增加,摊到每一吨商品的装卸费用相应地减少,因此降低了装卸成本。

2.装卸机械化的原则

(1)符合装卸商品种类及特性的要求。

不同种类的商品的物理、化学性质及其外部形状是不一样的,因此,在选择装卸机械时必须要符合商品的品种及其特性要求,以保证作业的安全及商品的完好。

(2)适应运量的需要。运量的大小直接决定装卸的规模和装卸设备的配备、机械种类以及装卸机械化水平。因此,在确定机械化方案前必须要了解商品的运量情况。对于运量大的,应配备生产率较高的大型机械;而对于运量不大的,宜采用生产率较低的中小型机械;对于无电源的场所,则宜采用一些无动力的简单装卸机械。这样,既能发挥机械的效率,又可使方案经济合理。

(3)适合运输车辆类型和运输组织工作特点。装卸作业与运输是密切相关的,因此,在考虑装卸机械时,必须要考虑装载商品所用的运输工具的特性,包括车船种类、载重量、容积、外形尺寸等,同时也要了解运输组织的情况,如运输取送车(船)次数、运行图、对装卸时间的要求、货运组织要求、短途运输情况等。比如,在港口码头装卸商品和在车站装卸商品,其所需要的装卸机械是不同的。即使是同一运输工具,哪怕构造相同,也要采用不同的装卸机械,如用于铁路敞车作业和用于铁路棚车作业的装卸机械是不一样的。

(4)经济合理,适合当地的自然、经济条件。在确定选择机械化方案时,要作技术分析,尽量达到经济合理的要求。对现有的设施、仓库和道路要加以充分利用,同时要充分考虑到装卸场所的材料供应情况、动力资源,以及电力、燃料等因素。要充分利用当地的地形、地理条件,应当贯彻因地制宜、就地取材的原则。

3.日用消费品装卸机械化作业方案

(1)需要考虑的因素。①满足日用消费品成批连续装卸的需要。日用消费品一般重量少、件数多、批量大,最好选择能够连续完成装卸、搬运、堆码作业的装卸方案,以减少辅助作业的人力及时间。

②装卸机械的外形应与运输工具相适应。日用消费品在铁路上多采用棚车一类的运输工具,在选择日用消费品装卸机械时,其外形尺寸及机械自重应与棚车等运输工具的作业相适应。

③满足日用消费品种繁多、形状各异的特点。为提高装卸机械的利用率,最好能配备多种属具,同时也可减轻工人的劳动强度和提高作业效率。

④要求装卸作业平稳、可靠、安全、操作灵活。由于日用消费品中有些是怕压易碎的,有些是不能倒置的,有些是怕撞击的,有些又具有腐蚀性等。因此,装卸机械应能满足上述要求。

(2)日用消费品装卸机械类型的选择

①叉车主要用于堆放、卸货作业和搬送、移送作业。是应用最广泛的装卸机械。叉车的种类,按构造形式可分为平衡重量式叉车、前移式叉车和侧面叉式叉车。平衡重量式叉车在场所、作业方面有通用性的特长;前移式叉车有在室内使用的特长;侧面叉式叉车,有叉运长尺寸商品的特长。

②输送机。输送机适宜于搬运距离较长的场所使用,但在作业的机动性和灵活性方面都不如叉车,输送机本身不能解决商品的装卸问题,它必须要与其他机械(如装车机、卸车机等)配合起来使用,才能提高其机械化作业水平。用于日用商品搬运作业的输送机主要有滚柱式输送机、链板输送机和平型胶带输送机。输送机的结构型式取决于商品的形状、重量及工作路线。对于箱装、袋装或无包装商品,可采用滚柱式输送机。链板输送机比较坚固,能够承受冲击载荷,输送机可以有较大的倾斜角度。但与功率相同的胶带输送机相比,其自重量大,且工作速度低。根据货运量的大小及具体条件的不同,输送机可单个使用,也可由几种不同型号的输送机组合起来使用。

③巷道式或桥式堆垛起重机主要用于货架——托盘系统储存单元化商品的仓库中商品的存取。与滚柱式输送机相衔接,可构成一个完整的商品出入库运输系统。

(二)装卸搬运集装化

集装就是把许多需要运输的商品集中成一个单元,进行一系列的运输、储存及装卸作业,从而可以取得多方面的效果。集装化主要采用以下几种形式:

1. 集装箱化

除了符合国际及国内标准的通用集装箱外,还有多种多样的,根据不同特殊要求专门设计的专用集装箱,以及集装袋、集装网、集装盘等。

2. 托盘化

托盘有木材制成的,也有由钢材、塑料等材料制成的托盘。托盘除了可起到搬运工具的作用外,主要起集合商品的作用。实行托盘化方式有许多优点,主要是它适合机械装卸,可以提高装卸效率;可以有效地保护商品,减少破损;可以节省物流费用,还可以推动包装的标准化。多年来,我国商业物流部门在使用托盘方面积累了不少经验,不少物流企业的仓库、专用线都已开始使用托盘化作业。

(三)其他改善装卸搬运作业的方法

(1)在汽车运输方面,采用集装箱专用挂车和底盘车。当集装箱由集装箱装卸桥从船舱吊起后,直接卸在专用挂车上,汽车就可以直接接走;又如散装粮食专用车在装卸时,采取汽车的载荷部位自动倾翻的办法,不用装卸即可完成卸货任务。

(2)在船舶运输方面,采用滚装船的办法。滚装船,是在海上航行的专门用于装运汽车和集装箱的专用船。它是从火车、汽车渡轮的基础上发展而来的一种新型运输船舶。在船尾有一类似登陆艇的巨大跳板和两根收放跳板的起重柱。世界上的第一艘滚装船是美国于1958年建成并投入使用的。近年来,世界各国相继建设了一定数量的滚装船,成为了远洋船队中一支现代化的新生力量。我国实现滚装化也已有多年,在运载汽车作业上的效果十分显著。如上海江南造船厂建造的24000吨级滚装船,可载4000辆汽车或350个集装箱。在装卸时,集装箱挂车用牵引车拉进拉出船舱,汽车则可直接开进开出。这种船的装卸速度比一般集装箱船要快30%,装卸费用比集装箱低三分之二左右;也无需在港口安装大型超重装卸设备。在船舶运输方面,国外又开始使用载驳船了。载驳船,又称子母船,是将已载货的驳船装在母船上,从事远洋运输的新船型。当到达目的港后,卸下的驳船被顶入或拖入内河,同时母船又装载着等候的满载驳船返航。

任务二　包装

【任务要求】

索尼公司采用4R原则来推进该公司的产品包装。他们不但遵循"减量化、再使用、再循环"的循环经济"3R"原则,而且还在替代使用(replace)上想办法,对产品包装进行改进。1998年,该公司对大型号的电视机的泡沫塑料材料(EPS)缓冲包装材料进行改进,采用八块小的EPS材料分割式包装来缓冲防震,减少了40% EPS的使用;有的产品前面使用EPS材料,后面使用瓦楞纸板材料,并在外包装采用特殊形状的瓦楞纸板箱,以节约资源;另外,对小型号的电视机采用纸浆模塑材料替代原来的EPS材料。

通过完成本次任务,应达到以下要求:

要求1:了解什么是包装。

要求2:了解包装的作用。

要求3:包装合理化的内涵是什么?

一、包装的概念

狭义意义的包装为在流通过程中保护产品，方便储运，促进销售，按一定的技术方法所用的容器、材料和辅助物等的总体名称；也指为达到上述目的在采用容器，材料和辅助物的过程中施加一定技术方法等的操作活动。

而从广义上来说指一切事物的外部形式都是包装。我国国家标准GB/T4122.1－2008中规定，包装的定义是："为在流通过程中保护产品、方便贮运、促进销售，按一定技术方法而采用的容器、材料及辅助物等的总体名称。也指为了达到上述目的而采用容器、材料和辅助物的过程中施加一定技术方法等的操作活动。"其他国家或组织对包装的含义有不同的表述及理解，但基本意思是一致的，都以包装功能与作用为其核心内容，一般有两重含义：①关于盛装商品的容器、材料及辅助物品，即包装物。②关于实施盛装和封缄、包扎等的技术活动。

二、包装的起源与发展

包装是一个古老而现代的话题，也是人们自始至终都在研究及探索的课题。从远古的原始社会、农耕时代，到科学技术十分发达的现代社会，包装随着人类的进化、商品的出现、生产的发展及科学技术的进步而逐渐发展，并不断地发生着一次次重大突破。从总体上看，包装大致经历了原始包装、传统包装和现代包装三个发展阶段。

（一）原始包装

人类使用包装的历史可以追溯到远古时期。早在距今一万年左右的原始社会后期，随着生产技术的提高，生产得到了发展，有了剩余物品须贮存并进行交换，于是便开始出现了原始包装。最初，人们葛藤捆扎猎获物，用植物的叶、贝壳、兽皮等包裹物品，这是原始包装发展的胚胎。以后随着劳动技能的提高，人们以植物纤维等制作最原始的篮、筐，用火煅烧石头、泥土制成泥壶、泥碗和泥灌等，用来盛装、保存食物、饮料及其他物品，使包装的方便运输、储存与保管功能得到了初步完善。这就是古代包装，即原始包装。

（二）传统包装

约在公元前5000年，人类就开始进入到青铜器时代。4000多年前的中国夏代，中国人已能冶炼铜器，商周时期青的铜冶炼技术得到了进一步发展。春秋战国时期，人们掌握了铸铁炼钢技术和制漆涂漆技术，铁制容器、涂漆木制容器大量出现。在古代埃及，公元前3000年就开始吹制玻璃容器。因此，用陶瓷、玻璃、木材、金属加工各种包装容器已有千年的历史，其中许多技术经过不断完善发展，一直使用到了如今。早在汉代，公元前105年蔡伦就发明了造纸术。公元61年，中国造纸术经高丽传至日本。13世纪传入欧洲，德国第一个建造了较大的造纸厂。11世纪中叶，中国的毕昇发明了活字印刷术。15世纪，欧洲开始出现了活版印刷，包装印刷及包装装潢业开始发展。16世纪，欧洲的陶瓷工业开始发展，美国建成了玻璃工厂，开始生产各种玻璃容器。至此，以陶瓷、玻璃、木材、金属等为主要材料的包装工业开始发展，近代传统包装开始向现代包装过渡。

（三）现代包装

自16世纪以来，由于工业生产的迅速发展，特别是19世纪的欧洲产业革命，极大地推动了包装工业的发展，从而为现代包装工业和包装科技的产生及建立奠定了基础。

18世纪末，法国科学家发明了灭菌法包装储存食品，导致19世纪初出现了玻璃食品罐头和马口铁食品罐头，使食品包装学得到迅速发展。进入19世纪，包装工业开始全面发展，1800年机制木箱出现，1814年英国出现了第一台长网造纸机，1818年镀锡金属罐出现，1856年，美国发明了瓦楞纸，1860年欧洲制成制袋机，1868年美国发明了第一种合成塑料袋——赛璐珞，1890年美国铁路货场运输委员会开始承认瓦楞纸箱正式作为运输包装容器。

进入20世纪，科技的发展日新月异，新材料、新技术不断出现，聚乙烯、纸、玻璃、铝箔、各种塑料、复合材料等包装材料被广泛应用，无菌包装、防震包装、防盗包装、保险包装、组合包装、复合包装等技术日益成熟，从多方面强化了包装的功能。从20世纪中后期开始，国际贸易飞速发展，包装已被世界各国所重视，大约90%的商品需经过不同程度、不同类型的包装，包装已成为商品生产及流通过程中不可缺少的重要环节。目前，电子技术、激光技术、微波技术广泛应用于包装工业，包装设计实现了计算机辅助设计（CAD），包装生产也实现了机械化与自动化生产。

包装工业和技术的发展，推动了包装科学研究和包装学的形成。包装学科涵盖物理、化学、生物、人文、艺术等多方面知识，属于交叉学科群中的综合科学，它有机地吸收、整合了不同学科的新理论、新材料、新技术与新工艺，从系统工程的观点来解决商品保护、储存、运输及促进销售等流通过程中的综合问题。包装学科的分类比较多样，通常将其分类为包装材料学、包装运输学、包装工艺学、包装设计学、包装管理学、包装装饰学、包装测试学、包装机械学等分学科。目前，我国已有40多所高校开办了包装工程专业，包装的人才队伍日益壮大。

三、包装的作用

1. 保护功能

保护功能，也是包装最基本的功能，即使商品不受各种外力的损坏。一件商品，要经过多次流通才能走进商场或其他场所，最终到达消费者手中。这其间，需要经过装卸、运输、库存、陈列、销售等环节。在储运过程中，很多外因，如撞击、潮湿、光线、气体、细菌……等因素，都会威胁到商品的安全。因此，作为一位产品设计师，在开始设计之前，首先要想到包装的结构与材料，保证商品在流通过程中的安全。

2．便利功能

便利功能，也就是商品的包装是否便于使用、携带、存放等。一个好的包装作品，应该以"人"为本，站在消费者的角度考虑，这样会拉近商品与消费者之间的关系，增加消费者的购买欲、对商品的信任度，也会促进消费者与企业之间的沟通。我想，很多人购买易拉罐装的饮料时，都喜欢开盖时的那一声"啪"所带来的快感。

3．销售功能

以前，人们常说"酒香不怕巷子深"、"一等产品、二等包装、三等价格"只要产品质量好，就不愁卖不出去。而在市场竞争日益强烈的今天，包装的作用与重要性也为厂商所深谙，人们已感觉到"酒香也怕巷子深"。如何让自己的产品得以畅销，如何让自己的产品从琳琅满目的货架中跳出，只靠产品自身的质量与媒体的轰炸是远远不够的。因为，在各种超市与自选卖场如雨后春笋般兴起的今天，直接面向消费者的是产品自身的包装。好的包装，能够直接吸引消费者的视线，让消费者产生强烈的购买欲，从而达到促畅的目的。设想一下，某一产品，在媒体中，把它描绘得无比神奇，不管是功能作用还是外观质量让人听了都蠢蠢欲动，恨不得马上一亲芳泽，可谓一旦拥有，别无所求。可当你一拿到东西时，跳入你视野的却是一个包装粗陋，溢着浓浓的"土"味与"腻"味，色彩让人看一眼就目眩的东西，你会对其产品产生信任感吗？恐怕你第一个想到的就是，是不是媒体搞错了，怎么广告宣传得那么好，还没打开就开始失望了呢？如今，很多聪明的厂商与策划公司都把包装列为企业的4P策略之一（position 市场、product 产品、package 包装）。把包装融入CI之中，在推销产品的同时，也提升了自身的企业形象。

四、包装的分类

正如人们常说的那样"包装是无声的商品推销员"。商品种类繁多、形态各异、五花八门，其功能作用、外观内容也各有千秋。所谓内容决定形式，包装也不例外。我们可对包装进行如下分类：

（一）按产品内容分类

日用品类、食品类、烟酒类、化装品类、医药类、文体类、工艺品类、化学品类、五金家电类、纺织品类、儿童玩具类、土特产类等。

（二）按包装材料分类

不同的商品，考虑到它的运输过程与展示效果等，所以使用材料也不尽相同。如纸包装、金属包装、玻璃包装、木包装、陶瓷包装、塑料包装、棉麻包装、布包装等。

（三）按产品性质分类

1．销售包装

销售包装又称商业包装，可分为内销包装、外销包装、礼品包装、经济包装等。销售包装是直接面向消费者的，因此，在设计时要有一个准确的定位，符合商品的诉求对象，力求简洁大方、方便实用，而又能体现商品性。

2. 储运包装

储运包装，也就是以商品的储存或运输为目的的包装。它主要在厂家与分销商、卖场之间流通，便于产品的搬运与计数。在设计时并不是重点，只要注明产品的数量、发货与到货日期、时间与地点等，也就可以了。

3. 军需品包装

军需品的包装，也可以说是特殊用品包装，由于在设计时很少遇到，所以在这里也不作详细介绍，其并不是本书的重点。

(四)包装的形状分类

1. 小包装

小包装也称内包装。它是与产品最亲密接触的包装。它是产品走向市场的第一道保护层。小包装一般都陈列在商场或超市的货架上，最终连产品一起买给消费者。因此，我们在设计时，更要体现商品性，以吸引消费者。

2. 中包装

中包装主要是为了增强对商品的保护、便于计数而对商品进行组装或套装。比如一箱啤酒是6瓶，一捆是10瓶，一条香烟是10包等等。

3. 大包装

大包装也称外包装、运输包装。因为它的主要作用也是增加商品在运输中的安全，且又便于装卸与计数。大包装的设计，相对于小包装要较简单得多。一般在设计时，也就是标明产品的型号、规格、尺寸、颜色、数量、出厂日期。再加上一些视觉符号，诸如小心轻放、防潮、防火、堆压极限、有毒等等。

五、包装的保护技术

(一)防震保护技术

在任何环境中都会有力作用在产品之上，并使产品发生机械性损坏。为了防止产品遭受损坏，就要设法减小外力的影响。所谓防震包装就是指为减缓内装物受到冲击和振动，保护其免受损坏所采取的一定防护措施的包装。防震包装主要有以下三种方法：

1. 全面防震包装方法

全面防震包装方法是指内装物和外包装之间全部用防震材料填满进行防震的包装方法。

2. 部分防震包装方法

对于整体性好的产品和有内装容器的产品，仅在产品或内包装的拐角或局部地方使用防震材料进行衬垫即可。所用包装材料主要有泡沫塑料防震垫、充气型塑料薄膜防震垫和橡胶弹簧等。

3. 悬浮式防震包装方法

对于某些贵重易损的的物品，为了有效地保证在流通过程中不被损坏，外包装容器比较坚固，然后用绳、带、弹簧等将被装物悬吊在包装容器内。在物流中，无论是什么操作环节，内装物都会被稳定悬吊而不与包装容器发生碰撞，从而减少损坏。

（二）防破损保护技术

缓冲包装有较强的防破损能力，因而是防破损包装技术中有效的一类。此外，还可以采取以下几种防破损保护技术：

（1）捆扎及裹紧技术。捆扎及裹紧技术的作用，是使杂货、散货形成一个牢固整体，以增加整体性，便于处理及防止散堆来减少破损。

（2）集装技术。利用集装，减少与货体的接触，从而防止破损。

（3）选择高强保护材料。通过外包装材料的高强度来防止内装物受外力作用破损。

（三）防锈包装技术

1. 防锈油防锈蚀包装技术

大气锈蚀是空气中的氧、水蒸气及其他有害气体等作用于金属表面引起电化学作用的结果。如果使金属表面与引起大气锈蚀的各种因素隔绝（即将金属表面保护起来），就可以达到防止金属大气锈蚀的目的。防锈油包装技术就是根据这一原理将金属涂封防止锈蚀的。

用防锈油封装金属制品，要求油层要有一定厚度，油层的连续性好，涂层完整。不同类型的防锈油要采用不同的方法进行涂覆。

2. 气相防锈包装技术

气相防锈包装技术就是用气相缓蚀剂（挥发性缓蚀剂），在密封包装容器中对金属制品进行防锈处理的技术。气相缓蚀剂是一种能减慢或完全停止金属在侵蚀性介质中的破坏过程的物质，它在常温下具有挥发性。它在密封包装容器中，于很短的时间内挥发或升华出的缓蚀气体就能充满整个包装容器内的每个角落与缝隙，同时吸附在金属制品的表面上，从而起到抑制大气对金属锈蚀的作用。

（四）防霉腐包装技术

在运输包装内装运食品和其他有机碳水化合物货物时，货物表面可能会生长霉菌，在流通过程中如遇潮湿，霉菌生长繁殖极快，甚至会延伸至货物内部，使其腐烂、发霉、变质，因此要采取特别的防护措施。

包装防霉烂变质的措施，通常是采用冷冻包装、真空包装或高温灭菌方法。冷冻包装的原理是减慢细菌活动和化学变化的过程,以延长储存期,但不能完全消除食品的变质;高温杀菌法可消灭引起食品腐烂的微生物,可在包装过程中用高温处理防霉。有些经干燥处理的食品包装,应防止水汽浸入以防霉腐,可选择防水汽和气密性好的包装材料,采用真空及充气包装方式。

真空包装法也称减压包装法或排气包装法。这种包装可阻挡外界的水汽进入到包装容器内,也可防止在密闭着的防潮包装内部存有潮湿空气,在气温下降时结露。采用真空包装法,要注意避免过高的真空度,以防损伤包装材料。

防止运输包装内的货的物发霉,还可使用防霉剂。防霉剂的种类有很多,用于食品的必须要选用无毒防霉剂。

机电产品的大型封闭箱,可酌情开设通风孔或通风窗等相应的防霉措施。

（五）防虫包装技术

防虫包装技术,常用的是驱虫剂,即在包装中放入有一定毒性和臭味的药物,利用药物在包装中挥发的气体杀灭并驱除各种害虫。常用的驱虫剂有萘、对位二氯化苯、樟脑精等。也可采用真空包装、充气包装、脱氧包装等技术,使害虫无生存环境,从而防止虫害。

（六）危险品包装技术

危险品有上千种,按其危险性质,交通运输及公安消防部门规定分为十大类,即爆炸性物品、氧化剂、压缩气体和液化气体、自燃物品、遇水燃烧物品、易燃液体、易燃固体、毒害品、腐蚀性物品、放射性物品等,有些物品会同时具有两种以上危险性能。

对有毒商品的包装要明显地标明有毒的标志。防毒的主要措施是包装严密不漏、不透气。例如重铬酸钾（红矾钾）和重铬酸钠（红矾钠）,为红色带透明结晶,有毒,应用坚固附桶包装,桶口要严密不漏,制桶的铁板厚度不能小于1.2毫米。对有机农药一类的商品,应装入沥青麻袋,缝口严密不漏。如用塑料袋或沥青纸袋包装的,外面应再用麻袋或布袋包装。用作杀鼠剂的磷化锌有剧毒,应用塑料袋严封后再装入木箱中,箱内用两层牛皮纸、防潮纸或塑料薄膜衬垫,使其与外界隔绝。

对有腐蚀性的商品,要注意商品与包装容器的材质发生化学变化。金属类的包装容器,要在容器壁涂上涂料,防止腐蚀性商品对容器的腐蚀。例如包装合成脂肪酸的铁桶内壁要涂有耐酸保护层,防止铁桶被商品腐蚀,从而商品也随之变质。再如氢氟酸是无机酸性腐蚀物品,有剧毒,能腐蚀玻璃,不能用玻璃瓶作包装容器,应装入金属桶或塑料桶,然而再装入木箱。甲酸易挥发,其气体有腐蚀性,应装入良好的耐酸坛、玻璃瓶或塑料桶中,严密封口,再装入坚固的木箱或金属桶中。

对黄磷等易自燃商品的包装,宜将其装入壁厚不少于1毫米的铁桶中,桶内壁须涂耐酸保护层,桶内盛水,并使水面浸没商品,桶口严密封闭,每桶净重不超过50公斤。再如通水引起燃烧的物品如碳化钙,遇水即分解并产生易燃乙炔气,对其应用坚固的铁桶包装，桶内充入氮气。如果桶内不充氮气，则应装置上放气活塞。

对于易燃、易爆商品，例如有强烈氧化性的，遇有微量不纯物或受热即急剧分解引起爆炸的产品。防爆炸包装的有效方法是采用塑料桶包装，然后将塑料桶装入铁桶或木箱中，每件净重不超过50公斤，并应有自动放气的安全阀。当桶内达到一定气体压力时，能够自动放气。

(七)特种包装技术

1. 充气包装

充气包装是采用二氧化碳气体或氮气等不活泼气体置换包装容器中空气的一种包装技术方法，因此也称为气体置换包装。这种包装方法是根据好氧性微生物需氧代谢的特性，在密封的包装容器中改变气体的组成成分，降低氧气的浓度，抑制微生物的生理活动、酶的活性和鲜活商品的呼吸强度，达到防霉、防腐和保鲜的目的。

2. 真空包装

真空包装是将物品装入气密性容器后，在容器封口之前抽真空，使密封后的容器内基本上没有空气的一种包装方法。

一般的肉类商品、谷物加工商品以及某些容易氧化变质的商品都可以采用真空包装，真空包装不但可以避免或减少脂肪氧化，而且抑制某些霉菌和细菌的生长。同时，在对其进行加热杀菌时，由于容器内部的气体已排出，因此加速了热量的传导。在提高了高温杀菌效率，也避免了加热杀菌时，由于气体的膨胀而使包装容器破裂。

3. 收缩包装

收缩包装就是用收缩薄膜裹包物品(或内包装件)，然后对薄膜进行适当的加热处理，使薄膜收缩而紧贴于物品(或内包装件)的包装技术方法。

收缩薄膜是一种经过特殊拉伸和冷却处理的聚乙烯薄膜，由于薄膜在定向拉伸时产生残余收缩应力，这种应力受到一定热量后便会消除，从而使其横向和纵向均发生急剧收缩，同时使薄膜的厚度增加，收缩率通常为30%－70%，收缩力在冷却阶段达到最大值，并能够长期保持。

4. 拉伸包装

拉伸包装是从上世纪70年代开始采用的一种新包装技术，它是由收缩包装发展而来的，拉伸包装是依靠机械装置在常温下将弹性薄膜围绕被包装件拉伸、紧裹，并在其末端进行封合的一种包装方法。由于拉伸包装不需进行加热，所以消耗的能源只有收缩包装的二十分之一。拉伸包装可以捆包单件物品，也可用于托盘包装之类的集合包装。

5. 脱氧包装

脱氧包装是继真空包装和充气包装之后出现的一种新型除氧包装方法。脱氧包装是在密封的包装容器中，使用能与氧气起化学作用的脱氧剂与之反应，从而除去包装容器中的氧气，以达到保护内装物的目的。脱氧包装方法适用于某些对氧气特别敏感的物品，使用于那些即使有微量氧气也会促使品质变坏的食品包装中。

六、未来包装设计的发展趋势

现代包装设计作为视觉传达的主要形式，经历了从工业化社会到信息化社会，无论是在设计观念上还是在功能上都发生了很大变化，以往在包装设计中常用的法则因为受到新思潮与新观念的影响，逐步开始形成了新的发展趋势。

（一）现代包装设计的人性化设计趋势

随着时代的发展，人们对产品包装除了要求实用之外还要求其能顺应现代的审美潮流，追求美的情调。追求产品包装设计功能性的日益完美与追求视觉美的感受已逐渐成为现代包装设计的首选目标。其主要体现于以下几个方面：

1. 产品在设计包装功能上大量追求方便型包装，为方便户外工作和旅游消费者甚至是老人儿童的食用需要，产品包装利用光能、化学能及金属氧化原理，使食物在短时间内自动加热或自动冷却。为了方便婴儿喂奶和老人吃药，热敏显色包装在盛装不同食品或药品时会显示不同的颜色，以供识别。这些设计给消费者带来新的感受并提高了他们的消费欲望，更使他们感受到在商品经济社会中商家对消费者在生活需要上的关注。

2. 在视觉设计方面，则强调视觉的充实与舒适，设计创意更追求唯美的效果。

在商品经济高度发达的今天，人与人之间的沟通及联系由于现代通讯的高度电子化而变得越来越疏远，个人在情感上则显得越来越疏离，人们需要生活，需要更多的关怀与体贴。这种心理上的需求则反映在今天的包装设计上，我们可以看到具有怀旧的、乡土气息浓烈的，还有运用手绘效果的设计表现形式，这些设计在视觉上不仅给人们带来了美的享受，更重要的是这类包装显得更"友好"更"亲切"，它使人们回忆起了儿时的天真快乐，使人们联想到久违了的大自然，更使人们惦记起远在他乡的亲朋。在产品包装设计中，大大缩短了消费受众与生产者的心理距离，从而产生购买欲望，这也是中国现代包装设计在营销策略上的新趋势。

（二）现代包装设计的文化个性需求趋势

设计文化存在着共性与个性的特点，包装设计也不例外。随着社会经济的发展，客户在产品包装设计上对文化形式的需求也日益加强，因为缺乏文化内涵而失去市场与机会的例子已屡见不鲜。这是因为人们对自身所处的文化背景有着很深的认同感。不同的国家、不同的民族有着不同的文化特色。一个民族的文化个性是整个民族艺术设计风格形成的坚实基石。正如人们所说的，民族的就是世界的，中国是一个有着博大精深文化内涵的国度，中国人更是一个尊重传统，以自己历史文化为荣的民族，富有中国传统特色的图形和文字具有特殊的东方形态，同时也深深吸引着酷爱中国文化的人们。在中国的现代包装设计作品上，我们不仅能够看到运用在包装设计外观上的中国山水画和龙凤吉祥符号，还有中国书法变体字等，这些中国元素经过设计师巧妙而生动的结构技巧，形成了一个个既有视觉冲击力又富有中国本土文化特征的设计作品。当人们在选择商品时，很容易就能产生情感上的共鸣，在情感上得到满足。可以肯定地说，既能很好地利用视觉设计语言的共同性，又能充分体现文化的个性的包装设计作品在现代社会才更具有生存的空间。

（三）现代包装绿色设计趋势

1. 随着21世纪绿色化思想的提出，掀起了以保护环境与节约资源为中心的绿色革命，绿色包装已是世界包装变革的必然趋势，谁先认识并及早行动，谁就将在新一轮的世界市场竞争中处于主动和不败的地位。中国对环境保护问题日益关注，并利用当前这一变革趋势，按照绿色包装保护环境、节约资源的理念，从产品确定、原材料选择、工艺设备选用、生产路线制定、流通销售，以及对废弃物处理与利用等对整个生命周期的生产技术进行了变革，建立起了我国崭新的绿色包装工业体系。

2. 在材料使用方面，就要求多使用可进行生物降解和再生循环使用的材料进行包装，在宣传方面，则在外包装上出现了"请在抛弃这个包装时注意环境的清洁"等字样，提醒并提高着人们的环保意识。

3. 在视觉表达方面，受绿色设计的主题影响，设计群体也相应提出了"少就是美"的设计方向，提倡设计画面各设计元素通过编排组合，去繁就简，反对过度设计，以取得最佳的视觉效果。他们还认为，包装设计应具有直接性，这是因为包装设计负载着在短时间内通过自身色彩、造型等视觉语言吸引和打动消费者的任务。所以，简洁明快而富于寓意性的符号被广泛应用于各种产品包装，通过简洁的包装造型形态和器皿设计直接明确地暗示了产品的功能与用途，编排的巧妙与新奇为消费者的视觉感官带来了新的享受。

（四）现代包装视觉风格化趋势

雷同的设计会令包装设计作品失去艺术的生命力。风格代表着设计者的个性，有个性才不会产生雷同，个性化趋势就是无限超越自我、培养激情。个性化被运用到中国现代包装视觉上，创意上的风格化趋势已经形成，这一种趋势让设计作品在个性表达上更具有生命力，也令画面上的各种视觉要素以一种特定的方式组合，并达到更加和谐一致的效果。包装设计作品则体现出一种个性化的美感，从而令包装设计作品独特而又创新。换言之，体现男性风格化的阳刚之美的包装设计作品，自然能吸引众多男性消费者的目光，或高贵，或活泼，或典雅，或华丽的设计风格都能为不同的消费人群带来更多的选择。近年来备受年轻人推崇与流行的随意版式设计风格，则体现了年轻一代求新、求奇、不愿受约束的心理特点，所以说把握风格化的趋势才是一个包装设计成功的关键，这也是中国现代包装发展中对视觉风格化的需求。它既增强了产品的市场竞争力，又使设计作品具有艺术观赏性，是提高大众审美的新趋势。

任务三　流通加工

【任务要求】

> 阿迪达斯公司在美国有一家超级市场，设立了组合式鞋店，摆放着做鞋用的半成品，款式花色多样，有6种鞋跟、8种鞋底均为塑料制造的，鞋面的颜色以黑、白为主，搭带的颜色有80种，款式有百余种，顾客进来可任意挑选自己所喜欢的各个部位，交给职员当场进行组合。只要10分钟，一双崭新的鞋便会出现在顾客面前。这家鞋店昼夜营业、职员技术熟练，鞋子的售价与成批制造的价格差不多，有的还稍便宜些，所以客户络绎不绝，销售金额比邻近的鞋店要多一倍。
>
> 通过完成本次任务，应达到以下要求：
> 要求1：了解什么是流通加工。
> 要求2：了解流通加工的作用。
> 要求3：流通加工合理化的内涵是什么？

一、流通加工的概念

（一）流通加工的涵义

《中华人民共和国国家标准物流术语》中流通加工的定义是物品在生产地到使用地的过程中，根据需要施加包装、分割、计量、分拣、刷标志、拴标签、组装等简单作业的总称。

流通加工是为了提高物流速度和物品的利用率，在物品进入流通领域后，按客户的要求进行的加工活动，即在物品从生产者向消费者流动的过程中，为了促进销售、维护商品质量并提高物流效率，对物品进行一定程度的加工。流通加工通过改变或完善流通对象的形态来实现"桥梁和纽带"的作用，因此流通加工是流通中的一种特殊形式。随着经济的增长以及国民收入的增多，消费者的需求开始多样化，促使在流通领域开展流通加工。目前，在世界许多国家和地区的物流中心或仓库经营中都大量存在着流通加工业务，在日本、美国等物流发达国家则更为普遍。

（二）流通加工与生产加工的区别

1. 加工的对象不同

生产加工的对象是原材料、零部件、半产品，而流通加工的对象则主要是进行流通过程的成品或最终产品。当然，流通加工当中的组装加工等也是以零配件为对象的，但这些零配件是作为成品的组成部分存在的。

2. 加工的目的不同

生产加工的目的是为了创造新的产品形态，流通加工的目的是为了完善产品的形态，有时纯粹是为了物流的便利，为提高物流效率创造条件。

3. 加工的程度不同

流通加工的程度大多是简单加工，而不是复杂加工。一般来讲，如果必须进行复杂加工才能形成人们所需的商品，那么，这种复杂加工应专设生产加工过程，生产过程理应完成大部分加工活动，而流通加工对生产加工则是一种辅助及补充。特别需要指出的是，流通加工绝不是对生产加工的取消或代替。

4. 附加价值的不同

从价值观点看，生产加工的目的在于创造价值及使用价值而流通加工的目的则在于完善其使用价值并在对原商品不做大的改变的情况下提高其价值。

5. 加工责任人的不同

流通加工的组织者是从事流通工作的人，能密切结合流通的需要进行这种加工活动。从加工单位来看，流通加工由商业或物资流通企业完成，而生产加工则由生产企业完成。

二、流通加工的功能

1. 克服生产和消费之间的分离，更有效地满足消费需求

克服生产和消费之间的分离，更有效地满足消费需求。这是流通加工功能最基本的内容。在现代经济中，生产和消费在质量上的分离日益扩大与复杂。流通企业利用靠近消费者、信息灵活的优势从事加工活动，能够更好地满足消费需求，使少规格、大批量生产与小批量、多样性需求结合起来。

2. 提高加工效率和原材料利用率

集中进行流通加工，可以采用技术先进、加工量大、效率高的设备，其不但提高了加工质量，而且还提高了使用率和加工效率。集中进行加工还可以将生产企业生产的简单规格产品，按照客户的不同要求进行集中下料，做到量材使用、合理套裁，减少剩余料。同时，还可以对剩余料进行综合利用，提高原材料的利用率，使资源得到充分合理的利用。

3. 提高物流效率

有的产品的形态、尺寸、重量等比较特殊，如过大、过重产品不进行适当分解就无法装卸运输，生鲜食品不经过冷冻、保鲜处理，在物流过程中就容易变质腐烂等。对这些产品进行适当加工，可以方便装卸搬运、储存、运输和配送，从而提高物流的效率。

4. 促进销售

流通加工对于促进销售也有着积极的作用,特别是在市场竞争日益激烈的条件下,流通加工已成为重要的促销手段。例如,将运输包装改换成销售包装,进行包装装潢加工,改变商品形象以吸引消费者;将蔬菜、肉类洗净切块分包以满足消费者的要求;对初级产品和原材料进行加工以满足客户的需要,赢得客户的信赖,增强营销竞争力。

三、流通加工的产生原因

1. 流通加工的出现与现代生产方式有关

现代生产的发展趋势之一就是生产规模大型化、专业化,依靠单品种、大批量的生产方法降低生产成本获取规模经济效益,这样就出现了生产相对集中的趋势。这种规模的大型化、生产的专业化程度越高,生产相对集中的程度也就越高。生产的集中化进一步引起了产需之间的分离,产需分离的表现首先为人们认识的是空间、时间及人的分离,即生产及消费不在同一个地点,而是有一定的空间距离;生产及消费在时间上不能同步,而是存在着一定的"时间差";生产者及消费者不是处于一个封闭的圈内,某些人生产的产品供给成千上万人消费,而某些人消费的产品又来自其他许多生产者。弥补上述分离的手段则是运输、储存及交换。

近年来,人们进一步认识到,现代生产引起的产需分离并不局限于上述三个方面,这种分离是深刻而广泛的。第四种重大的分离就是生产及需求在产品功能上的分离。尽管"用户第一"等口号已成为许多生产者的主导思想,但是,生产毕竟有生产的规律,尤其是在强调大生产的工业化社会,大生产的特点之一就是"少品种、大批量、专业化",产品的功能(规格、品种、性能)往往不能与消费需要密切衔接。弥补这一分离的方法,就是流通加工。所以,流通加工的诞生实际上是现代生产发展的一种必然结果。

2. 流通加工不仅是大工业的产物,也是网络经济时代服务社会的产物

流通加工的出现与现代社会消费的个性化有关。消费的个性化和产品的标准化之间存在着一定矛盾,使本来就存在的产需第四种形式的分离变得更加严重。本来,弥补第四种分离可以采取增加一道生产工序或消费单位加工改制的方法,但在个性化问题十分突出之后,采取上述弥补措施将会使生产及生产管理的复杂性及难度增加,按个性化生产的产品难以组织高效率、大批量的流通。所以,在出现了消费个性化的新形势及新观念之后,就为流通加工开辟了道路。

3. 流通加工的出现还与人们对流通作用的观念转变有关

在社会再生产的全过程中,生产过程是典型的加工制造过程,是形成产品价值及使用价值的主要过程,再生产型的消费究其本质来看也与生产过程一样,通过加工制造消费了某些初级产品而生产出深加工产品来。历史上在生产不太复杂、生产规模不大时,所有的加工制造几乎全部集中于生产及再生产过程中,而流通过程只是实现商品价值及使用价值的转移而已。

在社会生产向大规模生产、专业化生产转变之后，社会生产越来越复杂，生产的标准化及消费的个性化出现，生产过程中的加工制造常常满足不了消费的要求。而由于流通的复杂化，生产过程中的加工制造也常常不能满足流通的要求。于是，加工活动开始部分地由生产及再生产过程向流通过程转移，在流通过程中形成了某些加工活动，这就是流通加工。

流通加工的出现使流通过程明显地具有了某种"生产性"，改变了人们长期以来形成的"价值及使用价值转移"的旧观念，这就从理论上明确了：流通过程从价值观念来看是可以主动创造价值及使用价值的，而不单单是被动地"保持"和"转移"的过程。因此，人们必须研究流通过程中孕育着多少创造价值的潜在能力，这就有可能通过努力在流通过程中进一步提高商品的价值及使用价值，同时，却以很少的代价实现这一目标。这样，就引起了流通过程从观念到方法的巨大变化，流通加工则适应这种变化而诞生。

4. 效益观念的树立也是促使流通加工形式得以发展的重要原因

在 20 世纪 60 年代后，效益问题逐渐引起了人们的重视，过去人们盲目追求高技术，引起了燃料、材料投入的大幅度上升，结果新技术、新设备虽然采用了，但往往是得不偿失。70 年代初，第一次石油危机的发生证实了效益的重要性，使人们牢牢树立起效益的观念，流通加工可以以少量的投入获得很大的效果，是一种高效益的加工方式，自然得以获得很大的发展。所以，流通加工从技术上来讲，可能不需要采用什么先进技术，但这种方式是现代观念的反映，在现代的社会再生产过程中起着重要作用。

四、流通加工的类型

根据不同的目的，流通加工具有着不同的类型：

1. 为适应多样化需要的流通加工

生产部门为了实现高效率、大批量的生产，其产品往往不能完全满足用户的要求。这样，为了满足用户对产品多样化的需要，同时又要保证高效率的大生产，可将生产出来的单一化、标准化的产品进行多样化的改制加工。例如，对钢材卷板的舒展、剪切加工，平板玻璃按需要规格的开片加工，木材改制成枕木、板材、方材等加工。

2. 为方便消费、省力的流通加工

根据下游生产的需要将商品加工成生产直接可用的状态。例如，根据需要将钢材定尺、定型，按要求下料；将木材制成可直接投入使用的各种型材；将水泥制成混凝土拌合料，只需稍加搅拌即可使用等。

3. 为保护产品而进行的流通加工

在物流过程中，为了保护商品的使用价值，延长商品在生产和使用期间的寿命，防止商品在运输、储存、装卸搬运、包装等过程中遭受损失，可以采用稳固、改装、保鲜、冷冻、涂油等方式。例如，水产品、肉类、蛋类的保鲜、保质的冷冻加工、防腐加工等；丝、

项目六 物流辅助作业

麻、棉织品的防虫、防霉加工等,还有,如为防止金属材料的锈蚀而进行的喷漆、涂防锈油等措施,运用手工、机械或化学方法除锈;木材的防腐朽、防干裂加工;煤炭的防高温自燃加工;水泥的防潮、防湿加工等。

4. 为弥补生产领域加工不足的流通加工

由于受到各种因素的限制,许多产品在生产领域的加工只能到一定程度,而不能完全实现终极的加工。例如,木材如果在产地完成成材加工或制成木制品的话,就会给运输带来极大困难,所以,在生产领域只能加工到圆木、板、方材这个程度,而进一步的下料、切裁、处理等加工则由流通加工完成;钢铁厂大规模的生产只能按规格进行,以使产品有较强的通用性,从而使生产能有较高的效率,取得较好的效益。

5. 为促进销售的流通加工

流通加工也可以起到促进销售的作用。比如,将过大包装或散装物分装成适合依次销售的小包装的分装加工;将以保护商品为主的运输包装改换成以促进销售为主的销售包装,以起到吸引消费者、促进销售的作用;将蔬菜、肉类洗净切块以满足消费者的要求等等。

6. 为提高加工效率的流通加工

许多生产企业的初级加工由于数量有限,加工效率不高。而流通加工以集中加工的形式,则解决了单个企业加工效率不高的问题。它以一家流通加工企业的集中加工代替了若干家生产企业的初级加工,促使生产水平有了一定的提高。

7. 为提高物流效率、降低物流损失的流通加工

有些商品本身的形态使之难以进行物流操作,而且商品在运输、装卸搬运过程中极易受损,因此需要通过适当的流通进行弥补,从而使物流各环节易于操作,提高物流效率,降低物流损失。例如,造纸用的木材磨成木屑的流通加工,可以极大提高运输工具的装载效率;自行车在消费地区的装配加工可以提高运输效率,降低损失;石油气的液化加工,使很难输送的气态物转变为容易输送的液态物,也可以提高物流效率。

8. 为衔接不同运输方式使物流更加合理的流通加工

在干线运输和支线运输的结点设置流通加工环节,可以有效解决大批量、低成本、长距离的干线运输与多品种、少批量、多批次的末端运输及集货运输之间的衔接问题。在流通加工点与大生产企业间形成大批量、定点运输的渠道,以流通加工中心为核心,组织对多个用户的配送,也可以在流通加工点将运输包装转换为销售包装,从而有效衔接不同目的的运输方式。比如,散装水泥中转仓库把散装水泥装袋、将大规模散装水泥转化为小规模散装水泥的流通加工,就衔接了水泥厂大批量运输与工地小批量装运的需要。

9. 生产—流通一体化的流通加工

依靠生产企业与流通企业的联合,或者生产企业涉足流通,或者流通企业涉足生

产,形成的对生产与流通加工进行合理分工、合理规划、合理组织,统筹进行生产与流通加工的安排,这就是生产-流通一体化的流通加工形式。这种形式可以促成产品结构及产业结构的调整,充分发挥企业集团的经济技术优势,是目前流通加工领域的新形式。

10. 为实施配送进行的流通加工

这种流通加工形式是配送中心为了实现配送活动,满足客户的需要而对物资进行的加工。例如,混凝土搅拌车可以根据客户的要求,把沙子、水泥、石子、水等各种不同的材料按比例要求装入可旋转的罐中。在配送路途中,汽车边行驶边搅拌,到达施工现场后,混凝土就已经均匀搅拌好了,可以直接投入使用。

五、流通加工的特点

与生产加工相比较,流通加工具有以下特点:

1. 从加工对象看,流通加工的对象是进入流通过程的商品,具有商品的属性,以此来区别多环节生产加工中的一环。流通加工的对象是商品,而生产加工的对象不是最终产品,而是原材料、零配件或半成品。

2. 从加工程度看,流通加工大多是简单加工,而不是复杂加工。一般来讲,如果必须进行复杂加工才能形成人们所需的商品,那么,这种复杂加工应该专设生产加工过程。生产过程理应完成大部分加工活动,流通加工则是对生产加工的一种辅助及补充。特别需要指出的是,流通加工绝不是对生产加工的取消或代替。

3. 从价值观点看,生产加工的目的在于创造价值及使用价值,而流通加工的目的则在于完善其使用价值,并在不做较大改变的情况下提高价值。

4. 从加工责任人看,流通加工的组织者是从事流通工作的人员,能密切结合流通的需要进行加工活动。从加工单位来看,流通加工由商业或物资流通企业完成,而生产加工则由生产企业完成。

5. 从加工目的看,商品生产是为交换、为消费而进行的生产,而流通加工的一个重要目的是为了消费(或再生产)所进行的加工,这一点与商品生产有着共通之处。但是流通加工有时候也是以自身流通为目的的,纯粹是为了流通而创造条件,这种为流通所进行的加工与直接为消费进行的加工在目的上是有所区别的,这也是流通加工不同于一般生产加工的特殊之处。

六、流通加工的作用

1. 提高原材料利用率

通过流通加工进行集中下料,将生产厂商直接运来的简单规格产品,按用户的要求进行下料。例如,将钢板进行剪板、切裁,木材加工成各种长度及大小的板、方等。集中下料可以优材优用、小材大用、合理套裁,明显地提高原材料的利用率,有很好的技术经济效果。

2.方便用户

用量小或满足临时需要的用户,不具备进行高效率初级加工的能力,通过流通加工可以使用户省去进行初级加工的投资、设备、人力,方便了用户。目前发展较快的初级加工有:将水泥加工成生混凝土、将原木或板、方材加工成门窗、钢板预处理、整形等加工。

3.提高加工效率及设备利用率

在分散加工的情况下,加工设备由于生产周期和生产节奏的限制,设备利用时松时紧,使得加工过程不均衡,设备加工能力不能得到充分发挥。而流通加工面向全社会,加工数量大,加工范围广,加工任务多。这样可以通过建立集中加工点,采用一些效率高、技术先进、加工量大的专门机具和设备,一方面提高了加工效率及加工质量,另一方面还提高了设备利用率。

七、流通加工的地位

流通加工在物流中的地位表现在以下几个方面:

1.流通加工有效地完善了流通

流通加工在实现时间效用和场所效用这两个重要功能方面,确实不能与运输及保管相比,因而,流通加工不是物流的主要功能要素。另外,流通加工的普遍性也不能与运输、保管相比,流通加工不是对所有物流活动都是必需的。但这绝不是说流通加工不重要,实际上它也是不可轻视的,它具有补充、完善、提高与增强的作用,能够起到运输、保管等其他功能要素无法起到的作用。所以,流通加工的地位可以描述为:提高物流水平,促进流通向现代化发展。

2.流通加工是物流的重要利润来源

流通加工是一种低投入、高产出的加工方式,往往以简单加工解决大问题。在实践中,有的流通加工通过改变商品包装,使商品档次升级而充分实现其价值;有的流通加工可将产品利用率大幅提高30%,甚至更多。这些都是采用一般方法以期提高生产率所难以做到的。实践证明,流通加工提供的利润并不亚于从运输和保管中挖掘的利润,因此我们说流通加工是物流业的重要利润来源。

3.流通加工在国民经济中也是重要的加工形式

流通加工在整个国民经济的组织和运行方面是一种重要的加工形式,对推动国民经济的发展、完善国民经济的产业结构具有一定的积极意义。

八、流通加工的合理化

流通加工合理化的含义是实现流通加工的最优配置,也就是对是否设置流通加工环节、在什么地方设置、选择什么类型的加工、采用什么样的技术装备等问题做出正确抉择。这样做不仅要避免各种不合理的流通加工形式,而且要做到最优。

(一)不合理流通加工形式

1. 流通加工地点设置的不合理

流通加工地点设置即布局状况是决定整个流通加工是否有效的重要因素。一般来说,为了衔接单品种大批量生产与多样化需求的流通加工,加工地点设置在需求地区,才能实现大批量的干线运输与多品种末端配送的物流优势。如果将流通加工地设置在生产地区,一方面,为了满足用户多样化的需求,会出现多品种、小批量的产品由产地向需求地的长距离运输;另一方面,在生产地增加了一个加工环节,同时也会增加近距离运输、保管、装卸等一系列物流活动。所以,在这种情况下,不如由原生产单位完成这种加工而无需设置专门的流通加工环节。

另外,一般来说,为了方便物流的流通加工环节应该设置在产出地,设置在进入社会物流之前。如果将其设置在物流之后,即设置在消费地,则不但不能解决物流的问题,还可能在流通中增加中转环节,因而也是不合理的。

即使是产地或需求地设置流通加工的选择是正确的,还有流通加工在小地域范围内的正确选址问题。如果处理不善,仍然会出现不合理的情况。比如说交通不便,流通加工与生产企业或用户之间距离较远,加工点周围的社会环境条件不好等等。

2. 流通加工方式选择不当

流通加工方式包括流通加工对象、流通加工工艺、流通加工技术、流通加工程度等。流通加工方式的确定实际上是与生产加工的合理分工分不开的。分工不合理,把本来应由生产加工完成的作业错误地交给流通加工来完成,或者把本来应由流通加工完成的作业错误地交给生产过程去完成,都会造成不合理。

流通加工不是对生产加工的代替,而是一种补充及完善。所以,一般来说,如果工艺复杂,技术装备要求较高,或加工可以由生产过程延续及轻易解决的,都不宜再设置流通加工。如果流通加工方式选择不当,就可能会出现生产争利的恶果。

3. 流通加工作用不大,形成多余环节

有的流通加工过于简单,或者对生产和消费的作用都不大,甚至有时由于流通加工的盲目性,同样未能解决品种、规格、包装等问题,相反却增加了作业环节,这也是流通加工不合理的重要表现形式。

4. 流通加工成本过高,效益不好

流通加工的一个重要优势就是它有较大的投入产出比,因而能够有效地起到补充、完善的作用。如果流通加工成本过高,则不能实现以较低投入实现更高使用价值的目的,势必会影响到它的经济效益。

(二)实现流通加工合理化的途径

要实现流通加工的合理化,主要应从以下几个方面加以考虑:

1. 加工和配送结合

就是将流通加工设置在配送点中。一方面按配送的需要进行加工，另一方面加工又是配送作业流程中分货、拣货、配货的重要一环，加工后的产品直接投入到配货作业，这就无需单独设置一个加工的中间环节，而使流通加工与中转流通巧妙地结合在了一起。同时，由于配送之前有必要的加工，可以使配送服务水平大大提高，这是当前对流通加工做合理选择的重要形式，在煤炭、水泥等产品的流通中已经表现出了较大优势。

2. 加工和配套结合

"配套"是指对使用上有联系的用品集合成套地供应给用户使用。例如，方便食品的配套。当然，配套的主体来自于各个生产企业，如方便食品中的方便面就是由其生产企业配套生产的。但是，有的配套不能由某个生产企业全部完成，如方便食品中的盘菜、汤料等。这样，在物流企业进行适当的流通加工，可以有效地促成配套，大大提高流通作为供需桥梁与纽带的能力。

3. 加工和合理运输结合

我们知道，流通加工能够有效衔接干线运输和支线运输，促进两种运输形式的合理化运作。利用流通加工，在支线运输转干线运输或干线运输转支线运输等这些必须要停顿的环节，不进行一般的支转干或干转支，而是按干线或支线运输合理的要求进行适当加工，从而大大提高运输及运输转载水平。

4. 加工和合理商流结合

流通加工也能起到促进销售的作用，从而使商流合理化，这也是流通加工合理化的方向之一。加工和配送相结合，通过流通加工，提高了配送水平，促进了销售，使加工与商流合理结合。此外，通过简单地改变包装加工形成方便的购买量，通过组装加工解除用户使用前进行组装、调试的难处，都是有效促进商流的很好例证。

5. 加工和节约结合

节约能源、节约设备、节约人力、减少耗费是流通加工合理化重要的考虑因素，也是目前我国设置流通加工并考虑其合理化的较普遍形式。

对于流通加工合理化的最终判断，是看其是否能够实现社会的和企业本身的两个效益，而且是否取得了最优效益。流通企业更应该树立社会效益第一的观念，以实现产品生产的最终利益为原则，只有在生产流通过程中不断补充、完善为己任的前提下才有生存的价值。如果只是追求企业的局部效益，而不适当地进行加工，甚至与生产企业争利，这就有违于流通加工的初衷，或者其本身已不属于流通加工的范畴了。

课后练习题

一、选择题

1. 在同一场所内,( )是改变物品存放、支承状态的活动。
   A. 装卸   B. 运输   C. 配送   D. 仓储

2. 为提高装卸效率通常与托盘起作用的机械设备是( )。
   A. 叉车   B. 吊车   C. 铲车   D. 分拣车

3. 与集装箱相比较,托盘在使用过程中的主要缺点是( )。
   A. 装卸成本高   B. 对货物的保护性差
   C. 装卸作业困难   D. 无法实现

4. 运输包装、销售包装,是按( )分类的。
   A. 包装作用   B. 包装技术   C. 包装状态   D. 物品运输形态

5. 下面哪类包装不属于特种包装( )。
   A. 危险品包装   B. 充气包装   C. 真空包装   D. 脱氧包装

二、判断题

1. 改变商品装潢使商品增加附加价值,这就是流通加工的表现。( )
2. 流通加工和一般的生产型加工在加工方面并无显著区别。( )
3. 流通加工只便于流通,而不增加物流商品价值。( )
4. 流通加工是一种低投入高产出的加工方式。( )
5. 流通加工大多是简单加工,而不是复杂加工,因此流通加工对生产加工是一种辅助及补充。若进行复杂加工,流通加工可以取消或代替生产加工。( )

三、简答题

1. 装卸搬运的活性指数有哪些?
2. 装卸搬运合理化的措施有哪些?
3. 包装合理化的措施有哪些?
4. 常见的流通加工形式有哪些?
5. 流通加工和生产加工有哪些区别?

案例分析

Dell 公司的成功秘诀

Dell 公司的竞争优势主要是来自它的独特经营方式直销计算机,即顾客可通过电话、E-mail 以及 Internet 直接向公司订购计算机,而不经过分销商或代理商这些中间渠道。直销是公司在接到顾客订单后再将计算机部件组装成整机,而不是根据对市场的预测制订生产计划,先批量制成成品,再将产品存放在仓库里等待分销商与顾客的订货。

这样不仅节约了库存的开支,也给顾客带来了利益。因为代理商在销售计算机时一般要加价,而直销则以出厂价销售,能比竞争者以更低的价格性能比销售计算机,从而赢得竞争优势,这是最直接的利益,而且也意味着为顾客节省了资金并可以按照顾客的具体要求制造计算机,从外部的硬件到内部的软件,完全达到了量身定做。

利用代理商销售的各大计算机公司的一般经营程序来对今后的市场进行预测,制订生产计划,制造,测试,检验,封机,装箱,入库,根据计划或要求发给分销商。如果顾客向分销商提出具体的技术规格要求,则又需经过开箱、拆机、更换或拆除某些部件、封机、加装软件、测试、检验、装箱、发货。而 Dell 则在顾客提出订单后保证做到按顾客对计算机规格的要求在 36 小时内装车发货,交货期通常在 9 天以内。

为了充分实现直销的竞争优势,Dell 坚持计算机部件供应商把大部分部件存放在离其工厂最近的仓库内。为了简化与部件供应商的协调手续,Dell 也尽量减少供应商的数量,专门挑选那些能够满足其部件储存计划要求的合作者。

请分析:
(1) Dell 成功的关键究竟在哪里?
(2) Dell 对计算机的组装属于生产加工还是流通加工?

技能训练

选择身边的一家企业进行调查,并结合其实际业务分析它们的装卸搬运、包装和流通加工业务。

项目七　物流信息管理

知识目标：
➢ 掌握物流信息的概念及特点；
➢ 理解物流信息的分类及功能；
➢ 熟悉各种物流信息技术。

技能目标：
✋能够结合实际来分析物流信息技术的特点；
✋能够结合实际进行物流信息技术的运用。

项目七 物流信息管理

案例导读

　　江苏连云港港口股份有限公司成立于2001年9月25日,2007年4月26日在上海证券交易所上市交易,公司有在职职工4566人,固定资产32.5亿元人民币,2013年的总收入为16.5亿元人民币,利润为1.7亿人民币。是国家5A级物流企业。

　　公司专门成立了信息化领导小组,由生产业务部、投资发展部等部门负责公司信息化建设的投资及推进工作,各分公司分别设立公司的信息化领导小组及主管和实施部门。公司信息数据委托集团通信工程公司,制定了相应的信息备份制度与灾难恢复方案,制定了较完善的信息安全相关操作规程。

　　信息系统的建设和应用,为公司的经营管理提供了强有力的支持,在提高效率、降低成本、提升服务等各方面发挥了巨大作用。在减少人员成本开支、节约设备投资等直接经济效益方面收益约300万元,在防范风险等间接经济效益方面约为1000余万元,同时在带动整个产业链方面发挥出了巨大社会效益,提升了连云港港口的知名度,增加了连云港港口的竞争力。

　　具体的效果有:

1. 业务流程信息化,支撑了公司发展战略和目标;
2. 信息化带动工业化,促进了公司的业务发展;
3. 信息系统的建设和应用,提高了公司的管理水平;
4. 信息技术的高效性,提高了公司的运行效率;
5. 信息技术的应用,降低了公司的运营成本;
6. 客户与公司的沟通变得便捷迅速,提高了客户的满意度;
7. 积累的大量数据资源,提供了良好的发展契机。

（资料来源:中国物流与采购网）

任务一　物流信息认知

【任务要求】

> 时至今日，一家不具备先进 IT 信息化系统的物流企业很可能会没有业务可做。"由于历史与环境的原因，中远的客户及合作伙伴在信息化建设领域都已取得了非凡成就。如今，数据交换、网上信息查询，7×24 小时不间断服务以及信息化合作解决方案已经成为企业选择物流或代理服务提供商的前提条件。在这种条件下，没有良好的信息化系统支持，物流企业是很难获得订单的。"中远网络物流信息科技公司总经理张宇此时非常明白，要实现高效的物流管理，必须建立有效的信息化机制。
>
> 通过完成本次任务，应达到以下要求：
>
> 要求1：结合资料说明信息化对企业发展的作用。
>
> 要求2：分析物流信息与其他信息的不同特点。

一、物流信息的概念及特点

(一) 物流信息的概念

按照国家标准 GB/T18354-2001《物流术语》的定义，物流信息是："反映物流各种活动内容的知识、资料、图像、数据、文件的总称。"

物流信息是指伴随着企业物流活动的发生而产生的。企业如果希望对物流活动进行有效的控制，就必须掌握准确的物流信息情况，由于物流信息贯穿于物流活动的整个过程中，并通过其自身的整体物流活动进行有效的控制，因此，我们称物流信息为物流中枢神经。物流信息（信息流）存在于物流活动的各个环节中。

(二) 物流信息的特点

1. 信息量异常庞大

以一个有数万种商品的大型超市为例，每个商品从下订单开始，就包含有价格、数量、条码、批次、物流模式、尺码、包装规格等物流信息，到了配送中心，又有验收整理、上架、调整、补货、拣货、拼板、配车、盘点、退换货等业务流程，每一步的业务又会产生新的物流信息，再加上现在多频次、小批量的作业越来越多，记录物流活动的物流信息数量快速增长。可以预计，这种趋势随着物流作业越来越精细，将一直延续下去。以上所讲的还只是一个狭义概念的物流信息，广义概念的物流信息所包含的信息量更是惊人。

2. 信息动态性强

有价值的信息第一个要求就是快，能够迅速地反映业务的最新动态。没有了时效性，信息就会变得一文不值，在物流活动中就更是如此。市场在随时变化，运输中商品的位置在不断变化，配送中心里的库存状况不断变化，门店里的销售情况不断变化，还有大量存在的突发情况。物流信息处于一个不断更新、不断变化的状态之中，这也要求物流信息系统有非常强大的实时性与高效率。

3. 来源多样化

物流产业是服务性产业，物流活动的发生必须依赖于其他活动的产生而产生。比如，只有有了交易活动，才会有物流的产生。同时，物流活动是要在正确的时间、正确的地点把正确数量的商品送到被服务的人手中，因此物流是处于一个中间环节的地位。这就决定了物流信息是开放的，不仅包括企业内部的物流信息内容，而且还包括了上下游企业的物流信息内容，以及信息来源的多样化。多样化的要求产生了一个现实的信息如何共享的问题，因此物流信息系统好与坏的评判条件之一就是它的数据接口是不是具有良好的兼容性，数据共享和数据分析的能力强不强。

4. 信息的不一致性

物流信息的产生具有时间和地点不一致性的特点。比如同样的物流车辆，白天送货和晚上送货的时间、成本、行车路线是不同的，因此要具体分析。此外，在采集周期和衡量尺度上也不一致。比如，同样是盘点，会有日盘、周盘、月盘，在衡量上也有只对总数、分品项核对等。另外，由于物流行业是具有明显时间周期的行业，旺季业务量也会比平时暴增，因此物流信息系统要有相应的处理不一致信息的能力。

二、物流信息的分类

物流信息的分类按照不同的类别，可以分为很多种，主要有以下几种：

（一）按功能分类

物流信息包括仓储信息、运输信息、加工信息、包装信息、装卸信息等。对于某个功能领域还可以进行进一步的细化，例如，仓储信息可分成入库信息、出库信息、库存信息、搬运信息等。

（二）按环节分类

根据信息产生和作用的环节，物流信息可分为输入物流活动的信息及物流活动产生的信息。

（三）按作用层次分类

物流信息可分为基础信息、作业信息、协调控制信息和决策支持信息。基础信息是物流活动的基础，是最初的信息源，如物品基本信息、货位基本信息等。作业信息是物流作业过程中发生的信息，信息的波动性大，具有动态性，如库存信息、到货信息等。协调控制信息主要是指物流活动的调度信息和计划信息。决策支持信息是指能对物流计划、决策、战略具有影响或有关的统计信息及有关的宏观信息,如科技、产品、法律等方面的信息。

(四)按加工程度的不同分类

按加工程度的不同,物流信息可以分为原始信息和加工信息。原始信息是指未加工的信息,是信息工作的基础,也是最有权威性的凭证性信息。加工信息是对原始信息进行各种方式和各个层次处理后的信息,这种信息是原始信息的提炼、简化与综合,利用各种分析工作在海量数据中发现潜在的、有用的信息及知识。

三、物流信息系统的概念及特点

(一)物流信息系统的概念

物流信息系统是通过对与企业物流相关的信息进行加工处理来实现对物流的有效控制与管理的,并为物流管理人员及其他企业管理人员提供战略及运作决策支持的人机系统。物流信息系统以数据库为中心,以计算机网络为支撑,主要完成企业的物流及相关方面的决策,实现企业决策的最优化,起到了决策中心的作用。

(二)物流信息系统的特点

尽管物流系统是企业经营管理系统的一部分,物流信息系统与企业其他的管理信息系统在基本面上没有太大区别,如集成化加模块化、网络化加智能化的特征,但物流活动本身所具有的时空上的特点决定了物流信息系统具有自身的特征。

1. 跨地域联接

由于订货方和接受订货方一般不在同一场所,如处理订货信息的营业部门和承担货物出库的仓库一般在地理上是分离的,发货人和收货人不在同一个区域等,这种场所上相分离的企业或人之间的信息传送需要借助于数据通讯手段来完成。在传统的物流系统中,信息需要使用信函、电话、传真等传统手段实现传递,随着信息技术的进步,利用现代电子数据交换技术可以实现异地间数据的实时、无缝传递及处理。

2. 跨企业联接

物流信息系统不仅涉及企业内部的生产、销售、运输、仓储等部门,而且与供应商、业务委托企业、送货对象、销售客户等交易对象以及在物流活动上发生业务关系的仓储企业、运输企业和货代企业等众多的独立企业之间有着密切关系,物流信息系统可以将这些企业内外的相关信息实现资源共享。

3. 信息的实时传送和处理

物流信息系统一方面需要快速地将搜集到的大量形式各异的信息进行查询、分类、计算、储存,使之有序化、系统化、规范化,成为能够综合反映某一特征的真实、可靠、适用而有使用价值的信息;另一方面,物流现场作业需要从物流信息系统获取信息,用以指导作业活动，即只有实时地进行信息传递，使信息系统与作业系统紧密结合，克服传统借助打印的纸质载体信息作业的低效作业模式。

四、物流信息系统的基本组成要素

物流信息系统的主要组成要素有硬件、软件、数据库和数据仓库、相关人员以及企业管理制度与规范等，具体如下所示。

（一）硬件

硬件主要包括计算机、必要的通信设施等，例如计算机主机、外存、打印机、服务器、通信电缆、通信设施，它是物流信息系统的物理设备、硬件资源，是实现物流信息系统的基础，它构成了系统运行的硬件平台。物流信息系统由服务器、路由器、通信电缆、计算机用户等组成。

（二）软件

软件一般包括系统软件、实用软件和应用软件，系统软件是指那些管理与支持计算机资源及其信息处理活动的程序，这些程序是计算机硬件和应用程序之间重要的软件接口。系统软件主要有操作系统、网络操作系统等。实用软件主要有数据库管理系统、计算机语言、各种开发工具、浏览器等，主要用于开发应用软件、管理数据资源、实现通信等。应用软件是指为了用户处理信息的需求，具有特定功能的程序。对于物流信息系统而言，它是为了企业进行相关的物流管理活动而开发的程序，应用软件一般面向的是具体问题，不同的企业有不同的物流活动，因此其物流应用软件甚至是物流信息系统也是千差万别。

（三）数据库与数据仓库

数据库和数据仓库用来存放与应用相关的数据，是实现辅助企业管理和支持决策的数据基础。随着国际互联网的深入应用以及计算机安全技术、网络技术、通信技术等的发展，以及市场专业化分工与协作的深入，企业和企业之间的数据交换趋势日益增强，企业的许多物流信息来源于外部，因此企业数据库的设计将面临采用集中、部分集中或分布式管理方式的选择。同时，随着物流信息系统应用的深入，采用数据挖掘技术的数据仓库也应运而生。

（四）相关人员

物流信息系统的开发、运行及维护，离不开各级人员的参与。这些人员既有专业人员、终端用户，还有管理人员、业务人员等，不同的人员在物流信息系统开发、运行和维护中起着不同的作用。对于企业而言，不仅要考虑开发、选择合适的物流信息系统，还要注意员工计算机系统使用能力的培养。

（五）企业的管理思想、制度和规范

企业本身的决策者和管理者的管理思想及理念决定了物流信息系统的结构；同时，管理制度与规范，如组织机构、部门职责、业务规范和流程、岗位制度等，都是物流信息系统成型开发和运行的管理基础与保障，它是构造物流信息系统模型的主要参考依据，制约着系统硬件平台的结构、系统计算模式、应用软件的功能。

五、物流信息化的作用

将现代计算机技术、现代通讯技术、现代网络技术贯穿于物流运作和物流管理的全部环节之中，称为物流信息化。现代物流的核心评价标准是物流信息化。物流信息化是依靠一项一项的信息技术建设起来的，信息化的基础是信息技术。物流信息化是信息技术、管理与组织的一体化产物。物流信息平台是承载及支持物流信息化的重要物质基础，物流信息化的运作涉及面广泛而深入，但是它们都有一个共同的支持平台，这个平台构成了物流信息化的联系力量。

实现物流信息化，有利于实现商流、资金流及现金流的沟通与实现。在商品流通的过程中，商流、资金流和现金流的完成都依靠信息流的传递。

实现物流信息化，有利于工商企业节约经营成本及物流企业实现更大的利润。通过第三方物流，工商企业可以集中自己的优势产品与服务，提高自身的核心竞争力。而信息化的实现对于物流企业来说，也具有重要的意义。它可以帮助物流企业实现物品流通过程的高效化，节约一切可以节约的成本，实现其利润的最大化。

实现物流信息化，有利于进一步提高顾客的服务质量。物流信息化的实现，有利于物品从供应商更快地运输到需求方，实现顾客的快速响应，以提高服务质量。

实现物流信息化，有利于加强供应链之间各企业之间的合作伙伴关系，以实现整个供应链的价值最大化。企业之间以及供应链之间的物流信息化有利于进一步降低商品流通过程中的多余成本，实现整体效益的最大化。

六、我国物流信息化的现状

（一）我国物流信息化建设处于起步阶段，整体发展水平还较低

从物流成本占 GDP 的比例来看，美国、日本等发达国家大约在 10% 左右，而我国则接近 20%，物流成本的差距反映了物流信息化的落后。其主要原因就是物流信息化建设较为缓慢，物流信息沟通不畅。据调查，在现存的物流企业中，以中小企业居多，它们规模小、资金少，其本身的资金不足以用来发展物流信息技术，再加上少数企业管理者物流信息化建设的意识相对薄弱，这就直接导致企业物流信息化建设的滞后，制约了物流业的健康发展。

项目七 物流信息管理

（二）物流企业之间的信息化建设也未起步，物流市场信息化程度较低

第三方物流的产生，大大降低了物流过程的成本，在给企业节约物流成本的同时，也为第三方物流企业创造了巨大价值。近年来，我国的第三方物流业也有了很大发展。然而，在采用第三方物流的生产制造企业中，大部分企业对第三方物流的服务满意度很低，造成这种状况的主要原因是物流企业运营成本高、信息不及时和不准确、服务速度慢且内容不全、没有网络服务、不能满足需求波动、不能提供供应链整合等。

从局部来看，第三方物流是高效率的，然而从一个地区、一个国家的整体来说，第三方物流企业各自为政，这种加和的结果很难达到最优，难以解决经济发展中的物流瓶颈，尤其是电子商务中新的物流瓶颈。物流企业之间信息化的沟通障碍，也成为降低整个社会物流总成本的瓶颈。

（三）物流信息技术未被广泛地应用

通信网络技术的快速发展给物流信息技术提供了良好的平台，基本的物流信息技术已经比较成熟。比如在美国、日本和欧洲等发达国家，条码技术在物流活动中的运用率已基本上达到100%。而在我国，只有大约25%的企业储运单元和货运单元有条码标志。而RFID（射频技术）、EDI（电子数据交换）、GIS（地理信息系统）、GPS（全球定位系统）等先进的信息化物流技术的应用更为有限。

（四）我国物流信息化的发展也取得了一定成果，比如物流公共信息平台的建立

物流公共信息平台是指基于计算机通信网络技术，提供物流信息、技术、设备等资源共享服务的信息平台，具有整合供应链各环节物流信息、物流监管、物流技术和设备等资源，面向社会用户提供信息服务、管理服务、技术服务及交易服务的基本特征。物流公共信息平台的信息服务需要大量权威的政务信息，管理服务是物流相关管理部门的政府职责，这两项功能应由相关政府管理部门负责建设提供；而物流公共信息平台的技术服务和交易服务则完全可以采用市场化的机制建设与运行。

七、物流信息化建设的建议

（一）全社会都应该加强对物流信息化重要性的认识

在政府层面，2009年3月10日国务院下发了《物流业调整和振兴规划》的通知，并且指出："物流业是融合运输业、仓储业、货代业和信息业等的复合型服务产业，是国民经济的重要组成部分，涉及领域广，吸纳就业人数多，促进生产、拉动消费作用大，在促进产业结构调整、转变经济发展方式和增强国民经济竞争力等方面发挥着重要作用。为应对国际金融危机的影响，落实党中央、国务院保增长、扩内需、调结构的总体要求，促进物流业平稳较快发展，培育新的经济增长点，特制定本规划，作为物流产业综合性应对措施的行动方案。"

通知中提出了振兴物流业的五大主题,其中最为重要的一点就是"物流信息化"的建设。政府的充分重视,为物流信息化的贯彻实施提供了政策性保障。

对于企业来说,应该普及物流信息化知识,使企业高层充分认识到物流信息化的战略意义:物流信息化的实现不仅是企业创造更大价值的方法,更是企业增强自身核心价值和提高企业竞争力的重要手段。还要加强员工对物流信息化的认识,使物流信息化的观念深入到企业内部各个部门及成员,把物流信息化建设作为企业的竞争战略之一来贯彻实施。

(二)应该积极引入国外先进的物流信息技术

物流信息技术主要包括计算机技术、通信技术、网络技术、条码技术、无线射频技术、GIS 技术、GPS 技术、EDI 技术等,这些技术的实施能够大大提高企业对物流的管理质量。

以 RFID 技术(无线射频技术)为例。RFID 技术可以应用于仓储与物流配送管理,通过条码在生产加工及商店供应链中建立可追溯系统。在物流上,货品信息记录在托盘或货品箱的标签上。这样条码系统能够清楚地获知托盘上货箱至单独货品的各自位置、身份、储运历史、目的地、有效期及其他有用信息。条码系统能够为供应链中的实际货品提供详尽的数据,并在货品与其完整的身份之间建立物理联系,用户可方便地访问这些完全可靠的货品信息。并通过条码高效的数据采集,及时地将仓储物流信息反馈到生产加工层面,指导生产。信息技术的实施将会给企业的经营运行带来质的改变,它将极大地改变企业的物流管理模式,提高企业物流管理的效率,增强企业的市场竞争力。

(三)加强物流信息平台的建设,发展第四方物流和第四方物流市场

在实际运作中,由于大多数第三方物流公司缺乏对整个供应链进行运作的战略性专长及真正整合供应链流程的相关技术,物流活动的专业化、规模化也产生了信息管理、信息控制的实际需求。第四方物流的出现,使得依靠优秀的第三方物流供应商、技术供应商、管理咨询以及其他增值服务商,为客户提供独特的及广泛的供应链解决方案等成为了可能。第四方物流通过利用信息技术、整合能力以及其他资源来提供一套完整的供应链解决方案,以此帮助企业的运营。

第四方物流的实质是利用自身的信息优势,帮助第三方物流企业解决信息沟通交流的障碍,通过信息整合实现物流企业物流成本最小化的目标,为整个社会创造更大的价值。

(四)通过加强供应链管理、建立合作伙伴关系实现物流信息化

物流信息化的实现有利于实现货主企业物流成本的降低、物流效率的提高和物流过程的安全;有利于实现物流企业商业机会的增加、资金周转迅速及服务能力提升;有利于实现物流产业经营运作的规范、行业环境诚信和信息化水平的提高;有利于实现社会总体流通成本的降低、经济效益的提供及产业结构的优化。

项目七 物流信息管理

物流信息化是经济发展的必然趋势,加强物流信息化建设是物流业振兴发展的关键,实现物流信息化是提高顾客服务质量、降低企业成本、增强企业市场竞争力、实现社会最大价值的根本途径。

资料卡　物流信息分类编码标准化

物流信息分类编码标准化是信息分类标准化工作的一个专业领域及分支,其核心核心是将信息分类编码标准化技术应用到现代物流系统中,实现物流信息系统的自动数据采集和系统间的数据交换与资源共享,促进物流活动的社会化、现代化和合理化,在实践中做到"货畅其流"。

任务二　物流信息技术

【任务要求】

成立于1907年的美国UPS是世界上最大的配送公司,它通过使用条码和扫描仪、笔记本电脑以及无线通信网络提高了竞争能力,标志着物流服务的现代化。由此可见,物流信息技术通过切入物流企业的业务流程来实现对物流企业各生产要素进行合理组合与高效利用,降低了经营成本,增加了经营效益。

通过完成本次任务,应达到以下要求:

要求1:掌握现代物流信息技术的热门领域和发展方向。

要求2:掌握条码技术、射频技术、EDI、GIS技术、GPS技术在物流领域的应用。

一、条码技术

(一)条码的概念

条码(Barcode)是用一组规则的条、空及其对应字符所组成的标记,用于表示一定的信息。它是一种光电扫描识别并实现信息自动输入计算机的图形标记符号,是由不同粗细的平行线按特定格式安排间距的条码符号和字符组成的一种标记。在流通与物流活动中,能够迅速准确地识别商品,自动读取有关商品的信息。

条码技术已在全世界被广泛应用,受到人们的普遍关注。条码、EDI、集装箱三大技术已成为国际商界三大标准贸易方式而被广泛采用。最初，条码技术是借助于计算机实现商品流通领域中传递商品信息而产生的一种自动识别技术。目前，条码技术已广泛用于商业、金融、交通运输、医疗卫生、邮电、制造、仓储等，一些管理部门也已开始将条码技术应用于管理工作，如驾驶证、身份证的管理等。条码技术的应用极大地提高了工作效率，提高了数据采集和信息处理的速度，为管理科学化及现代化做出了积极贡献。

（二）条码的功能

1. 条码是物流信息系统的基础

条形码所包含的是信息数据，是系统中物流对象的一部简要说明书，通过条码单元将大量信息集中起来，就能使信息的采集和录入工作电子化，依靠这个系统，能够构筑物流信息系统的开端。

2. 沟通国际物流

条码系统的条码实际上是一种国际通用语言，通过对条码的识别，可以进行国际化沟通。现代物流系统的国际化趋势，通过条码系统进行这种国际间的沟通，就省却了在不同国家语言文字的转换问题，有力地支持了物流的国际化，能够更好地实现国际物流的通畅。

3. 条码已成为产品流通、销售的通行证

若将条码定位、印刷（标贴）在不同的商品或包装上，通过光电扫描输入电脑，我们能在数秒内得知不同商品的产地、制造厂商、产品属性、生产日期、价格等一系列的信息，同时对提高商品的档次、打开销路促进销售、加强商品包装及各行业现代化管理起到重要作用。

4. 条码为大市场、大流通服务

实现条码化能够在速度、准确率和工作效率等方面给使用者带来许多便利及优越性。因此，条码技术含量的增加，不能仅仅停留在系统成员的发展、条码注册的增加上，还应认识到，商品条码是建立大市场、大流通必不可少的信息产业。

（三）条码的分类

条码是有关生产厂商、批发商、零售商、运输业者等经济实体进行订货和接受订货、销售、运输、保管、出入库检验等活动的信息。由于在活动发生始点能及时自动读取信息，因此便于及时捕捉到消费者的需要、提高商品销售效果，也有利于促进物流系统提高效率。

1. 商品条码

商品条码又称为商品标识代码（GB），是由国际物品编码协会（EAN）和统一代码委员会（UCC）规定的、用于标识商品的一组数字，包括 EAN/UCC－13，EAN/UCC－8 和 UCC－12 代码。是以直接向消费者销售的商品为对象、以单个商品为单位使用的条码。

商品条码直接与消费者见面。

EAN 码是国际上常见的条码。此码是目前通行于美国以外的各个国家的商品条码，分为两种形式：一种为标准型 EAN-13，有 13 个数字元，通用于一般尺寸商品之标识；另一种为缩短 EAN-8，有 8 个数字元，适用于体积较小的商品。

2. 物流条码

物流是生产与消费之间的纽带，为了实现以最小的投入获得最大的经济效益，就要使物流过程快速、合理、费用低，将物流、商流、信息流综合考虑，发挥物流系统的功能效用。物流条码可以使我们更好地实现这一目标。利用识读设备可以实现自动识别、自动数据采集。在商品从生产厂家到运输、交换的整个物流过程中，都可以通过物流条码来实现数据的共享，使信息的传递更加方便、快捷、准确，提高整个物流系统的经济效益。

物流条码是货运单元唯一标识。货运单元的是由若干消费单元组成的稳定的和标准的产品集合，是收发货、运输、装卸、仓储等物资业务所必需的一种物流包装单元，是多个或多种商品的集合，应用于现代化的物流管理中。

物流条码与商品条码的比较与区别，见表 7-1。

表 7-1　　　　　　　商品条形码与物流条形码的比较及区别

条码类别	应用对象	数字构成	包装形状	应用领域
商品条形码	向消费者销售的商品	13 位数字	单个商品包装	POS 系统、补充订货系统
物流条形码	物流过程中的商品	14 位数字	集合包装	出入库管理、运输管理、分拣管理

(四)条码技术的应用

由于条码技术的优越性，促使条码近年来的应用范围越来越广，主要包括以下一些方面。

1. 大型超级市场或购物中心

超级市场中打上条码的商品经光笔扫描，自动计价，并同时作为销售记录；公司可用这些记录做系统统计分析，预测未来需求并制定进货计划。

2. 条码技术在物流配送中的应用

配送是产品流通的重要环节。以美国最大的百货公司 Wal-Mart 为例，该公司在全美有 25 个规模很大的配送中心，一个配送中心要为 100 多家零售店服务，日处理量约为 20 多万个纸箱。每个配送中心分为三个区域：收货区、拣货区、发货区。在收货区，一般用叉车卸货。先把货堆放到暂存区，工人用手持式扫描器分别识别运单及货物上的条码，确认匹配无误后才能进一步处理，有的要入库，有的要直接送到发货区，称作直通作业，以节省时间和空间。在拣货区，计算机在夜班打印出隔天需要向零售店发运的纸箱的条码标签，白天，拣货员拿一叠标签打开一只只空箱，在空箱上贴上条码标签，然后用手持式扫描仪识读。根据标签上的信息，计算机会随时发出拣货的命令。在货架的每个货位上都有指示灯，表示那里需要拣货以及拣货的数量。等拣货员完成该货位的拣货作业后，按一下"完成"按钮，计算机就可以更新其数据库了。装满货品的纸箱经封箱后运送到自动分拣机，在全方位扫描器识别条码后，计算机指令拨入机构把纸箱拨入相应的装车线，集中装车运往指定的零售点。

在国内，条码在加工制造与配送中的应用也已经有了广泛的进行。红河烟厂就是一例，成箱的纸烟从生产线下来，汇总到一条运输线上。在送往仓库之前，先要用扫描器识别其条码，登记完成生产的情况，纸箱随即进入仓库，运送到自动分拣机。另一台扫描器识读纸箱上的条码，如果这种品牌的烟正要发运，则该纸箱将被拨入相应的装车线；如果需要入库，则由第三台扫描器识别其品牌。然后，拨入相应的自动码托盘机，码成整托盘后通过运输机系统入库储存。条码的功能在于大大提高了物品的效率，而且提高了库存管理的及时性与准确性。

3. 条码技术在国际贸易、国际物流的诸多环节中的应用

条码在国际贸易与国际物流中的应用与在 CIMS 等国内生产、流通中的应用相比，前者要复杂得多。这是由于国际贸易的商品交易、商品流通的难度所致。由于条码技术的优势，其在国际贸易、国际物流中的应用范围将更加广阔，也更加复杂。其包括如下几点：

（1）进出口货物的订货业务。出口商品进入仓库的检查验收处理，商品检查验收及外发商品在库中的保管等，均采用条码技术进行识别。

（2）大型国际配送加工中心的货物分拣。采用条码技术进行识别分拣、贴签、存放、再出库。

（3）外贸商品检验。采用条码技术对货单进行扫描，再检验。

（4）海关、银行均可运用条码技术。

（5）国际出口单证业务处理采用条码和 EDI 处理，就能更加高速化、准确化。

二、射频技术

（一）射频技术的概念

射频识别（Radio Frequency Identification，RFID）是通过射频信号识别目标对象并获取相关数据信息的一种非接触式的自动识别技术，是 20 世纪 90 年代开始兴起的一种自动识别技术。与其他自动识别系统一样，射频识别系统也是由信息载体及信息获取装置组成的。

射频技术（Radio Frequency，RF）的基本原理是电磁理论，利用无线电波对记录媒体进行读写。射频系统的优点是不局限于视线，识别距离比光学系统远，射频识别卡（射

频标签)具有读写能力、可携带大量数据、难以伪造和有智能等特点。获取信息的装置称为射频读写器(在部分系统中也称为问询器、收发器等)。射频标签与射频读写器之间利用感应、无线电波或微波能量进行非接触双向通信,实现数据交换,从而达到识别的目的。RFID 系统由读写器、天线、标签等组成。

射频识别系统的工作过程是这样的:读写器在一个区域发射能量形成电磁场,射频标签经过这个区域时检测到读写器的信号后发送储存的数据,读写器接收射频标签发送的信号,参解码并校验数据的准确性以达到识别的目的。

射频识别系统的传送距离是由许多因素决定的,如传送频率、天线设计等,射频识别的距离可达几十厘米至几米,且根据读写的方式,可以输入数千字节的信息,同时,还具有极高的保密性。

射频识别技术是以无线通信技术及存储器技术为核心,伴随着半导体、大规模集成电路技术的发展而逐步形成的,其应用过程涉及到了无线通信协议、发射功率、占用频率等多方因素,目前尚未形成在开放系统中应用的统一标准,因此射频识别技术只应用于一些闭环应用系统中。

(二)射频技术的应用

1. 高速公路自动收费系统交通管理

高速公路自动收费系统是射频技术最成功的应用之一。目前,我国的高速公路发展得非常快,地区经济发展的先决条件就是有便利的交通条件,而高速公路收费却存在一些问题,一是交通堵塞,在收费站口许多车辆要停车排队,成为交通瓶颈问题;二是少数不法的收费员贪污路费,使国家损失了相当多的财政收入。RFID 技术应用在高速公路自动收费上能够充分体现它非接触识别的优势,让车辆高速通过收费站的同时自动完成收费,同时还可以解决收费员贪污路费及交通拥堵的问题。

一般对于公路收费系统来说,由于车辆的大小和形状不同,需要大约 4m 的读写距离与很快的读写速度,也就要求系统的频率应该在 900 - 250oMHz,射频卡一般在车的挡风玻璃后面。现在最现实的方案是将多车道的收费区分为两个部分:自动收费口和人工收费口。天线架设在道路的上方。在距收费口约 50~100m 处,当车辆经过天线时,车上的射频卡被头顶上的天线接收到,判别此车辆是否带有有效的射频卡。读写器指示灯指示车辆进入到不同车道。人工收费口仍维持现有的操作方式,进入自动收费口的车辆,养路费款自动从用户账户上扣除,且用指示灯及蜂鸣器告诉驾驶员收费是否完成。不用停车就可通过,挡车器将拦下恶意闯入的车辆。

在城市交通方面,交通的状况日趋拥挤,解决交通问题不能只依赖于修路,加强交通的指挥、控制、疏导,从而提高道路的利用率,深挖现有交通潜能也是非常重要的。而基于 RFID 技术的实时交通督导和最佳路线电子地图很快将成为现实。用 RFID 技术实时跟踪车辆,通过交通控制中心的网络在各个路段向驾驶员报告交通状况,指挥车辆绕开堵塞路段,并用电子地图实时显示交通状况,能够使交通流向均匀,大大提高道路的利用率;还可用于车辆特权控制,在信号灯处给警车、应急车辆、公共汽车等行驶特权,自动查处违章车辆,记录违章情况。另外,公共汽车站实时跟踪指示公共汽车到站时间及自动显示乘客信息,可以给乘客带来很大的方便。用 RFID 技术能使交通的指挥自动化、法制化,有助于改善交通状况。

2. RFID 卡收费

国外的各种交易大多利用卡来完成,而在我国则普遍采用现金交易的方式,现金交易不方便也不安全,还容易出现税收的漏洞,目前的收费卡多用磁卡、IC 卡,而射频卡也开始抢占市场,原因是在一些恶劣的环境中,磁卡、IC 卡容易损坏,射频卡既不易磨损,也不怕静电及其他情况,同时射频卡用起来也很方便、快捷,不用打开包,在读写器前摇晃一下就能完成收费过程;还可以同时识别几张卡,并行收费,比如公共汽车上的电子月票。我国大城市的公共汽车异常拥挤、环境条件差,一般在国外使用较有效的收费系统在国内却无法使用,射频卡的使用将有助于改善这种情况。

又比如会员制收费卡、职工就餐卡、商店收费卡、电话卡、储蓄卡等均可使用射频卡,射频卡上有内存分区,不同区域有不同的安全级别,可以在各种场合中使用,互不干扰,而未来的发展必将使各种卡的应用统一到一张卡上,每个人手持一张卡就可以在各处使用了。

3. 生产线自动化

用 RFID 技术在生产流水线上可实现自动控制、监视,可提高生产率、改进生产方式、节约成本。比如德国宝马汽车公司在装配流水线上应用射频卡以尽可能大量地生产用户定制的汽车。宝马汽车是基于用户提出的要求式样而生产的:用户可以从上万种内部和外部选项中选定自己所需车的颜色、引擎型号还有轮胎式样等,这样一来,汽车装配流水线上就得装配上百种式样的宝马汽车,如果没有一个有高度组织的、复杂的控制系统是很难完成这样复杂的任务的。宝马公司就在其装配流水线上配有 RFID 系统,他们使用可重复使用的射频卡,该射频卡上带有详细的汽车所需的所有要求,在每个工作点处都有读写器,这样可以保证汽车在各个流水线的位置上能够毫不出错地完成装配任务。

4. 仓储管理

将 RFID 技术用于智能仓库货物管理。可以说,RFID 完全有效地解决了仓库里与货物流动有关的信息管理,它不但增加了一天内处理货物的件数,还监控着这些货物的一切信息。射频卡贴在货物所通过的仓库大门边上,读写器和天线都放在叉车上,每件货物都贴有条码,所有条码信息都被存储在仓库的中心计算机里,该货物的有关信息都能在计算机里查到。当货物被装走运往其他地方时,由另一读写器识别并告知计算中心它被放在了哪个拖车上。这样,管理中心可以实时地了解到已经生产了多少产品及发送了多少产品,并可自动识别货物,确定货物的位置。

三、全球卫星定位系统

(一)全球卫星定位系统的概念

全球卫星定位系统(Global Positioning System,GPS)是由一组卫星所组成的,24 小时提供高精度的全球范围定位及导航信息的系统。

全球卫星定位系统具有在海、陆、空进行全方位实时三维导航与定位的能力。近十年来,我国测绘等部门使用 GPS 的经验表明,GPS 以全天候、高精度、自动化、高效益等显著特点赢得了广大测绘工作者的信赖,并成功地应用于大地测量、工程测量、航空摄影测量、运载工具导航和管制、地壳运动检测、工程变形监测、资源勘查、地球动力学等多种学科,从而给测绘领域带来了一场深刻的技术革命。

(二)GPS 的基本构成

GPS 由三大子系统构成:空间卫星系统、地面监控系统、用户接受系统。

1. 空间卫星系统

空间卫星系统由均匀分布在 6 个轨道平面上的 24 颗(其中 3 颗为备用)高轨道卫星构成,轨道高度为 2 万千米,每颗卫星都配备有精度极高的原子钟(30 万年的误差仅为 1 秒),各轨道平面相对于地球赤道面的倾角为 55 度;各轨道面之间交角为 60 度;在每个轨道平面内,各颗卫星之间的升交角距相差 90 度,一轨道平面上的卫星比西边相邻轨道平面上的相应卫星超前 30 度。GPS 空间卫星的这种分布方式,可以保证观测者在地球上的任何地点都能连续同步地观测到至少 4 颗卫星,从而提供全球范围从地面到 2 万千米高空之间任一载体高精度的三维位置、三维速度与系统时间信息。

2. 地面监控系统

地面监控系统的功能是:对空间的卫星系统进行监测、控制,并向每颗卫星注入更新的导航电文。

主控站是整个 GPS 系统的核心,它的功能是为全系统提供时间基准,监视、控制卫星的轨道,处理监测站送来的各种数据,编制各卫星星历,计算并修正时钟误差及电离层对电波传播造成的偏差;当卫星失效时及时调用备用卫星等。

监测站负责对诸卫星进行连续跟踪与监视,测量每颗卫星的位置和距离差,采集气象数据,并将观测数据传送给主控站进行处理。

3. 用户接收系统

用户部分主要是 GPS 接收机。用户接收机按使用环境可分为低动态接收机和高动态接收机。根据不同的需要,用户设备可分机载、舰载、车载、弹载、背负式及袖珍式等不同类型。除弹载之外,一般都需装有显示器进行人、机对话。

（三）GPS 的应用

近年来，GPS 在物流领域的应用越来越多，主要有：GPS 导航系统与电子地图、无线电通信网络相结合，可以实现车辆跟踪及交通管理等许多功能。

1. 用于汽车自定位、跟踪调度

利用 GPS 和电子地图可以实时显示出车辆的实际位置，并任意放大、缩小、还原、换图；可以随目标移动，使目标移动，使目标始终保持在屏幕上；还可以实现多窗口、多车辆的同时跟踪，利用该功能可对重要车辆及货物进行跟踪运输。

2. 提供出行线路的规划和导航

规划出行线路是汽车导航系统的一项重要辅助功能，包括以下两点。

（1）自动线路规划由驾驶员确定起点、终点和途经点等，自动建立线路库，由计算机软件按照要求自动设计最佳线路，包括最快路线、最简单的路线、通过高速公路路段次数最少的路线等。

（2）人工线路设计由驾驶员根据自己的目的地设计起点、终点和途经点等，自动建立线路库。线路规划完毕后，显示器能够在电子地图上显示设计线路，并同时显示汽车的运行路径与运行方法。

3. 信息查询

为用户提供主要物标，如旅游景点、宾馆、医院等数据库，用户能够在电子地图上根据需要进行查询。查询资料以文字、语言及图的形式显示，并在电子地图上显示其位置。同时，检测中心可以利用检测控制台对区域内任意目标的所在位置进行查询，车辆信息将以数字形式在控制中心的电子地图上显示出来。

4. 话务指挥

指挥中心可以检测区域内车辆的运行情况，对被检测车辆进行合理的调度。指挥中心可随时与被跟踪目标进行通话，实行管理。

5. 紧急援助

通过 GPS 定位和监控管理系统可以对有险情或发生事故的车辆进行紧急援助。监控台的电子地图可显示求助信息及报警目标，规划出最优援助方案，并以报警声、光提醒值班人员进行应急处理。

6. 用于铁路运输管理

我国铁路开发的基于 GPS 的计算机管理信息系统，可以通过 GPS 和计算机网络实时收集全路列车、机车、车辆、集装箱及所运货物的动态信息，可实现列车、货物追踪管理，只要知道货车的车种、车型、车号，就可以立即从近 10 万千米的铁路网上流动着的几十万辆货车中找到该货车，还能得到这辆货车现在何处运行或停在何处，以及所有的车载货物发货信息。铁路部门运用 GPS 技术可大大提高其运营的透明度，为货主提供更高质量的服务。

7. 用于军事物流

全球卫星定位系统首先是因为军事目的而建立的。在军事物流中,如后勤装备的保障等方面,应用相当普遍,尤其是在美国,其在世界各地驻扎的大量军队无论是在战时还是在平时,都对后勤补给提出了很高要求。美军在 20 世纪末的地区冲突中依靠 GPS 及其他顶尖技术,以强有力的、可见的后勤保障,为"保卫美国的利益"做出了贡献。对此,我国已经开始重视,我国军事部门也在运用 GPS。

四、电子数据交换技术

(一)电子数据交换技术的定义

电子数据交换技术(Electronic Data Interchange,EDI)是指按照协议,对具有一定结构特征的标准经济信息,经过电子数据通信网络,在商业贸易伙伴的计算机之间进行交换与自动处理的全过程。

需要注意的是,首先,传输的内容是标准的商业文件,并且采用标准格式,如采购文件、订货文件、发票、电子支付转移、运输文件、订货状态报告文件等;其次,文件是在组织间传输的,不适合组织与个人、个人与个人之间的信息传输;再次,文件是在计算机系统间的直接传输,至于通过电话、传真或电子邮件传输后的间接传输不属于 EDI 的范围。

(二)物流电子数据交换技术

电子数据交换技术最初由美国企业应用于企业间的订货业务中,近年来 EDI 在物流中被广泛应用,称为物流 EDI。所谓物流 EDI 是指货主、承运人以及其他相关的单位之间,通过 EDI 系统流进行物流数据交换,并以此为基础,实施物流作业活动的方法。物流 EDI 参与单位有货主(如生产厂家、贸易商、批发商、零售商等)、承运业主(如独立的物流承运企业等)、实际运送货物的交通运输企业(铁路企业、水运企业、航空企业、公路运输企业等)、协助单位(政府有关部门、金融企业等)和其他的物流相关单位(如仓库业者、专业报关业者等)。物流 EDI 的框架结构如图 7-1 所示。

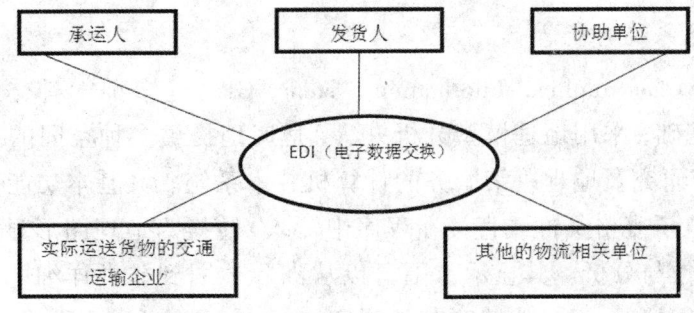

图 7-1 物流 EDI 的框架结构

一个由发货人、承运人和收货人组成的物流模型中,其运作步骤如下:

(1)发货人(如生产厂家)在接到订货单后制定货物运送计划,并把运送货物的清单及运送时间安排等信息通过 EDI 发送给承运人和收货人(如零售商),以便承运人预先制定车辆调配计划和收货人制定货物接收计划。

(2)发货人依据顾客订货的要求和货物运送计划下达发货指令、分拣配货、打印出物流条形码的货物标签(hipping Carton Marking,SCM)并贴在货物包装箱上,同时将运送货物品种、数量、包装等信息通过 EDI 发送给承运人和收货人。

(3)承运人在向发货人取运货物时,利用车载扫描读数仪读取货物标签的物流条形码并与先前收到的货物运输数据进行核对,确认所运送的货物。

(4)承运人在物流中心对货物进行整理、集装、作成送货清单并通过 EDL 向收货人发送发货信息。在货物运送的同时进行货物跟踪管理,并在货物交纳给收货人之后,通过 EDI 向发货人发送完成运送业务信息和运费信息。

(5)收货人在货物到达时,利用扫描读数仪读取货物标签的条形码,并与先前收到的货物运输数据进行核对确认,开出收货发票,货物入库,同时通过 EDI 向承运人和发货人发送收货确认信息。

 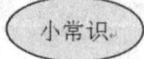

EDI 的使用能够降低企业的经营成本,增强市场竞争力。据有关分析,应用 EDI 后,可使商业文件传递速度提高 81%,文件成本降低 40%,由于错误造成的损失减少 40%,文件处理成本下降 38%,竞争力增加 34%。日本东芝公司在使用 EDI 之前,每一笔交易的文件处理费用是 1500 日元、实施 EDI 后则降到 375 日元,每张订单的处理费用由 125 美元降至 32 美元。

五、地理信息系统

(一)地理信息系统的概念

地理信息系统(Geographical Information System,GIS)是多种学科交叉的产物,它以地理空间数据为基础,采用地理模型分析方法,适时地提供多种空间的和动态的地理信息,是一种为地理研究及地理决策服务的计算机技术系统。其基本功能是将表格型数据(它来自数据库、电子表格文件或直接在程序中输入)转换为地理图形显示,然后对显示结果进行浏览、操作与分析。其显示范围可以从洲际地图到非常详细的街区地图,显示对象包括人口、销售情况、运输线路和其他内容。

小资料

地理信息系统起源于北美,世界上第一个运行的地理信息系统是1963年加拿大土地调查局为了处理大量的土地调查资料,由测量学家Roger Tomlinson提出并建立的。同一时期,美国哈佛大学的计算机图形与空间分析实验室建立了SYMAP系统软件,竭力发展空间分析模型和制图软件。由于当时的计算机技术水平还不高,存储量小,磁带存取速度较慢,使得GIS带有更多的机助制图色彩,地学分析功能极为简单。

（二）地理信息系统技术的应用

地理信息系统使用了空间数据与非空间数据,并通过数据库管理系统将两者联系在一起,GIS在物流领域主要的应用在以下几个方面:

（1）车辆路线模型。用于解决一个起始点、多个终止点的货物运输中,如何降低物流作业费用,并保证服务质量的问题。包括决定使用多少车辆,每辆车的行驶路线等。

（2）网络物流模型。用于解决寻求最有效地分配货物路径的问题,也就是物流网点布局问题。如将货物从N个仓库运往M个商店,每个商店都有固定的需求量,因此需要研究由哪个仓库提货送给哪个商店的运输代价小。

（3）分配集合模型。可以根据各要素的相似点把同一层上的所有或部分要素分为几个组,用于解决服务范围和销售市场范围的问题。如某一公司要设立X个分销点,要求这些分销点及覆盖某一个地区,而且要使每个分销点的顾客数目大致相同。

（4）设施定位模型。用于研究一个或多个设施的位置。在物流系统中,仓库和运输线共同组成了物流网络,仓库处于网络结点上,结点决定着路线。如何根据供求的实际需要并结合经济效益等原则,在既定区域内设立多少个仓库,每个仓库的位置,每个仓库的规模,以及仓库之间的物流关系等,运用此模型均能很容易地得到解决。我国将GIS应用于物流分析及物流研究中,迄今为止还处于起步阶段。

相关链接

2015 中国零售业的 12 大趋势：互联网应用成"新常态"等

1. 大型传统零售业（专题阅读）平缓发展、平均销售毛利下滑可能成为"新常态"。

2. 会员店，如山姆、麦德龙（专题阅读）、精品超市、便利店、社区型购物中心及升级改造店（如上蔬永辉）成为零售企业的发展重点，且销售增长趋势明显，迎来新的黄金发展期；

3. 主流消费人群发生变化，80/90 后等逐步由非主流消费群体升级为主流消费群体，顾客结构、购物渠道及消费习惯发生较大变化。

4. 老龄人口市场扩大。预计到 2020 年，65 岁以上人口将达到 2.4 亿人，这个市场也是未来零售需要关注的。

5. 互联网应用"新常态"。2014 年 11 月 20 日，在首届世界互联网大会上，李克强总理指出，互联网是大众创业、万众创新的新工具，随着智能手机的普及，消费者通过 WIFI 登录微信、APP 等无线终端软件较为频繁，WIFI 已成为商家"必须有"的标准配置。

6. O2O 热度不减更趋理性，许多实体零售商家（如银泰、新华都等）开始尝试支付宝等手机端结算，而手机端购物在网购中的占比也将突破 50%。

7. 回归商品性价比。网购系统的发展，让产品价格的透明度越来越高，消费者可以通过电商网站、"我查查"APP 等价格查询工具对所购买的商品进行网络比价，所以高加价率的工业品将逐步减少，商品营销将回归高性价比，自有品牌市场空间巨大。

8. 生鲜在超市中的地位更加凸显，无公害、绿色食品为更多消费者认可并消费，城市中央厨房、生鲜冷链物流受国家政策影响进入到了快速发展期。

9. 购物环境升级，购物渠道多样化以及便捷支付、体感科技、快递物流等软硬件的创新增强了顾客的购物体验，"体验营销"将成为未来的营销重点。

10. 会员营销成为大数据营销的基础，通过会员系统设计、会员数据分析挖掘消费需求及趋势，实现精准营销成为了营销技术升级的重要手段之一。

11. "营销技术专家"兴起，营销与大数据和云计算等技术融合趋势明显，营销创新越来越依赖于智能无线终端、电子标价签、互联网 POS 机、ERP、CRM 等软硬件科技手段的升级。

12. 营销渠道、内容发生深刻变化，整合营销传播和全渠道营销成为营销"新常态"。受科技进步、生活习惯、阅读习惯的变化影响，纸媒、电视等传统媒体渠道日渐式微，新媒体营销、"圈子营销"风头正劲；而营销内容及形式也继续由大众化、硬广告向个性化、情感化软营销转变。

（资料来源：赢商网）

项目七 物流信息管理

课后练习题

一、多项选择题（从下列每题给出的五个选项中，选择出两个或两个以上符合题目要求的选项）

1. 物流信息具有的特征主要有（   ）。
   A. 共享性   B. 广泛性   C. 联系性   D. 动态性
   E. 多样性

2. 物流信息系统的基本功能有（   ）。
   A. 数据的收集和输入   B. 信息的存储   C. 信息的传输
   D. 信息的处理   E. 信息的输出

3. 物流信息系统的特点主要有（   ）。
   A. 集成化   B. 模块化   C. 实时化   D. 网络化
   E. 智能化

4. RFID 系统包括（   ）。
   A. 标签   B. 阅读器   C. 天线   D. 扫描仪
   E. 条码

5. EDI 可以分成三个部分，即（   ）。
   A. 标准   B. 软件   C. 硬件   D. 结构
   E. 程序语言

二、判断题（判断下列各题的表述是否正确，正确的打"√"，错误的打"×"）

1. 物流信息仅仅是指与物流（如运输、储存等）有关的信息。（   ）

2. GPS 能够随时随地提醒驾驶员注意险情、道路拥挤、堵塞等情况，还能提示应该怎样行驶才最合理。（   ）

3. 我国通用商品条形码标准也采用 EAN 条形码，它是由 13 位数字码及相应的条形码符号组成的。（   ）

4. 物流标准化很重要的一个方面就是物流信息的标准化。（   ）

5. 移动 POS 系统可以解决目前使用 POS 系统中的所受到的网络传输、计算机硬件等条件的限制问题。（   ）

三、简答题（结合所学知识，回答下列问题）

1. 物流信息有哪些特征和功能？
2. 条形码系统在物流作业中是如何应用的？
3. 什么是 RFID？什么是 EDI？
4. 什么是 GPS？什么是 GIS？

🔒 案例分析

案例分析题(结合所学知识,分析案例材料,讨论并回答问题)

在上世纪60年代的日本,企业的生产量和销售量激增,导致了物流量的激增。不仅如此,通货膨胀导致物价上升,企业人工成本上涨。为了缓解这两大问题,日本物流行业在这一时期通过增加机械化作业提升物流处理能力、减少人工。立体自动化仓库正是在此时出现,并实现仓库高层空间的合理化运用,以及实现自动化存取货物的。如今,立体化仓库已经成为一门独立的学科,并在日本得到了迅速发展。从上世纪80年代末期开始,日本的立体化仓库从制造业,开始遍及农业、仓储业、批发零售业等行业,物流的自动化得到了广泛应用。目前,日本已经成为当今世界上应用自动化立体仓库最广的国家。

除了自动化设备之外,日本物流行业从20世纪70年代开始通过信息系统来提升效率。第一次石油危机以后,日本经济高速增长的时代终结,物流量开始稳定下来,提升物流处理能力的需求也相对变弱。在这样的时代背景下,日本物流行业开始注重提升物流的效率。随着物流信息网络开始飞速发展,将各个网点以及生产、销售等各个相关部门整合在一个系统中,实现了实时在线的物流信息处理与交互,大幅提升了效率。导入信息系统,从短期来看,是增加了导入及维护成本,但从长远来看却节省了沟通成本和时间成本,避免了由于信息不对称导致问题引发的费用。随着经济的发展,日本物流行业的信息系统变得越来越完善。

讨论:1.物流信息化的作用有哪些?

   2.日本物流业信息化的经验对我国物流行业有何启发?

技能训练

运用互联网,查找我国几大物流企业或工商企业,选择其中一家并结合其实际业务分析它们物流信息技术的应用情况。

项目八 物流综合管理

知识目标：
- 掌握物流成本的概念、构成、特征。
- 分析影响物流成本的因素。
- 理解物流成本管理的内容。
- 掌握质量管理的基本知识。
- 熟悉物流质量改进的原则及有效措施。

技能目标：
- 能够结合实际灵活运用降低物流成本的途径与措施。
- 学会构建物流质量管理指标体系。

> **案例导读**
>
> 案例1
>
> 海尔集团剥离物流资产成立海尔物流
>
> 从1999年开始创新了一套现代物流管理模式，兴建了现代化的自动化立体仓库，构筑了将物流、商流、资金流和信息流为一体的供应链管理体系，使呆滞物资降低了73.8%、仓库面积减少了50%、库存资金减少了67%。
>
> 案例2
>
> 亿博物流咨询公司成功演绎锦鑫物流，将原有属于四川省物资集团、煤炭集团、华西集团、商业集团四家省属公司所属物流资(产)源以股份制方式整合改制重组成大型国有省属物流企业，通过物流管理和供应链优化，极大地提高了锦鑫物流的经济效益及社会效益。
>
> （资料来源：www.love-2016.com/149.html）

任务一　物流成本管理

【任务要求】

> 据统计，近年来我国物流成本约占GDP的18.6%左右，高于发达国家1倍。物流成本管理主要的职责是建立行之有效的物流成本管理监督体系，并在行业内建立规范化管理机制，定期对物流成本进行分析汇总、预测，为决策提供合理化建议。
>
> 通过完成本次任务，应达到以下要求：
>
> 要求1：分析我国物流成本过高的原因。
>
> 要求2：了解物流成本管理的内容及降低物流成本的方法。
>
> 要求3：掌握降低物流成本的途径。

物流企业的物流服务项目、物流技术及组织管理水平，与物流费用相关性很大，掌握物流费用分析和成本控制方法，是科学地设计物流过程、进行各层次物流系统决策分析与物流管理的重要内容。现代物流管理的最终目标就是降低物流成本，提高物流服务的质量。本次任务重点分析物流成本的含义、构成及物流成本管理与控制。

一、物流成本冰山说

"物流成本冰山说"是日本早稻田大学西泽修教授研究有关物流费用问题所提出的一种形象比喻，在物流学界，现在已经把它延伸成了基本理论之一。物流冰山理论认为，在企业中，绝大多数物流发生的费用是被混杂在其他费用之中的，而能单独列入企业会计项目的，如直接支付的运费、仓库保管费、装卸作业费、包装费等，只是其中很小一部分，这一部分是可见的，常常被人们误解为就是物流费用的全部，其实它只不过是浮在水面上的，能被人所见的冰山一角而已。因为在企业内部占压倒多数的物流成本，未作为物流费用单独计算，而是混杂在制造成本、销售成本以及一般经费之中，难以明确掌握，比如，公司以500元/单位的价格向外购买设备的配件，这一费用在财务上自然应归入制造成本。实际上，在这500元当中，包含了相当比例的物流费用，再如自有货运汽车司机的人工费与销售部门等其他部门工作人员的人工费混列于人工费项下；货运汽车的折旧、修理费和燃料费也和人工费一样，与其他设施、设备的折旧、修理费一起列入折旧费、修理费的开支项目中。日本早稻田大学教授西泽修根据这种情况提出了"物流冰山说"（见图8-1）。物流冰山说的用意，在于让人们不要只看到冰山的一角，而要了解冰山的全部，即不要只看到明显的物流费用，而是要掌握全部物流费用，以此引起人们对于物流的重视。

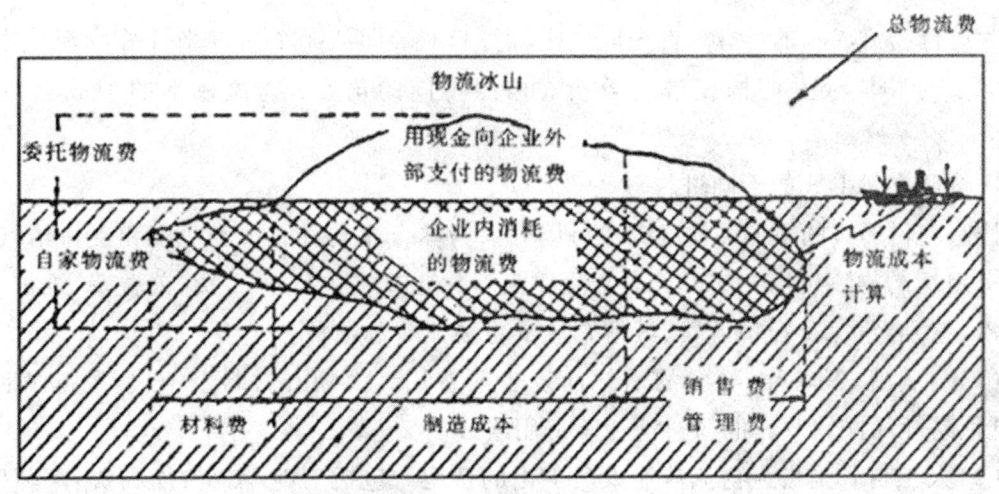

图8-1 物流费用冰山说

解决上述问题的根本方法就是进行物流成本计算，将混入其他费用科目的物流成本全部抽出来，使人们清晰地看到潜藏在海平面下的物流成本的巨大部分，挖掘出降低成本的宝库和"第三利润源泉"来。

二、物流成本的定义

物流成本也称物流费用，是指物料、产品、商品等的空间位移过程中所消耗的各种活劳动及物化劳动的货币表现，具体地说，它是产品在实物运动过程中，如包装、运输、储存、装卸搬运、流通加工、配送、信息处理等各个环节所支出的人力、物力及财力的总和，这些成本与费用之和构成了物流的总成本，也就是物流系统的总投入。

"第三利润源"是对物流潜力及效益的描述。第一源是降低资源消耗,起初是廉价原材料、燃料的掠夺或获得,其后则是依靠科技进步、节约消耗、节约代用、综合利用、回收利用乃至大量人工合成资源等获取高额利润。第二源是降低人力资源消耗,采用机械化、自动化的方式来降低劳动耗用从而降低成本,增加利润。在前两个利润源潜力越来越小、利润开拓越来越困难的情况下,物流领域的潜力开始为人们所重视,被称为"第三利润源"。物流作为第三利润源,就是合理组织供销环节,将货物按必要的数量以必要的方式、在要求的时间内送到必要的地点,就是让每一样要素、每一个环节都做到最好。

三、物流成本的构成

为进行物流成本的计算,首先应确定计算口径,即从哪个角度来计算物流成本,因此必须要对物流成本的构成进行分析。按照不同的角度,物流成本的构成有不同的分类:

1. 按照支付形式的不同进行分类

按照支付形式的不同,物流成本可以分为为本企业支付的物流费用和支付给其他物流服务组织的物流费用。前者称为直接物流费,包括材料费、人工费、公益费、维护费、一般经费、特别经费、委托物流费、其他企业支付物流费等八种。

(1)材料费。是指因物料的消耗而发生的费用。由物资材料费、燃料费、消耗性工具、低值易耗品摊销及其他物料消耗等费用组成。

(2)人工费。是指为物流从业人员支出的费用。包括工资、奖金、福利费、医药费、劳动保护费以及职工教育培训费和其他一切用于职工的费用。

(3)公益费。是指向公益事业所提供的公益服务支付的费用,包括水费、电费、煤气费、冬季取暖费、绿化费及其他费用。

(4)维护保养费。是指土地、建筑物、机械设备、车辆、船舶、搬运工具、工具器具备件等固定资产的使用、运转和维护保养所产生的费用,包括维护保养费、折旧费、房产税、土地、车船使用税、租赁费、保险费等等。

(5)一般经费。是指差旅费、交通费、会议费、书报资料费、文具费、邮电费、零星购进费、城市建设税、能源建设税及其他税款,还包括物资及商品损耗费、物流事故处理及其他杂费等一般支出。

(6)特别经费。是指采用不同于财务会计的计算方法所计算出来的物流资用,包括按实际使用年限计算的折旧费和企业内利息等。

(7)委托物流费。是指将物流业务委托给物流业者时向企业外支付的费用。包括向

项目八 物流综合管理

企业外支付的包装费、运费、保管费、出入库手续费、装卸费等。

（8）其他企业支付物流资。在物流成本中，还应包括其他企业支付的物流费，比如商品购进采用送货制时包含在购买价格中的运费和商品销售采用提货制时因顾客自己取货而扣除的运费。在这些情况下，虽然实际上本企业内并未发生物流活动，但却发生了物流费用，这笔费用也应该作为物流成本而计算在内。

这种分类便于检查物流费用在各项日常支出的份额及所占比重，便于分析各项费用水平的变化情况。这种方法比较适用于生产企业和专项物流服务部门。

2．按照物流的范围分类

按照物流运作的流动过程进行物流费用分类，物流成本可以分为筹备物流费、生产物流费、销售物流费、退货物流费和废弃物流费等五种。

（1）筹备物流费，是指从商品（包括容器、包装材料）采购直到批发、零售业者进货为止的物流过程中所需要的费用。包括物流计划费用、物流准备费用。

（2）生产物流费。是指从购进的商品到货或由本企业提货的开始，直到最终确定销售对象的时刻为止的物流过程中所需要的费用，包括包装、运输、仓储、装卸、加工等费用。

（3）销售物流费。是指从确定销售对象时开始，直到商品送交到顾客为止的物流过程中所需要的费用，包括包装、商品出库、配送等方面的费用。

（4）退货物流费。是指包括由于退货、换货所引起的物流费用。

（5）废弃物流费。是指在商品、包装材料、运输容器、货材的废弃过程中产生的物流费用。

这种分类法便于分析物流各阶段的费用支出情况，在专项物流部门和综合物流部门都有较大的实用性。

3．按照物流的功能分类

按照物流的功能分类物流成本可以分为物品流通费、信息流通费、物流管理费等三类。

（1）物品流通费。是指为了完成商品、物资的物理性流通而发生的费用，可进一步细分为包装费、运输费、保管费、装卸搬运费、流通加工费和配送费。

①包装费。指为商品的运输、装卸、保管的需要而进行包装的费用，即运输包装费，不包括销售包装费。

②运输费。指把商品从某一场所转移到另一场所需要的运输费用。除了委托运输费外，还包括本企业的自有运输工具进行运输的费用。

③保管费。指一定时期内因保管商品而需要的费用。除了包租或委托储存的仓储费外，还包括在企业自有仓库储存时的保管费。

④装卸费。指伴随商品包装、运输、保管、流通加工等业务而发生的商品在一定范围

内进行水平或垂直移动所需要的费用。

⑤流通加工费。指在商品流通过程中为了提高物流的效益而进行的商品加工所需要的费用。

（2）信息流通费。是指因处理传递有关的物流信息而产生的费用，包括与储存管理、订货处理、顾客服务有关的费用。

（3）物流管理费。是指物流计划、调整、控制所需要的费用。它不只是现场物流费，也包括企业物流管理部门的管理费，如人员费、办公费、维修费。

4. 物流总成本

从不同的角度考察物流总成本，其详尽内容不尽相同。但仅从一般性的角度进行概括，物流总成本 TLC 主要内容用公式可概括为：

$$TLC = T_c + F_c + C_c + I_c + H_c + P_c + M_c$$

式中：T_c —— 运输费用

F_c —— 设备费用

C_c —— 通讯信息费用

I_c —— 库存费用

H_c —— 搬运费用

P_c —— 外包装费用

M_c —— 物流链管理费用

显然，上述物流成本存在着相互作用、相互制约的关系。物流链成本管理不是降低某一环节的成本支出，而是追求物流总费用最低，需要用系统集成的观点分析和控制物流成本消耗。

四、物流成本控制

控制是调节系统能够达到预期目标的一切手段。物流成本控制是指采用特定的理论、方法、制度等对物流各环节的费用进行有效的计划与管理。具体来说，就是在物流活动过程中，按照规定的标准调节影响成本的各种因素，以将企业的各项耗费控制在计划范围以内。在实际工作中，只有随时按标准监督和调节原材料采购、材物料的领发及使用、工资和费用的支付及固定资产折旧的提取等，才可能实现企业预期的成本目标。

从当今先进企业的管理实践来看，对物流成本进行控制的总体思路是，不仅仅要把握企业对外的物流费用。更要掌握企业内部发生的物流费用，也就是说，用现代物流管理的观念来控制物流成本。

1. 成本控制的基本原则

物流系统的成本控制应贯彻以下几项原则：

（1）正确制定物流活动的成本标准，运用标准严格贯彻成本责任制；

(2)一般与重点相结合,着重按例外原则控制物流费用支出;

(3)上下结合、定期及日常相结合、专家及群众相结合、单项活动及集成过程相结合。

2.成本控制的基本内容

物流企业成本控制的内容主要包括:工资费用的控制;燃、物料消耗的控制;折旧费用的控制;修理费用的控制;委托费用的控制;存储费用的控制;管理费用和其他费用的控制。

3.成本控制的方法

物流成本控制方法,包括绝对成本控制法和相对成本控制法。

(1)绝对成本控制,是把成本支出控制在一个绝对金额以内的成本控制方法。绝对成本控制从节约各种费用支出、杜绝浪费的途径进行物流成本控制,要求把营运生产过程中所发生的一切费用支出都列入成本控制范围。标准成本和预算控制是绝对成本控制的主要方法。

(2)相对成本控制,是通过成本与产值、利润、质量和功能等因素的对比分析,寻求在一定制约因素下取得最优经济效益的一种控制方法。相对成本控制扩大了物流成本控制领域,要求人们在努力降低物流成本的同时,充分注意与成本关系密切的因素,诸如产品结构、项目结构、服务质量水平、质量管理等方面的工作,目的在于提高控制成本支出的效益,即减少单位产品成本投入,提高整体经济效益。两种成本控制的比较见表8-1。

表8-1 绝对成本控制与相对成本控制的比较

比较项目	绝对成本控制	相对成本控制
控制对象	成本支出	成本与其他因素的关系
控制目的	降低成本	提高经济效益
控制方法	成本与成本之间的比较	成本与非成本之间的比较
控制时间	主要在成本发生时或发生后	主要在成本发生后
控制性质	属实施性成本控制	属政策性成本控制

4.标准成本控制与定额成本控制

标准成本控制法在生产企业应用得比较成熟,物流企业也可在其基础上结合活动成本法进行物流成本控制。

(1)标准成本及其制定。标准是比较各数量值或各质量值的指标或基准。标准成本是指在一定假设条件下应该发生的成本。由于对标准宽严程度的看法不同,理论上有多种不同的标准概念。

①理想标准。理想标准是指在现有情况下最理想、最有利的作业情况下,达到最优水平的成本指标。

②过去业绩标准。依据以前各期成本实际水平制定的标准。

③良好业绩标准(正常标准)。它是在目前的生产经验条件下,尽力提高生产效率、避免损失、耗费的情况下所应达到的水平。良好业绩标准广泛运用于标准成本控制之中。

5. 成本控制的基本工作步骤

成本控制的基本工作步骤如下:

(1)制订成本标准。成本标准是成本控制的准绳,成本标准,首先包括成本计划中规定的各项指标,但成本计划中的一些指标都比较综合,还不能满足具体控制的要求,这就要求规定一系列具体的标准,确定这些标准的方法主要有计划指标分解法和定额法两种。计划指标分解法即将大指标分解为小指标。分解时可按物流环节分解,亦可按物流项目分解。定额法就是建立起定额和费用开支限额,并将这些定额和限额作为控制标准来具体执行。

(2)监督成本的形成。监督成本的形成就是根据控制的标准,对成本形成的各个项目经常地进行检查、评比与监督。不仅要检查指标本身和执行情况,而且要检查并监督影响指标的各项条件。

(3)及时纠正偏差。通过成本形成的监督,可以揭示成本差异。

成本控制的关键工作是针对成本差异发生的原因,查明责任者,分情况、分轻重缓急,提出改进措施,加以贯彻执行,对于重大差异项目的纠正,可以专门立项研究,制订切实可行的解决方案,并认真贯彻执行。在执行过程中也要及时加强监督检查。在方案实现以后,还要检查方案实现后的经济效益,衡量是否达到了预期目的。

6. 成本控制的基础性工作

加强成本控制,必须要建立健全有关的基础性工作,成本控制的基础性工作主要有以下几点:

(1)建立分级控制和归口控制的责任制度

为了调动全体职工对成本控制的积极性,企业必须明确各级组织(总公司、分公司、网点或代理)和各归口的职能管理部门(如财会、生产技术、物资、设备等)在成本控制方面的权限与责任,建立健全成本控制的责任制度。因此,企业要将成本计划所规定的各项经济指标,按其性质和内容进行层层分解,逐级落实到各个公司、网点及各个职能科室,实行分级归口控制。各个归口职能部门,既要完成其他部门分配下达本部门的各项费用指标,也要负责完成总公司下达的归口指标,并进一步把归口管理的指标分解下达到有关执行单位及部门,从而形成一个上下左右、纵横交错、人人负责的企业成本控制体系。

根据权、责、利三者相结合的原则,在建立成本控制责任制的同时,必须赋予责任单位和部门以一定的经济权限与利益,使其有搞好本单位责任成本的相对自主权。这些自

项目八 物流综合管理

主权一般有:压缩流动资金定额的权限,以减少利息支出;上交多余固定资产的权限,以减少固定资产占用费和折旧费的支出;上交多余劳动力的权限,以减少工资支出;本单位奖金分配的权限,以调动职工的积极性。

(2)建立严格的费用审批制度

一切费用预算在开支以前都要经过申请、批准手续后才能支付,即使是原来计划上规定了的,也要经过申请与批准。这样做,有利于一切费用在将要发生前再进行一次深入的研究,根据新的变化了的情况,再一次确定费用的合理性,以保证一切费用的使用效果。

(3)加强与完善成本实际发生情况的收集、记录、传递、汇总及整理工作

成本控制要把费用和消耗发生的情况与成本控制标准进行对比分析,这就需要有反映成本发生情况的数据,就要进行收集、记录、传递、汇总和整理工作。数据的收集和记录必须经常、准确、齐全,需要有科学合理的收集方法与记录方式,符合监督程序的需要;数据的传递要有正确线路,迅速及时;汇总及整理工作要有科学合理的统一规定。以上成本控制数据的收集和汇总整理,通常是通过企业中的业务核算、统计核算及会计核算来实现的。

(4)开展降低成本的群众性活动

组织发动广大职工开展各种降低成本的活动,如"小指标竞赛",降低成本的技术攻关活动等,这是成本控制中带有根本性的基础性工作,只有注意开展这方面的活动,成本控制才会有坚实的群众基础。

7.降低物流成本的途径

(1)加强物流链的价值流设计。根据价值工程原理,做好物流系统的规划、计划阶段工作,做好物流系统的组织设计,减少物流中转环节。

(2)扩大物流量、加快物流速度。处理好货运枢纽与配送中心、不同部门间物流设施的兼容运行,形成物流活动经济规模,降低单位业务量物流成本。

(3)强化电子信息技术的应用。使物流各环节密切联系,减少或杜绝物流环节之间因物流信息不畅而造成的不必要停滞。

(4)采用先进的、适用的物流技术。协调各项物流作业,促进物流高级化水平的提高。

(5)改善物流链管理,选用恰当的成本方法,加强经济核算。

(6)改善降低物流成本的激励机制,调动物流各个环节人员的积极性。

(7)加强物流标准化工作,实现一贯到户的物流,加快运输、装卸的搬运速度,降低暂存费用,减少中间损失,提高工作效率,直接或间接获得经济效益。

8.物流成本中各项目的控制

(1)工资费用的控制

企业职工的工资,是国民收入的重要组成部分,是劳动者的劳动所得。所以,职工工资是否合理,既关系到职工的切身利益,又关系到国民经济积累基金与消费基金的比例问题。因此,对工资费用的控制不应单纯地考虑减低成本,还应注意调动职工的积极性。工资费用的控制必须要与制订劳动定额及人员定编工作结合起来,讲求人员配备的经济性。

(2)燃、物料消耗的控制

在运输成本中,车/船燃油费开支是十分惊人的。由于车型/船型已决定了能耗的基本状况,物流公司可对车/船燃油消耗定额进行严格控制。在一项运输任务结束时,车/船应根据实际耗用量填制燃、物料消耗报告,并计算实际耗用量与消耗定额之间的差异。

另外,拥有众多运输设施的物流公司应与几家供油公司签订供油合同,争取以相对较低的油价获得燃油,在一定时期内稳定油价。

对物料消耗,可视具体情况,实行限额控制、金额控制和定额控制。对于耗用量大、使用次数频繁并有消耗定额的材料,应实行限额控制;对于各种零星材料,要按照金额控制,对劳保用品等应实行定额控制。

(3)折旧费用的控制

折旧费用的控制,在于事前对购置或建造物流设施、设备,应组织有关部门进行技术经济论证与可行性研究,优选方案,对原有设施应充分挖掘其潜力,延长使用并提高利用效率,增加产量,降低成本中的单位折旧费。

(4)修理费用的控制

控制修理费用的途径主要是加强设施、设备的平时维护、保养,并制订合理的修理计划。

(5)委托费用的控制

委托费用是指当有些环节的物流活动外包给其他单位时所发生的支出。这项费用的控制主要是通过市场机制,在成本和服务质量的权衡下选择合适的供应商。

(6)存储费用的控制

存储费用包括存货的存储成本、存货的订购成本以及短缺成本。存储成本包括存储设施的成本、搬运费、保险费、盗窃损失、过时损失、折旧费、税金以及资金的机会成本。其中有些在上述几项费用中已出现,但有些由于无法在财务报表上直接统计得出而往往被忽略。很明显,存储成本高则应保持低库存量并经常补充库存。

订购成本是指准备购买订单或生成订单所引起的管理和办公费用,例如盘点库存与计算订货量所产生的成本就属于订购成本。该成本也包括有关跟踪订单系统的成本,如果运输由买方负责,则运输费用也应包括在订购成本之中。

短缺成本是指当某一物资的储备耗尽时,对该物资的需求或者被取消或者必须要等到再次补充库存后才能得到满足。这就涉及到权衡补充库存满足需求的成本与短缺成本之间的大小，这种平衡经常是难以做到的，因为难以估计损失的利润、失去顾客的影响以及延误的损失。显然，通常可以为短缺成本定义一个范围，但这种假设的短缺成本往往还只限于猜测的程度。存储成本的控制主要通过采用合适的库存策略来实现。

（7）管理费用和其他费用的控制

管理费用、其他费用的内容十分复杂，牵涉面广。对于此类指标，应实行分级归口管理。企业应根据国家规定的费用开支标准和各项费用定额，编制管理费用预算，分解下达费用指标，落实责任单位，严格审批手续，对重大项目，如软件开发费，应要求负责单位进行可行性研究，并提出预算。

五、现代物流成本控制的运作思路

从当今先进企业的管理实践来看，对物流成本进行控制的总体思路是，不仅仅要把握企业对外的物流费用。更要掌握企业内部发生的物流费用，也就是说，用现代物流管理的观念来控制物流成本。

1. 从流通全过程的视点来降低物流成本

对于一个企业来讲，控制物流成本不单单是企业的事，即追求本企业物流的效率化，而应该考虑从产品制成到最终用户整个供应链过程的物流成本效率化，亦即物流设施的投资或扩建与否要视整个流通渠道的发展与要求而定。例如，原来有些厂商是直接面对批发商经营的，因此，很多物流中心与批发商的物流中心相吻合，从事大批量的商品输送。然而，随着零售业中便民店、连锁超市等的迅猛发展，客观上要求厂商必须要适应这种新型的业态形式，展开直接面向零售店铺的物流活动。在这种情况下，原来的投资就有可能被沉淀，同时又要求建立新型的符合现代流通发展要求的物流中心或自动化设施，这些投资尽管从本企业来看增加了物流成本，但从整个流通过程来看却大大提高了物流绩效。

2. 通过实现供应链管理，提高对顾客的物流服务来降低成本

随着当今产业界价格竞争的激化，ECR 等新型供应链物流管理体制不断得到发展与普及。这种新型的物流管理体制使得用户除了对价格提出较高的要求外，更要求企业能够有效缩短商品周转时期，真正做到迅速、准确、高效地进行商品管理。要实现上述目标，仅靠本企业的物流体制具有效率化是不够的，还需要企业协调与其他企业（如部件供应商等）以及顾客、运输业者之间的关系，实现整个供应链活动的效率化。因此，追求成本的效率化不仅仅是企业中物流部门或生产部门的事，同时也是经营部门以及采购部门的事，亦即将降低物流成本的目标贯彻到企业的所有职能部门之中。

提高对顾客的物流服务是企业确保利益的最重要手段，从某种意义上来讲，提高对顾客的物流服务是降低物流成本的有效方法之一。但是超过必要量的物流服务不仅不能带来物流成本的下降，反而有碍于物流效益的实现。所以，在正常情况下，为了既保

证对顾客的物流服务，又防止出现过剩的物流服务，企业应当在考虑用户产业特性和商品特性的基础上与顾客方充分协调、探讨有关配送，在保证物流服务的基础上，寻求降低物流成本的途径。

3. 构筑现代信息系统来降低物流成本

企业要想在不断激化的竞争中取得成本上的竞争优势，必须要与其他企业之间形成一种效率化的交易关系，即借助于现代信息系统的构筑，一方面使各种物流作业或业务处理能够准确、迅速地进行；另一方面，能由此建立起物流经营战略系统来。具体来讲，就是通过将企业订购的意向、数量、价格等信息在网络上进行传输，从而使生产、流通全过程的企业或部门分享由此带来的利益，充分对应可能发生的各种需求，进而调整不同企业间的经营行为与计划，从而从整体上控制物流成本发生的可能性。也就是说，现代信息系统的构筑是为了彻底实现物流成本的降低，而不是向其他企业或部门转嫁成本奠定基础。

4. 提高配送效率来降低物流成本

对应于用户的订货要求，建立短时期、正确的进货体制是企业物流发展的客观要求。但是，伴随配送产生的成本费用要尽可能降低，特别是多额度、小单位配送的发展，更要求企业采用效率化的配送方法。一般来讲，企业要实现效率化的配送，就必须重视配车计划管理、提高装载率以及车辆运行管理。

5. 降低退货成本

退货成本也是企业物流成本的一个重要组成部分，往往占有相当大的比例，降低退货成本也是物流成本控制活动中要特别关注的问题。

6. 利用一贯制运输和物流外委降低成本

降低物流成本从运输手段上讲，可以通过一贯制运输来实现，即从制造商到最终消费者之间的商品搬运，利用各种运输工具的有机衔接来实现，运用运输工具的标准化以及运输管理的统一化，来减少商品周转过程中的费用与损失，并大大缩短商品在途时间。

在控制物流成本方面，还有一种行为就是物流的外包，或称第三方物流或合同制物流。实际上，外委的利益不仅仅局限于降低成本上，企业也能在服务及效率上得到许多其他改进，如增强战略行动的一致性、提高顾客反应能力、降低投资需求、带来创新的物流管理技术及有效的渠道管理信息系统等。

项目八 物流综合管理

> **相关链接**
>
> A公司作为一家生产制造型企业,每年都需要固定数量的原材料以支持其生产活动的正常进行。在2015年之前,A公司采购的方案是每季度的第一个月向其上游的企业购买当季度所需要的原材料来满足该期的生产需要。从2015年开始,A公司希望通过一次性购入更多的原材料以取得更大幅度的商业折扣,从而希冀降低产品的成本,提高本公司产品的竞争优势。于是,A公司决定由原先每季度采购一次原材料的频率,减少到每半年采购一次。然而,在企业采购成本降低的同时,由于采购量的增加,A公司原材料的仓储成本、存货管理成本与存货损耗都在大幅上升。2015年年末,企业在进行内部财务核算时发现,每单位产品的成本不降反升,而根本原因在于仓储成本的上升数额远远大于商业折扣带来的采购成本的降低。A公司的例子说明了企业物流成本背反的规律。

任务二 物流质量管理

【任务要求】

> 现代企业越来越重视质量管理,物流企业也不例外,物流质量管理是如何实施的,物流企业能否提高物流运作质量并全面贯彻标准化技术,已经成为物流企业提升客户价值、提高竞争力的重要手段及方法。
>
> 通过完成本次任务,应达到以下要求:
> 要求1:了解物流质量管理的基本知识;
> 要求2:学会构建物流质量管理指标体系;
> 要求3:熟悉物流质量改进的原则、方法和措施。

一、影响物流质量的因素

现代质量管理学专家菲根鲍姆认为,影响质量的基本因素有九个方面或称之为"9M",即市场(Markets)、资金(Money)、管理(Management)、人员(Men)、激励(Motivation)、材料(Materials)、机器和机械化(Machines and Mechanization)、现代信息方法(Modern information methods)、产品规格要求(Mounting produce requirement),在这9个"M"中,对物流质量影响较大的有7个"M"。

1.市场

市场对物流质量的影响体现为需求的个性化和物流服务品种相对通用化的矛盾。尽管最近物流市场上提供的服务品种及数量在不断增长,但离"一对一营销"的物流服务要求还存在很大差距。物流企业要认真识别工商企业的需求,以便作为发展新服务品种的根据。市场的范围在日益扩大,而所提供的服务则应更为专业化、细分化。

2. 资本

资本对物流质量的影响体现在投资改善设施和物流成本控制之间的矛盾。对于自动化和机械化的要求迫使物流企业拿出大笔的资本用于增加新设备与新工艺上。这就要增加企业的投资,如果投资后的设施利用率不高,那么就可能形成质量成本增高,造成大量的亏损。

3. 管理

管理人员和项目经理对物流服务质量承担职责。营销部门和研发部门必须要对物流项目的设计提出适应需求的规格要求;质量管理部门必须安排整个物流过程的质量检测方法,以便能够确保服务符合质量的要求。

4. 人员

人员对物流质量的影响体现在质量是由人员控制的,人员的不称职将导致物流质量的下降。

5. 激励

物流质量复杂性的提高进一步加强了每名职工对质量做出贡献的重要意义。对人类动机研究的结果显示,除了金钱报酬以外,当今的工人要求强化工作上的成就感,以及承认他们对实现公司目标所做出的贡献,这就突出了质量教育和提高质量意识的必要性。

6. 机器和机械化

机器和机械化对物流质量的影响主要是效率及操作标准化的问题。机械化程度越高,提高工人和机器的利用效率以及切实降低成本就越是提高服务质量的关键因素。

7. 现代信息方法

现代信息方法对物流质量的影响主要体现在货物跟踪、自动化仓库、库存控制、运输决策等方面。现代信息技术使用越广泛,物流质量越容易得到控制。

二、物流质量管理的基础工作

开展物流质量管理,应重视并做好一系列基础性工作。属于物流质量管理的基础性工作,主要有以下几点:

1. 建立质量管理组织

质量管理工作是在物流的每一个过程中体现的。因此,质量工作应是整个物流组织的事情,建立一个统筹的质量组织,实行质量管理的规划、协调、组织、监督是十分必要的。另外,在各个过程中建立质量小组,并通过质量小组带动全员、全过程的质量管理也是很重要的方式。

2. 标准化工作

标准是指在一定范围内以获得最佳秩序为目的，对活动或其结果规定共同的重复使用、经协商一致制定并经公认机构批准的规则、导则或特性的文件。标准化是指为在一定的范围内获得最佳秩序，对实际的或潜在的问题制定共同的和重复使用的规则的活动。随着生产的发展、科学技术的进步，标准化不断得到丰富与发展，由技术标准发展到管理标准、工作标准，由个别少数标准发展到标准化系统。当今的标准已成为现代化管理科学中的一个重要组成部分，它对物流技术的发展同样也起着重要作用。

物流标准化是实现物流管理现代化的重要手段及必要条件，目前，物流系统从生产厂原料供应、生产，然后由出厂产品到消费者手中，直到回收，是一个综合的大系统，分工越来越细，但要求这个系统高度社会化、一体化程度越来越高。因此，要使整个物流系统形成一个统一的有机整体，从技术和管理的角度上来看，物流标准化就起到了纽带性作用。只要制定了各种物流标准并严格执行就能实现整个物流大系统的高度协调统一，各项工作才能有条不紊地进行。

物流标准化是按物流合理化的目的及要求，制定各类技术标准、工作标准，并形成全国乃至国际物流系统标准化体系的活动过程。物流标准化是物资在流通中的质量保证，是开展物流质量管理的依据之一。在搞物流质量管理时，应该花大力气来制定标准。物流标准化主要是对运输、包装、装卸搬运、仓储、配送等各个子系统制定各种标准，其具体内容包括：以物流为一个大系统，制定物流系统各类固定设施、移动装备、专用工具的技术标准；制定物流过程各个环节内部及之间的工作标准，如包装、装卸、运输等方面的工作标准；物流系统与其他相关系统的配合要求。只要严格执行了这些标准，就能保证合格的物资安全地送到用户手中。

3. 建立差错预防体系

物流过程中的差错问题是影响物流质量的主要因素。由于物流数量大、操作程序多，差错发生的可能性也很大，因此，建立差错预防体系也是质量管理的基础性工作。其主要包括对库存货物的有效调整、运用自动识别新技术和建立仓库检测系统等内容。

4. 质量信息工作

质量信息，是指反映物流服务质量的基本数据、原始记录以至于客户投诉等各种情报资料的总称。质量信息是进行质量管理控制与决策的依据。

影响质量的因素是多方面的且错综复杂的。搞好质量管理，提高服务质量，关键是要对来自各方面的影响因素有个清楚的认识；在同时存在的许多矛盾中，要善于区别现象与本质。否则，改进质量管理就抓不到点子上。为此，必须要十分重视第一手资料，取全取准资料；同时，还必须对这些丰富的第一手资料进行科学的整理，精心的研究、分析与加工，使它们集中地反映出质量问题的根本，为加强质量管理工作提供切实可靠的依据。

可见，质量信息是质量管理中不可缺少的重要依据；是改进物流质量、改善各环节工作质量最直接的原始资料及信息来源；是正确认识影响质量诸因素变化和质量升降的内在联系，掌握提高质量规律性的基本手段。因此，质量信息工作是质量管理的一项重要基础工作。

质量信息工作，必须要做到提供资料的及时性。否则，就会贻误时机。质量信息工作必须要保持高度的灵敏性，使信息渠道畅通，做好质量管理部门及企业领导的耳目。质量信息工作还应当做到全面、系统。它应当全面地反映质量管理活动的全过程，经常地反映质量管理相互联系的各个方面，系统地反映其变动情况。这样，才能帮助我们切实掌握质量运动发展的规律性，才能使质量信息在质量反馈与积极预防质量缺陷方面充分发挥作用。这样，质量信息工作才能真正成为认识质量运动发展规律的有力武器，成为质量管理的可靠基础。

5. 质量管理制度化

将质量管理作为物流的一项永久性工作，必须要有制度的保证。建立协作体制、建立质量管理小组，都是制度化的一部分。此外，还必须要使制度程序化，以便于了解、便于执行、便于检查。

制度化的另一个重要方式是建立责任制。在现代企业生产中，企业的产品（包括服务）要经过许多人的共同劳动（包括脑力劳动和体力劳动）才能生产出来。每个人在产品形成过程中，只分担一部分，甚至是很小一部分工作。然而，这很小的一部分工作却是整个产品形成过程中不可缺少的组成部分。企业里每一个人的工作，都通过不同的渠道不同的方式直接或间接地影响着产品质量的好坏。每一个人究竟应该做些什么，应该怎样去做，应该有些什么责任，又应该有些什么权力？这些必须要通过建立责任制把它们明确规定下来。因此，建立质量责任制，是组织共同劳动、保证生产正常进行、确保产品质量的基本条件。也只有通过建立质量责任制，才能把质量管理各个方面的任务与要求具体地落实到每个部门和每个工作岗位，全面质量管理也才能成为一个实实在在的管理活动。此外，还应在岗位责任制的基础上，或在岗位责任制的内容中，订立或包含质量责任，使质量责任能在日常的细微工作中体现出来。

6. 质量教育工作

质量管理是一门新型的管理科学，要认真推行现代质量管理就必须坚持教育先行。质量教育应包括三方面的内容，即质量意识教育、质量管理的知识教育和专业技术教育。质量教育工作作为推行物流质量管理的一项基础性工作，必须从提高职工的素质抓起，把质量教育工作视为"第一道工序"，不断增强企业职工的质量意识，教育职工掌握现代质量管理的理论、方法及专业技术知识、技能，并在岗位工作中加以应用，以期取得较大成绩。

在具体的组织实施过程中企业还应做好以下几方面工作：（1）完善管理体制，落实质量教育职能。质量教育是企业职工教育的重要组成部分,完善管理体制,正确处理质量教育与企业教育组织机构的关系,是开展质量教育的重要条件。企业的教育主管部门应把质量教育当成一项主要职责,纳入到日常工作之中。(2)制订质量教育规划和计划。企业应根据总的质量方针目标和推行现代质量管理的要求,编制中长期质量教育规划及年度质量教育计划,明确质量教育的目标与任务,系统地组织实施。(3)建立并完善教育管理制度。在质量教育工作中,应建立和完善职工教育培训档案和考核评定等制度,严格学习纪律和考评管理。(4)妥善解决教学师资和教材。

三、物流质量管理的八大原则

质量管理是组织综合管理的核心内容,管理八大原则贯穿 ISO9000 标准是一条主线,它通过建立并实施持续改进业绩的管理体系,可使组织成功运营。八大原则如下:

1. 以顾客为中心

组织依存于顾客。因此,组织应理解顾客当前的和未来的需求,满足顾客需求并争取超过顾客期望。

2. 领导作用

领导者应建立本组织统一的宗旨、方向和内部环境。所创造的环境应能使员工充分参与并实现组织的目标。

3. 全员参与

各级人员都是组织的根本,只有他们的充分参与,才能使他们的才干为组织带来收益。

4. 过程方法

将相关的资源和活动作为过程来进行管理,可以更高效地达到预期目的。

5. 管理的系统方法

针对设定的目标,识别、理解,并管理一个由相互关联的过程所组成的体系,有助于提高组织的有效性及效率。

6. 持续改进

持续改进是组织的一个永恒的目标。

7. 以事实为决策依据

有效的决策是建立在对信息和资料进行合理与直观的分析基础之上的。

8. 互利的供方关系

组织与供方之间保持共同的利益关系,可增进两个组织创造价值的能力。

四、物流质量管理的内容

一般说来,物流质量管理包含以下内容:

1. 物流商品的质量保证

物流的对象是具有一定的质量的实体，即有合乎要求的等级、尺寸、规格、性质、外观。这些质量是在生产过程中形成的，物流过程在于转移和保护这些质量，最后实现对用户的质量保证。因此，对用户的质量保证不可能完全依赖于流通。

2. 物流商品的质量改善

物流过程不单单是消极地保护质量及转移质量，现代物流还由于采用了流通加工等手段，可以改善并提高质量。因此，物流过程在一定意义上说也是提高质量的形成过程。

3. 物流服务质量

物流业属于第三产业范围，有极强的服务性质。主要在于提供服务，满足用户要求。所以，物流企业就需要掌握并了解用户要求，如商品质量的保持程度、物流加工对商品质量的提高程度、批量及数量的满足程度、配送额度、间隔期及交货期的保证程度、配送和运输方式的满足程度、成本水平及物流费用的满足程度、相关服务（如信息提供、索赔及纠纷处理等）的满足程度等。

4. 物流工作质量

工作质量指的是物流各环节、各工种、各岗位具体工作的质量。为了实现总的服务质量，要确定具体的工作要求，形成日常的工作质量指标。由于物流系统的庞杂，工作质量内容也十分庞杂。以仓库工作质量为例，就可归纳为商品损坏、变质、挥发等影响商品质量因素的控制与管理；商品丢失、错发、报损等影响商品数量因素的控制及管理；商品维护、保养；商品入库、出库检查及验收；商品入库、出库计划管理，计划完成及兑现的控制；商品标签、标示、货位、账目管理，建立正常的规章制度；库存量的控制；质量成本的管理及控制；库房工作制度、温湿度控制管理制；工作标准化管理；各工序设备正常运转完好程度管理，上、下道工序（货主、用户）服务等。

5. 物流工程质量

物流质量不但取决于工作质量，还取决于工程质量，并受到物流技术水平、管理水平、技术装备等因素的影响。好的物流质量是在整个物流过程中形成的，要想能事前控制物流质量、预防物流造成的不良品质，就必须对影响物流质量的诸因素，如人员、体制、设备、工艺方法、计量与测试、环境等进行有效控制。

五、物流质量管理实施中的几种重要方法

1. 质量目标管理

目标管理（Management by Objective，缩写为 MBO）是指企业的管理者和员工以"目标"作为一切"管理"活动的根本与中心的一种管理方法。即一切管理行为从确定最佳目标开始，执行过程也以此目标为指针进行自我控制，最后仍以此目标的实现程度来评价

管理成效的高低优劣。实行目标管理，使企业的成就成为每个员工的成就，有利于激励广大员工关心企业的兴衰，增强凝聚力和发扬"团队精神"。

目标设定的原则：目标的内容要简明扼要，一目了然。

目标是一切管理活动的根本，不仅要求企业（团体）的最高层领导要时刻牢记，而且要求各级领导乃至每个成员都熟知并牢记目标的内容。倘若目标的内容冗长成含混不清，就会使目标执行者记不清楚或理解错误，从而导致目标管理的失误，甚至失败。因此，目标的内容一定要简明扼要，醒目而易记，要使每个目标执行者都能够明确知道自己应该做什么，做到什么程度，以利全体职工用目标指导自己的行动，为如期实现目标而努力工作。

（1）目标必须先进合理，选取最佳方案。

设定目标是为了实现目标并取得最佳经济效益。目标不先进，毫无挑战性，自然无"最佳经济效益"可言，也不能激发全体职工的劳动（工作）热情。但若不顾主客观条件，一味追求目标的先进性，追求高指标，而忽视了目标的合理性及可能性，则不但不能如期实现目标，反而会挫伤广大职工的积极性，产生不利的后果。

（2）目标要尽可能指标化、计量化。

设定目标只是目标管理的开始，在执行目标的过程中，还要进行经常性的追踪以及定期的考核和评价，并据此对有关人员进行奖惩。为此，就必须有明确的标准和统一的尺度，以便准确地掌握目标执行过程中的动态，精确地衡量目标之达成程度，对目标执行结果做出正确的评价，对有关人员进行合理的奖惩，从而避免追踪失陷、考核失实、评价失误、奖惩失当。目标的指标化和计量化，有利于追踪及考核工作的进行，而且便于目标执行者牢记与进行自我控制。

（3）目标的项目要少而精，越是上层目标，项目越要少。

目标的项目过多，就会重点不突出，使目标执行者分散精力，抓不住要害。另外，一个多层次的目标体系，每一层级的目标往往有若干项，而上层目标的一个项目常常又包含着下层目标的若干项。也就是说，越接近基层，目标的项目会越来越多。若总目标或上层目标项目过多，到最基层，就可能出现目标项目的爆炸性增长，以致不可收拾。因此，目标的项目要少而精，不重要的项目不要列入，越是上层目标项目越要少。

（4）目标的达成期必须要明确。

无论是团体目标还是个人目标，计划达成期都必须要明确。若只有目标而无达成期限，这样的目标管理就没有意义了。按照目标达成期的长短，可分为长期目标（如远景规划目标），中期目标（如五年计划目标），短期目标（如年度计划、季度、月度计划目标）。越是短期的目标，内容越要明确、具体；越是长期的目标，内容越要概括、扼要。

目标管理的要点是：

（1）为企业各级各类人员和部门规定目标；

(2)目标管理的对象由工人发展到管理人员,即各级管理人员(包括总经理)都要被"目标"所"管理",因此,目标管理也被称为"管理的管理"或"管理管理者";

(3)按实现目标的业绩考核各级各类人员;

(4)目标管理是分权制、"参与管理"的必然结果,应注重激励员工积极性,强调"自我控制";

(5)注重成果,讲求经济效益。

拟订目标管理是实现企业经营目的、提高经营效果的重要手段,它有利于改善企业素质、增强活力并提高企业的科学管理水平。目标管理强调从工作的结果抓起,因此,有助于推动人们为实现既定的目标去寻求先进的管理技术和专业技术,改进经营管理及各项作业活动。

实施质量目标管理的一般程序是:

(1)制订企业的质量总目标,通常是企业在一定时期内(多数企业均以一年为目标周期)经过努力能够达到的质量工作标准。该目标应定性与定量相结合,并尽量具体化、数量化。

(2)展开企业质量总目标,自上而下层层展开,落实到每个部门、每个员工,做到"千斤重担大家挑,人人肩上有指标"。这样,每个部门和个人的分目标,就是单位对他的要求,同时也是每个部门和个人对单位的责任及预期的贡献,这样做将有利于贯彻质量责任制与经济责任制。

在制定各级的分目标时,应制定相应的实施计划并明确管理重点,以便于检查与考核。

(3)实施企业质量总目标,即根据企业质量方针和分目标,建立质量目标管理体系,充分运用各种质量管理的方法与工具实施运作,以保证企业质量目标的实现。

(4)评价企业质量总目标。通过定期的检查、诊断、考评、奖惩等手段,实施改进,必要时进行目标值的调整。对质量总目标实施效果的评价,应将不足之处和遗留问题置于下一个新的质量目标的循环系统中,进一步改进实施。

2. PDCA 循环

PDCA 循环又称管理循环法,也称"戴明圈"管理法,PDCA 分别是英文 Plan(计划)、Do(执行)、Check(检查)、Action(处理)四个词的第一个字母,它代表了质量管理过程四个密切相关的工作阶段。它把质量管理、生产活动、科学研究等一切有目的、有步骤的活动比喻成一个"轮子",人们的活动就好像"车轮"转动一样,但它不是简单的重复,而是每次循环都有新的内容和目标,并不断提高。质量管理是全员性的活动,对于每个生产环节以至于个人来说,都要在企业总体的循环中进行各自的 PDCA 循环。如此大环套小环,一环扣一环,小环保大环,推动大循环,形成一个有机的整体,互为依存、互相补充。在四个阶段中,处理(即 A)阶段很关键,它具有承上启下的作用。

PDCA 四个阶段的基本工作内容如下：

P 阶段：为满足顾客需求，以社会、经济效益为目的，制订质量目标、活动计划、管理项目和措施方案。

D 阶段：具体执行已制定出来的措施或计划。

C 阶段：对照计划，检查执行的情况和效果，及时发现计划执行过程中的经验及问题。

A 阶段：总结经验教训，巩固成绩，处理差错。把成功的经验加以肯定，形成标准，便于下个循环有所遵循；同时也要把失败和教训总结整理，记录在案，作为借鉴，以免重犯错误。对于尚未解决的问题，转入下一个管理循环，作为下一阶段的计划目标。

如果将上述工作程序具体化，则可分为八个步骤（如图 8-2）：

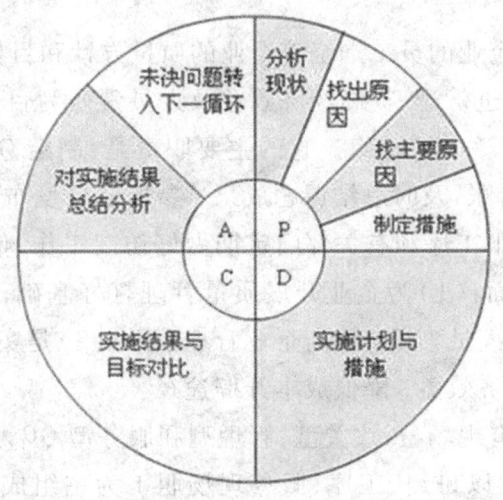

图 8-2　PDCA 循环八步骤示意图

第一步：分析现状，找出存在的质量问题，并尽可能用数据加以说明；

第二步：分析产生质量问题的各种影响因素；

第三步：在影响质量的诸因素中，找出主要的影响因素；

第四步：针对影响质量的主要因素，制订措施，提出改进计划，并预计其效果；

第五步：按照制订的计划认真执行；

第六步：根据计划的要求，检查实际执行的结果，看是否达到了预期效果；

第七步：根据检查的结果进行总结，把成功的经验和失败的教训都形成一定的标准或规定，巩固已经取得的经验，同时防止重蹈覆辙；

第八步：提出这一循环中尚未解决的问题，让其转入下一次的 PDCA 循环中去处理。

PDCA 循环具有三个特点：

（1）大环套小环，互相衔接，相互促进。PDCA 作为企业管理的一种科学方法，适用于企业各个方面的工作。整个企业存在整体性的一个大的 PDCA 循环，各部门又有各自的 PDCA 循环，形成大环套小环，依次还有更小的 PDCA 循环，相互衔接，相互联系。

（2）螺旋式上升。PDCA 是周而复始的循环。每循环一次就上升一个台阶。每次循环都有新的内容与目标，都解决了一些质量问题，使质量水平犹如登梯般不断提高。

（3）推动 PDCA 循环，关键在于 A 阶段。对于质量管理来说，经验和教训都是宝贵的。通过总结经验教训，形成一定的标准、制订成规定，工作做得更好，才能促进质量水平的提高。因此，推动 PDCA 循环，一定要抓好总结这个阶段。

按照 PDCA 循环的四个阶段、八个步骤推进提高产品质量的管理活动，还要善于运用各种统计工具和技术对质量数据、资料进行收集与整理，以便对质量状况做出科学的判断。

3. QC 小组活动

质量管理小组是指企业的员工围绕着企业的质量方针和目标，运用质量管理的理论和方法，以改进质量、改进管理、提高经济效益及人员素质为目的，自觉组织起来，开展质量管理活动的小组，简称 QC 小组。它的主要职责是：制定 QC 活动计划；认真做好活动记录，建立 QC 活动台账；及时总结课题成果，参加成果发布；组织组员学习全面质量管理的有关知识；对上、下工序和有关部门定期做好访问工作、信息反馈工作。它的积极作用表现为下列四个方面：（1）为企业开展质量管理打好基础，为提高产品质量提供保证；（2）可以改善和增强人员素质，提高企业管理水平；（3）是实现企业质量方针、目标的基础；（4）为提高企业经济效益，降低成本开辟途径。

QC 小组类型：主要有现场型、攻关型、管理型和服务型 QC 小组。

现场型 QC 小组主要以班组、工序、服务现场职工为主组成，它以稳定工序、改进产品质量、降低物质消耗、提高服务质量为目的。

攻关型 QC 小组一般情况下是由干部、工程技术人员和工人"三结合"组成的，技术难度较大的课题都以工程技术人员为主，也有以工人为主组成的。这种类型的小组是以解决有一定难度的质量关键为目的的。

管理型 QC 小组是以管理人员为主组成的。它以提高工作质量，改善与解决管理中的问题，提高管理水平为目的。

服务型 QC 小组是由从事服务性工作的职工所组成，它以提高服务质量，推动服务工作标准化、程序化、科学化，提高经济效益和社会效益为目的，在各自的服务岗位上开展多种形式的质量管理活动。

开展 QC 小组活动作为质量管理的一种措施及手段，必须要加强管理，才能使 QC 小组的活动取得满意的成效。通常应从以下六个方面实施管理。

（1）QC 小组的组建

组建原则：从实际出发，采用自愿结合或行政组织等多种方式，在本部门或跨部门组建。

（2）QC小组的登记注册

企业为掌握QC小组的状况，必须要对QC小组进行登记注册，以便于管理和监控，掌握活动成果、跟踪验证，并对小组活动的开展进行指导，同时，通过登记注则可以增强QC小组成员的责任感及荣誉感，提高小组对外展活动并取得成功的信心。

（3）QC小组活动的开展

QC小组应以科学的PDCA循环工作为理论依据，按程序开展活动，活动的过程和结果均应认真做好记录，以满足证实需要和具有可追溯性。

（4）QC小组活动成果的发表

QC小组活动取得了成果之后，应填写成果申报表，企业受理成果申报后组织成果评审小组，对成果进行调查与验证。经调查、验证确认后的活动成果，企业通常要组织召开一定形式的成果发表会。通过成果的发表，对参加QC小组活动的员工是一种激励，对进一步调动其积极性、促进小组活动的发展，以及总结交流、取长补短、共同提高将产生良好的效果。同时，组织成果发表会，也有助于锻炼、培养和造就人才，有助于培育、评选产生优秀的QC小组，开阔视野，提高企业的荣誉及知名度。

（5）QC小组活动成果的评价

对QC小组活动成果的评价是否公正、合理、正确，对QC小组的发展和参加者的积极性将会产生重大影响。因此，首先要组织一个评价委员会或小组，由其掌握评价方法、标准、统一尺度，以便对活动成果进行一致性、公正性的评价。

活动成果的评价包括对小组活动的评价和对小组活动成果的评价两大方面。前者侧重于评价小组活动的经常性、持久性、全员性、科学性，后者要求在评价成果时做到全面、公正及合理，并实行统一的评价标准与办法(如按标准的内容进行打分评价等)。

（6）优秀QC小组的评选和奖励

为了激励QC小组活动的健康开展，并做到经常化、持久化，应对在物流服务质量和质量管理中做出突出成绩，取得显著成果的QC小组进行表彰，并评选出各级优秀QC小组，给予适当的物质奖励和精神奖励。

4. 质量文化建设

培育企业质量文化，属于企业精神文明建设的范畴。所谓质量文化，就是指企业和社会在长期的生产经营中自然形成的涉及质量空间的理念、意识、规范、价值取向、思维方式、道德水平、行动难则、法律观念，以及风俗习惯和传统惯例等"软件"的总和。职业道德和敬业精神是培育企业质量文化的重要内容。质量文化不仅直接显现为产品质量、服务质量、工作和管理质量，而且还延伸表现为消费质量、生活质量和环境质量，集中体现出整个民族素质的高低。质量问题、质量事故频频发生，从在一定意义上说，受到落后的质量文化的制约是其重要原因之一。所以，培育企业质量文化，应注重企业质量信誉的形象建设，建立"让用户完全满意"的企业文化和行为准则。

建设企业质量文化，不仅是我国企业所面临的形势和当务之急，而且也是国际潮流的发展趋势。质量文化已经成为企业文化、企业精神文明建设的核心，世界上任何成功的企业无一不是以其优秀的质量文化而制胜的。

质量文化是一种管理文化，又是一种经济文化，也是一种组织文化，这是从更深的层次去理解的质量文化内涵。质量文化着重于提倡全面质量管理，包括宣传贯彻ISO9000标准，侧重于提高企业全体员工的质量意识、质量观念和质量管理技法。今后质量管理的研究，将致力于社会质量管理、宏观质量管理、质量与知识经济、质量策略与可持续发展战略、质量组织行为和质量法规等方面，使质量文化走出企业的圈子，占有更大的发展空间。同时，质量文化将始终成为推动、开展企业文化建设的中心。

> **相关链接**
>
> 改进物流客户服务质量的途径
>
> 物流客户服务质量管理的改进可通过以下方法进行：
>
> 1. 营造持续改进物流服务的良好环境。在企业内部营造良好的环境，要员工通过学习明确改进物流服务质量的目标与目的，要让他们理解现代质量管理的真正内涵，了解服务质量测量及评价的方法，从而改进客户服务质量。
>
> 2. 设定物流服务质量标杆。企业要把行业中具有竞争力的佼佼者作为横向比较的对象，并且结合企业的实际，明确企业自身的服务质量改进战略，制定相应的改进措施。
>
> 3. 改善服务流程。业务流程是物流客户服务提供过程中各环节相互关系的写照，涵盖了影响服务质量的绝大部分因素。改进服务质量应当实施有效的流程管理，不断对业务流程进行审查，必要时对业务流程进行再造。
>
> 4. 改进服务方法。要通过倾听客户、员工、竞争对手以及公众的声音，了解客户习惯或喜欢的服务方式，并努力使之实现。

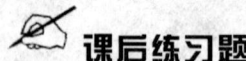

课后练习题

一、选择题（不定项选择）

1. 物流活动中所消耗的物化劳动和活劳动的货币表现称为（　　）。
   A. 物流成本　　　B. 物流收益　　　C. 物流价值　　　D. 物流价格

2. 降低物流成本是企业的（　　）。
   A. "第一利润源泉"　　　　　　B. "第二利润源泉"
   C. "第三利润源泉"　　　　　　D. "第四利润源泉"

3. "效益背反"理论主要包括（　　）与服务水平的效益背反和物流各功能活动的效

益背反。

A.物流价格　　　B.物流收益　　　C.物流价值　　　D.物流成本

4.（　　）是根据有关成本数据和企业具体的发展情况，运用一定的技术方法对未来的成本水平及其变动趋势做出科学的估计。

A.物流成本预测　　　　　　B.物流成本分析

C.物流成本决策　　　　　　D.物流成本核算

5.物流管理的原则是（　　）。

A.服务性原则　　　　　　　B.通用性原则

C.合理化原则　　　　　　　D.标准化原则

6.物流合理化的目标（　　）。

A.距离短　　　B.时间少　　　C.整合好　　　D.质量高

E.安全、准确、环保

7.企业物流质量管理的基本特点（　　）。

A.全员参与　　B.全程控制　　C.全面管理　　D.整体发展

8.物流成本管理内容（　　）。

A.物流成本预测及核算　　　　B.物流成本决策与分析

C.物流成本计划　　　　　　　D.物流成本控制

9.（　　）是指运用预算的方法，设定成本费用标准，将实际物流成本与预算标准做比较，发现并纠正不利偏差，提高经济效益。

A.物流成本预测　　　　　　B.物流成本分析

C.物流成本决策　　　　　　D.物流成本核算

10.物流质量管理中的PDCA包括：（　　）。

A.计划　　B.执行　　C.检查　　D.控制　　E.总结

二、简答题

1.简述物流成本的构成。

2.降低物流成本的途径主要有哪些？

3.分析企业物流成本控制的运作思路。

4.物流质量管理的内容有哪些？

5.简述物流质量管理的原则？

6.物流质量管理实施中有哪几种重要方法？

案例分析

物流成本:让你赢得最后一桶金

在超市里花6元钱买1瓶2.25升的可口可乐时,你有没有想过,这6元钱里包含了多少人工成本、多少原材料成本、多少利润,又有多少是物流成本呢?也许听到答案后会感到吃惊:制造的成本,也就是把人工和原材料的费用加在一起,也不过4元左右,利润不过几毛钱,而相比之下,物流的成本超过了1元。

1瓶可乐,在仓储、运输上消耗的费用能够占到销售价格的20%至30%。事实上,物流成本已经成为企业生产成本中不可忽视的一笔消耗。在市场竞争日益激烈的今天,原材料和劳动力价格利润空间日益狭小,劳动生产率的潜力空间也有限,加工制造领域的利润微薄,靠降低原材料消耗、劳动力成本或大力提高制造环节的劳动生产率来获取更大的利润已较为困难。因而,商品生产和流通中的物流环节成为了继劳动力、自然资源之后的"第三利润源泉",而保证这一利润源泉实现的关键是降低物流成本。

【思考题】
1. 为什么说物流是"第三利润源泉"?
2. 调查一下1瓶化妆品的物流成本占总成本的比例。

技能训练

调查某企业物流管理现状与运营情况

一、实训安排建议与要求

组织安排:将全班学生分为8-10人一组,按小组完成实训任务并评比成绩。

二、实训任务和要求

1. 按小组调查企业实施物流管理的情况。
2. 了解企业物流与不同物流企业的运营模式。
3. 熟悉企业的物流运作流程及原则。

三、实训步骤

1. 独立调查,收集企业物流的相关资料。
2. 8-10人一组,交流调查收获,推荐交流代表。全班交流,互相提问。

四、实训准备

1. 在本地安排调查各类物流企业若干家,包括企业物流、第三方物流等。
2. 布置调查任务和要求。
3. 学生调查提纲模拟。

五、注意事项

1. 调查过程注意安全、文明礼貌。
2. 提倡收集企业物流管理中的实际故事。

读者反馈意见

亲爱的读者：

  感谢您对《现代物流基础》的支持和热爱，为了今后为您提供更好的服务，请您抽出宝贵的时间来填写下面的意见反馈表，以便我们更好地对本教材做进一步改进，同时如果您在使用本教材的过程中遇到了什么问题，或者有什么好的建议，也请您来信、来电告诉我们。

  地址：北京市丰台区科学城南极星大厦108室
  电话：010 - 61229894/83794403
  电子邮箱：caikai6223@263.net　　QQ:649319527　　QQ:1694299827

教材名称：《现代物流基础》
个人资料：
姓名：_____ 年龄：_____ 所在院校/专业_____
文化程度：_____ 通讯地址：_____
联系电话：_____ 电子信箱：_____
您使用本书是作为：□指定教材□选用教材□辅导教材
您对封面设计的满意度：
□很满意□满意□一般□不满意□改进建议_____
您对本书印刷质量的满意度：
□很满意□满意□一般□不满意□改进建议_____
您对本书的总体满意度：
从语言质量角度看□很满意□满意□一般□不满意□
从科技含量角度看□很满意□满意□一般□不满意□
本书最令您满意的是：
□指导明确□内容充实□讲解详尽□实例丰富
您认为本书在哪些地方应进行修改？（可附页）
_____
_____
您希望本书在哪些方面可进行改进？（可附页）
_____
_____